中外著名教育家画传系列　周洪宇　主编

晏阳初画传

熊贤君／著

山东教育出版社
·济南·

图书在版编目（CIP）数据

晏阳初画传 / 熊贤君著 . —济南：山东教育出版社，2014（2024.4 重印）
（中外著名教育家画传系列 / 周洪宇主编）
ISBN 978-7-5328-8670-8

Ⅰ. ①晏… Ⅱ. ①熊… Ⅲ. ①晏阳初（1890~1990）—传记—画册 Ⅳ. ① K825.46—64

中国版本图书馆 CIP 数据核字（2014）第 282408 号

ZHONGWAI ZHUMING JIAOYUJIA HUAZHUAN XILIE
YANYANGCHU HUAZHUAN

中外著名教育家画传系列　周洪宇　主编
晏阳初画传　熊贤君　著

主管单位：山东出版传媒股份有限公司
出版发行：山东教育出版社
地址：济南市市中区二环南路 2066 号 4 区 1 号　邮编：250003
电话：（0531）82092660　网址：www.sjs.com.cn
印　　刷：山东华立印务有限公司
版　　次：2015 年 1 月第 1 版
印　　次：2024 年 4 月第 2 次印刷
开　　本：787 毫米 × 1092 毫米　1/16
印　　张：19
字　　数：315 千
定　　价：86.00 元

（如印装质量有问题，请与印刷厂联系调换）印厂电话：0531-76216033

晏阳初（1890—1990）。

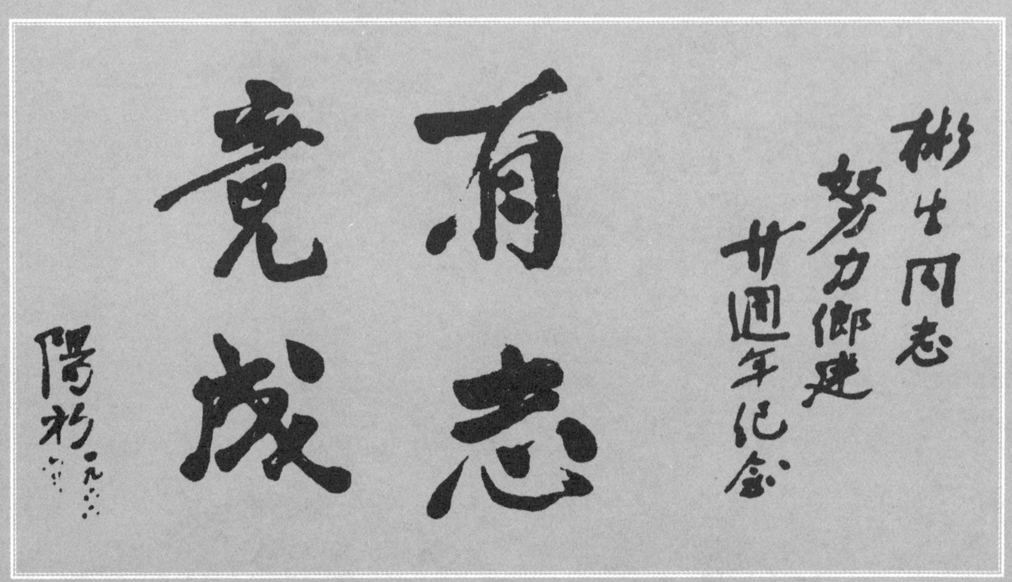

1966年晏阳初题赠国际乡村改造学院副院长颜彬生女士。

1918年晏阳初在法国华工营。

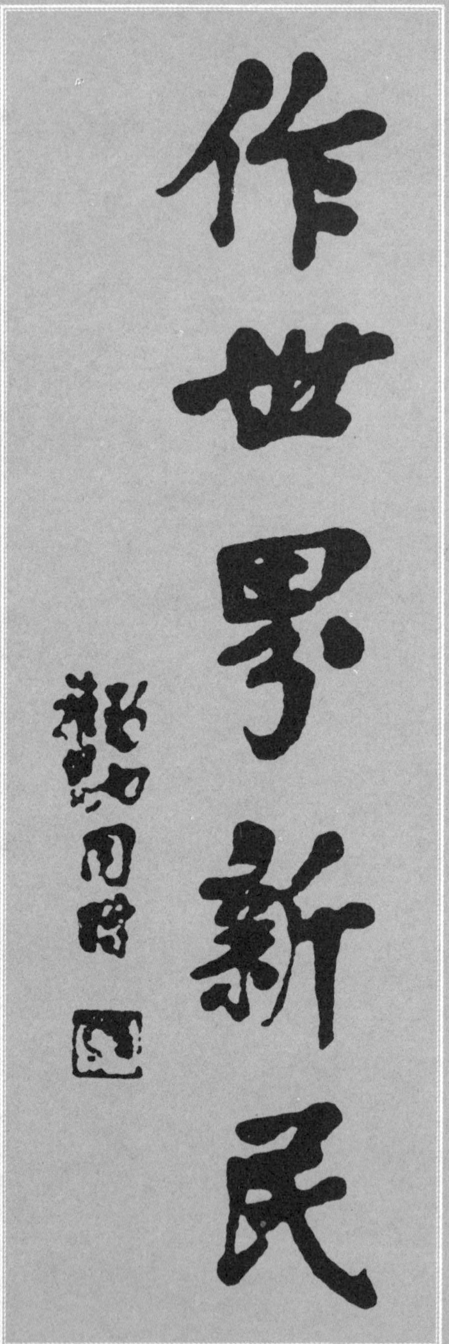

晏阳初与许雅丽夫人题字共勉。

晏阳初许雅丽伉俪。

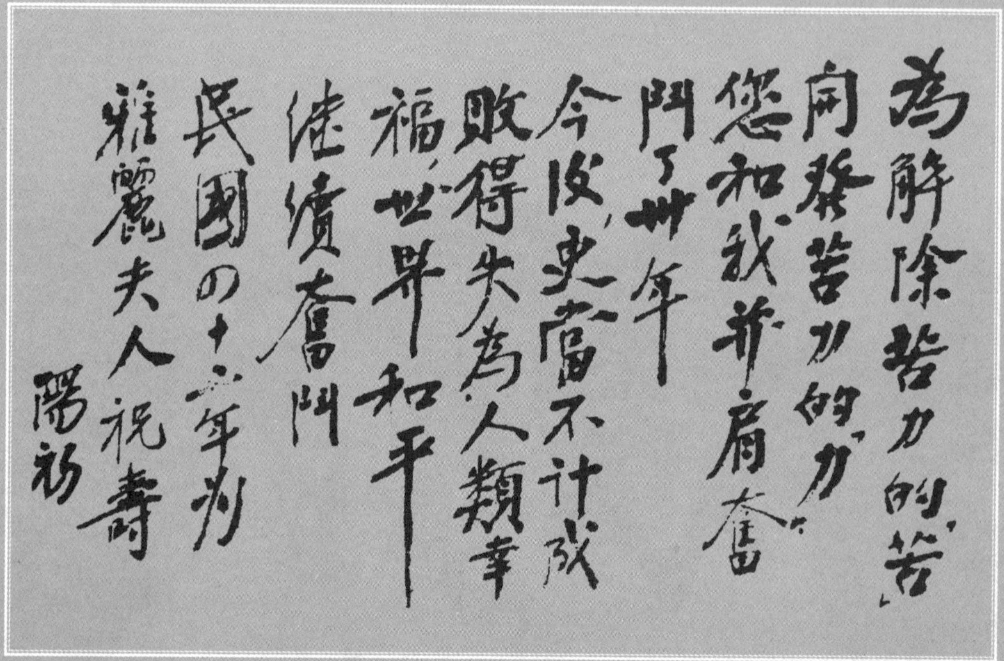

為解除苦力的苦，
開發苦力的力，
您和我並肩奮
鬥了卅年。
今後，更當不計成
敗得失，為人類幸
福，世界和平
繼續奮鬥

民國四十二年為
雅麗夫人祝壽
陽初

1953年晏阳初为夫人许雅丽手书祝寿词。

1982年晏阳初在纽约寓所。

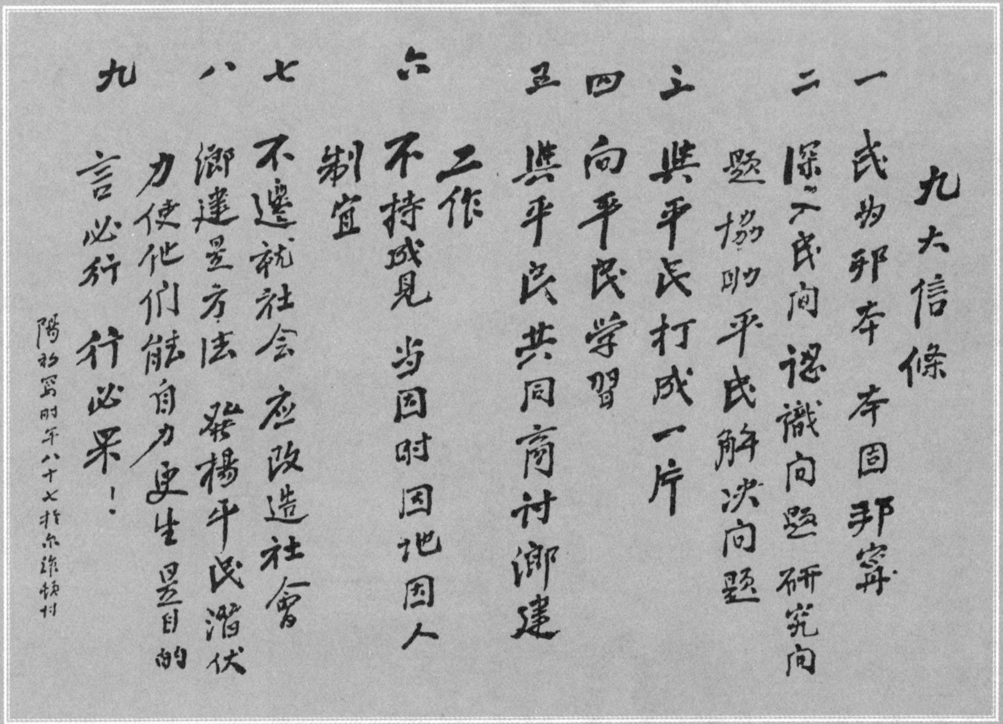

九大信條

一 民为邦本 本固邦寧

二 深入民间 認識问题 研究问题 協助平民解決问题

三 與平民打成一片

四 向平民学習

五 與平民共同商讨鄉建工作

六 不持成見 当因时因地因人制宜

七 不遷就社会 应改造社會

八 鄉建是方法 發揚平民潛伏力使他們能自力更生是目的

九 言必行 行必果！

陽初寫时年八十七於[illegible]村

晏阳初手书乡村改造“九大信条”。

目 录

家世与童年

晏阳初（1890—1990）是中国现代著名的平民教育家与乡村建设运动的倡导者，也是饮誉中外的世界名人。1943年在纪念哥白尼逝世400周年之际，晏阳初获得“现代世界最具革命性贡献的十大伟人”之一的殊荣。1945年旧金山市参事会决议授予晏阳初该市“荣誉公民”称号。1955年与1970年，又两度荣列“当代全球最重要一百名人”之林，并分别获得一些国家的最高荣誉奖章奖状，如菲律宾的“麦格塞塞基金奖状”、“金心勋章”，危地马拉的“国鸟勋章”，美国的“终止饥饿终生成就奖”等。晏阳初还被海外研究者称为“经东西方各权威人士公认的真正哲学家与人道主义者”、“人类历史和命运的挑战者、革新者”、“杰出的思想家”、“科学布道人”、“世界平民教育之父”、“乡村改造的实践者”、“为平民的十字军人”，等等。

晏阳初为中国人民乃至人类的教育事业，特别是平民教育事业作出了巨大贡献，留下了弥足珍贵的文化遗产，是人类社会发展的动力之源。

蜀学风气熏陶

晏阳初，名兴复，又名遇春，乳名云霖。清光绪十六年庚寅九月十七日，即1890年10月26日，出生于四川省巴中县一个世代书香家庭，在七兄姊中排行最后。

晏阳初的故乡四川巴中县。

巴中县古镇蜀门秦关。

巴中，位于巴山南麓、四川东北，东连通江，南接仪陇，西邻阆中、苍溪，北界南江。巴中素以山川秀丽、气候宜人闻名。北部新庙、登文、阴灵、老土地、天成寨五岭巍峨，逶迤南下；巴河、恩阳河、鳌溪河，汇流三江，蜿蜒东去；山河之间，丘陵起伏，田连阡陌；雪山屹立，气势雄伟；灵山耸翠，风光独具；全县绿林成荫，松杉蔽日，鸟兽群集，山环水抱，群星拱照。

人杰地灵的巴中县，山水养育着无数优秀儿女，古往今来，人文荟萃。自唐至清，中进士者达32人。唐有兵部侍郎陈能、户部侍郎陈文汉等；宋有不畏权贵、疏劾奸相的侍中李森；还有用水银代水作动力以防天寒结冰的司浑天仪丞张思训（其发明比意大利人托里折里以水银用于气压计早644年）。明清知名人士更难于统计。民国时期，更有同盟会创始人之一、辛亥革命先驱者、四川军政府总理兼财政部长董修武等。

同治十二年（1873年），张之洞出任四川学政。两年后在成都创立尊经书院，并手订章程，讲求经世致用之学。

张之洞。

王闿运。

1887年近代著名学者王闿运出任尊经书院院长。他申言“蜀即吾家”，告诫学子涤除富贵利禄之心，潜心研经治史，使自己成为通经致用的栋梁之才。难能可贵的是，王闿运认识到，国家衰弱到亡国灭种的边缘，与教育腐败、学术空疏有很大关系。因此，他长尊经书院时，严于律己，以德操感奋学子，以实学育人，针砭社会。

张之洞、王闿运等对四川教育的革新，对实学实用的倡导，使一批有志之士脱颖而出。仅戊戌“六君子”中便有两人是四川籍，他们是四川绵竹县人杨锐和富顺县人刘光第。杨锐是张之洞主持尊经书院时拔擢的人才，是张之洞推行洋务新政的得力干将；刘光第受张之洞洋务实学影响至深至巨，积极参与政治改革，有胆有识，堪称四川近代人文的一面旗帜。

晏阳初的童年正是在这样的文化氛围中度过的，注重实用的蜀学给了他潜移默化的影响。

与传教士结下不解之缘

在清代，天主教、基督教、伊斯兰教等外来宗教相继传入巴中。

1864年，法国司铎金逊来到巴中，在城区、恩阳、花丛等地大量发展天主教徒，建立教堂。1909年法国神父贺某来巴中，开办“真元堂”卖药行医兼传教。翌年法国神父林某亦来巴中，与贺某同办教务，并在东城街设立天主堂。巴中天主教属成都教区领导，前后在巴中城关、恩阳、柳林设立了三座教堂。

1886年，基督教传教士英人杜明德及国人梁春山由保宁转入巴中，建基督教内地会巴中福音堂。1906年，福音堂开办“华英学校”及“贞德女校”。前者有学生40余人，“贞德”有学生120人。开设圣经、国语、算术、唱歌、游戏等课程。1912年，中华圣公会四川教区巴中支区成立，教会势力日渐扩大，全县基督徒达787人，教堂7处。先后来巴中传教的外国牧师5人，其中英国3人，加拿大、瑞士各1人。

伊斯兰教亦于嘉庆年间（1796—1820）传入巴中。

对晏阳初影响最大的是内地会。他到底受了内地会哪些元素的影响呢？其一，内地会的五项原则。1854年，英国的中国布道会派遣传教士戴德生到上海、宁波一带行医传教。因此会缺乏财力从事较具规模的传道工作，戴氏于1857年脱离中国布道会，而自行传教于浙江各地。1865年，他创设了内地会，其原则有五：（1）跨宗派原则，任何宗派都可参加。（2）国际性原则，任何国家都可出人出钱。（3）传教士和中国人打成一片原则，生活、起居、衣着尽量中国化。(4) 快速传播福音原则。内地会的主要目标不是招收教徒，而是面向全中国以最快的速度传播福音。(5) 奉献原则。这个差会的传教士无固定工资，要求刻苦献身。其核心内容，用戴德生的话说，就是“以前进和深入为目的”，“去树立十字架的旗帜”。为此目的，中华内地会的传教士每进入一个省，就先在省会建立一个传教站，然后迅速向四周的府、县扩展，接着深入到四乡活动，把所谓“巩固”工作留给其他教派接替。正因为如此，戴氏使内地会成为入华传教最具规模的教团。传教士戴德生的人格教育使晏阳初终生受益。他与戴德生曾谋一面，那是在他到四川去巡视教区的江船上。戴氏的“热诚和才干”给晏阳初留下深刻印象。

基督教对幼年晏阳初的影响是通过对父亲晏美堂再影响到他的。晏美堂通过与传教士打交道，认识到西学的优越性，体会到古书之外另有世界，西学是潮流所趋，便果断地决定送年仅13岁的晏阳初到数百里外的阆中县内地会创办的西学堂求学。

晏阳初的童年，正是中国备受屈辱的时代。但是身在穷乡僻壤的晏阳初，坐地日行八万里，却对外界一无所知。他在《九十自述》中回忆说：“我的童年，正当中国天翻地覆。帝国主义的侵入，使枢要地区，发生显著的变化，变法图强的思潮应运而生。然而我乡巴中，地僻民穷、交通阻梗、文化闭塞。一般人谋生且不暇，对国家大事，抱着‘天高皇帝远’的传统态度。既没有出过知名的立宪派，也没有见过可歌的革命党。说来可怜，我少小在家时，看不到新式的报纸杂志，对当时的政局，也就无从关心了。”值得庆幸的是，由于有一种“机缘”，父母亲在科举未废前，已觉察到“有改弦易辙的必要”，因此替他选择了一条“新的道路”。晏阳初说，“这选择是我生命中的转折点”。这条新的道路指的什么？这就是接受西学。晏阳初接受西学教育，是从入教会学校开始的。

严父慈母的影响

晏阳初生于四川省偏僻的巴中县乡村一个普通家庭。父亲晏美堂是基督教新教内地会在巴中开设的一个福音堂延请的中文教师，在家设塾教学，兼用所谙之医学以济乡邻。母亲吴太夫人是一个“不识字、小脚、持家勤俭、教学严明”的传统女性，生有四男三女。晏氏家境清贫，但无虑衣食。

晏美堂深受蜀学注重实用风气的影响，即便是设私塾教育自己的孩子们，也以注重实用为原则。他以循循善诱、宽厚挚爱的教态感化学生，从不疾言厉色加以训斥，因此私塾的弟子和孩子们都对他“敬”而不“畏”。晏阳初后来回忆说：“据家人说，我的外形像母。她白净清秀，颇有威仪。但在神态和性情上，我秉承父亲的成分居多。我怎样也记不起他发怒的样子。在我的脑海中，他是个典型的读书人，谈吐斯文，待人和气。最难忘的是他的笑容，温善可亲，好似春天的阳光。‘春风风人’一语，用在他身上，非常恰当。从他，我常想到身教的重要。”

母亲吴太夫人是与巴中县邻近的南江县元潭乡人。按中国传统“多子多福”、“五男二女，七子团圆”之说来看，已经算是十分美满的了。但是，尽管膝下儿孙满堂，如果不教育好，孩子多未必就是幸福。吴太夫人深知儿童教育需要威德相辅的道理，对儿女们教爱结合，宽严相济，儿女们日常生活起居一定要形成良好习惯，她爱孩子，但绝不溺爱孩子。晏阳初清清楚楚记得两件事：一是他6岁时，某日从学塾放学回家的途中，见一庙宇内正在唱戏，便伫立欣赏剧中情节，突然被人自后推撞，他转身发现是一位同学，这同学还在得意洋洋地嬉笑。在愤怒之余，他猛地扇了这位同学一个耳光。那同学被打得哇哇大哭，右脸上留下红红的五指印痕。晏阳初知道自己情绪失控酿成大祸，便急步回家躲进自己的卧室蒙头睡觉。那挨打的同学搬来救兵母亲前来告状，母亲

晏阳初的双亲美堂先生和吴太夫人。

吴太夫人弄清原委后，向对方深深鞠躬致歉，斥责晏阳初不应逞强斗殴，当即予以笞责。另一历久不忘的事发生在长兄晏春霖身上，晏春霖行年30岁，已经娶妻生子。一次重阳节与友人游巴中名山，咏月吟诗，一时兴奋不已，贪喝了几杯酒，回家后被吴太夫人发现，认为作为长兄的他未能为弟妹们身先垂范；为人之父，不能以身作则，行不言之教，在外不应贪杯加盏，此风不煞，很容易给弟妹带来不良影响。于是，她立即把子女们都喊来，当众训示并笞责晏春霖。这两件事对晏阳初良好品质和行为举止的形成产生了极大影响，他80岁时回忆起来仍然历历在目。

晏阳初的父母亲都开明而有识见，比巴中县人要开化得多。父亲虽然是私塾先生，但对西学十分看重。母亲也很开明，不但没有阻拦送幼小的晏阳初去保宁学习西学，还鼓励他说："男儿志在四方。你出去好好读书，见见世面，将来出人头地，也替家乡和晏家争光。"母亲的理智胜过感情，从不要求孩子们承欢膝下，总是不断地勉励孩子们向外发展。晏阳初一生以事业为重，由来有自。晏阳初有时自问："如果父母都因循守旧，我现在会在哪里呢？"

私塾中获得终身教益

私塾百态。

晏阳初5岁便开始破蒙读书。他的启蒙识字教材是《三字经》，因为三字一句，合辙押韵，朗朗上口，声调铿锵，他很快就熟读成诵，由是对读书也产生了兴趣。《三字经》读后，晏阳初依次读完了《孟子》、《论语》、《中庸》、《大学》以及《诗》、《书》等儒家经典。在这些儒家经典中，晏阳初获致了无穷教益，成为他中西合璧的文化知识结构的半壁江山。

旧时私塾教育的两大任务是读书和写字。晏美堂也教导晏阳初学习写字，要求他用右手大拇指、食指和中指三个指头紧紧捏住毛笔的中部，手掌心要空出可容鸡蛋大小的空间，右肘端悬平，左手压紧纸张，按字帖一笔一画顺序写。规范的姿势，使腕力自然都集中于软软的毛笔尖，写出来的字将力量蕴藏于点横撇捺之中，遒劲有力。每年春节，家家户户都要贴出春联，给新年增添喜庆气氛，同时也表示良好的愿望，恰如王安石《元日》诗所云："爆竹声中一岁除，春风送暖入屠苏。千门万户曈曈日，总把新桃换旧符。"每当这时，晏美堂总要亲手题写迎春门联，这年的门联是"胸无块垒心常泰，腹有诗书气自雄"，不仅字字刚劲，内容也是很好的教育，勉励晏阳初努力看书学习。

从11岁起，晏阳初也像父亲一样，每到一岁之末，便为街坊邻居们提笔挥毫写春联，而邻居们则以糖果包子作为对他的酬劳。每每吃到邻里送的酬谢品，他都感到无比自豪惬意。晏阳初到80多岁时仍然坚持用毛笔写字，即便是用钢笔写英文字，也能够看出他幼年练习腕力的功夫。

"腹有诗书气自雄"

晏阳初在父亲办的私塾读完了儒家四书五经，篇篇都达到了熟读成诵程度。不同于一般私塾教学的是，晏美堂在强调记诵的同时，还对所教的儒家经典逐字逐句作了讲解。晏美堂尽可能地将若干重要章句的微言大义详细讲说譬解，还为孩子们答疑解难。晏阳初学习儒家经书与几位兄长不同，他比较偏重于义理，重视儒家思想的阐扬与吸收，不太关注辞章，尽管他也和兄长们一样都能背诵。由于他擅长探讨经书的思想，加之有三位兄长的切磋讨论，晏阳初对儒家重要经典四书五经的重要义理有比较透彻的理解。

儒家经典《尚书》中"民为邦本，本固邦宁"、《孟子》中"民为贵，君为轻"、《尚书》中"天视自我民视，天听自我民听"等思想主张，对晏阳初产生了巨大的冲击，给了他巨大的震撼，使他印象极为深刻，成为他毕生矢志不渝追寻的理念。其中"民为邦本，本固邦宁"一句他反复工笔题签，作为座右铭，也是他从事平民教育的出发点。

后来，晏阳初到美国留学，亲身感受美国社会的民主政治和文明发达，结合自己幼年所了解的儒家社会理想，形成了强烈鲜明的反差，使他明确地提出了"为什么中国早有这些道理却不能实行"的疑问。在第一次世界大战中，他在法国白朗为华工服务，从数千华工中终于找到了梦寐以求的答案：中国之所以不能成为民主富庶的社会，根本问题还是"本"不固。80%以上的民众是睁眼瞎，不能识字明理，文化程度低下得难以想象。“本”是如此之不“固”，“邦”如何得“宁”呢？从此，他下定了从事平民教育、乡村改造运动的决心，孜孜不倦地从事“固本”的工作。

西学良师引领

1902年，中国内地会在保宁府设立西学堂。晏美堂听到这一消息十分兴奋，这不是他追求时髦，而是他曾阅读严复翻译的《穆勒名学》等名著和维新变法巨人梁启超的部分著述，看到了中国面临着有史以来的大变局，年轻人必须掌握西学，未来社会才有用武之地。次年，晏阳初就肩负着父母的重托，随同大哥晏春霖离家步行到保宁府城中国内地会开办的西学堂求学。

从巴中到保宁府城，大约有400里路程。一位仅13岁的少年，要如同背负盐包的劳工一样一步一步负重翻山越岭，其艰难程度可以想见。他白天艰难地爬山过坳，晚上投宿乡村简陋的客栈，与劳工们一起在大木盆中用热水烫脚，与他们一起围着大桌子吃饭。晏阳初第一次与“苦力”接触，他们吃苦耐劳的精神，给他留下了深刻的印象。从他们身上，晏阳初看到了很多高贵的品质。一般人只看到这些苦力的“苦”，而晏阳初目光深邃地看到了苦力的“力”，并且毕生躬耕不辍地开发“苦力”的“力”。

保宁西学堂姚明哲牧师。

晏阳初一行经过五天的步行，到达保宁府西学堂。西学堂主持人、来自英国的青年牧师姚明哲满面笑容前来迎接他们。姚牧师的英文名字为Aldis，原是测量员，后放弃了本业，从事神职，不惜万里跋涉来到中国，想以爱的教育，从根本上感召中国少年，再由他们出去传播福音。内地会本以布道为主，不重教育。姚牧师创办西学堂，曾引起会内人士的反对。但他终以坚毅和信仰克服了重重困难。1877年内地会入川，1895年在保宁府创设教堂。两年后姚牧师奉内地会之派，到安徽安庆府学习华文和习俗，复“历经旅途的艰险”，于1898

年6月到达保宁。他传教迎难而上，不屈不挠。

姚牧师态度谦和，和蔼可亲，毫无在华洋人趾高气扬的骄横之气。为传教的方便，他学华人的装束打扮，把前面的头发剃光，后面挂一条黄发长辫，有时戴瓜皮小帽。他还学会了中国读书人的斯文，但却洋溢着青春欢愉的气息，望之精神顿爽。他那时已30多岁，可朝气蓬勃、身体健壮、精神饱满。晏阳初等中国学生因受礼教的束缚，反而少年老成。由于姚牧师的言传身教，天长日久，学生也“返老还童”了。

他对晏阳初等学生“爱护备至，循循善诱”，为学生树立了“基督的榜样”。正由于姚牧师“以身教感人”，晏阳初等几位同学受其精神的感召，在1904年“自发地领受洗礼”。洗礼是获准加入教会并领受圣灵的一种仪式。它不仅象征着洗去“罪恶”，获得永生，而且意味着入教者与基督建立了新的关系，与基督同归于死，又一同复活。1904年，晏阳初年仅14岁，洗礼在他一生中是一个重要的时刻。从此，他以身相许，决心将整个生命奉献给基督神圣的博爱事业。

姚牧师除重德智外，还很注重体育，这也使晏阳初受益终生。晏阳初在《九十自述》中回忆说：“我们每天有室外活动。我学会打板球，而且打得不错。我最喜欢的是，齐步前进的操练，雄纠纠[赳赳]，气昂昂，每一步踏下去，都感到力量，都发出回响。因为我操得很起劲儿，嗓门又大，姚牧师总叫我带头，司口令。虽然我们不用枪或刀，但一操练起来，一股战斗的气概油然而生。我们想象自己是基督的十字军，征讨世上的罪恶和不平，以必胜的决心，无畏地前进。青春早已消逝，但当年操练时的豪壮之情，跟随了我一生。”西学堂的体育教育，使晏阳初筋骨得到了解放，他不仅比幼时健壮，而且人也“变得活泼有生气”了。由此，他深深地爱上了“运动”这个字眼。他说：“60年来的工作，都是运动——识字运动、平教运动、乡村建设运动、乡村改造运动。‘运动’可以有不同的诠释，我的理解是这样的：按照身体或社会的情况，制订一定的计划，进行训练，旨在促进身体或社会的健康发展，取得最高的效率。”

晏阳初旅途的困顿还未消除，马上就面对着这个身材伟岸、鼻梁高耸、两眼深陷、语调深沉的洋人，感到自己在二十多名学生面前，特别是在这位洋人面前，简直就是一个侏儒，当晏春霖离开他去投宿客栈时，尚能坚强地挺着，但到上床就寝时就放声大哭起来。次日，姚牧师对晏春霖说：“这孩子尚小，你还是带他回家吧，过两年再来不迟。”他听后央求大哥请姚牧师开恩，收留他进西学堂学习。他说：“哪能这样未跨进学堂门就回家呀！爹娘满怀希望送我来上学，如果就这样回去，哪有脸面见人呢？”这位个头大心胸也开阔的姚牧师同意了晏阳初的请求。姚牧师的“恩准”，无异于给晏阳初这个小老虎插上了翅膀，为他在自由的天空翱翔创造了重要条件。

在西学堂，晏阳初肄习了英语、算学、化学、历史、地理等课程，还接触到了基督教文化。基督教会本着“为基督征服世界”的战斗精神，企望“征服崇拜偶像的中国”，但发现孔夫子挡住了各方要道。他们悟出耶稣必须与孔子联盟，才能攻进中国人的心；基督教必先中国化，而后方能化中国。晏阳初的授业教师姚牧师对晏阳初等人的教育，正是这一观念的体现。姚牧师为学生们请了一位秀才来讲授儒家经书《四书》之类，教中文作文。姚牧师每天为学生讲解《圣经》，常以儒家的学说作为注释。礼拜日，教堂举行主日崇拜，学生自由参加，不作硬性规定。姚牧师对学生颇能爱护并循循善诱，人们看到了“基督的榜样”。晏阳初在《九十自述》中说：“‘桃李不言，下自成蹊’，可用来形容姚牧师的以身感人。”晏阳初对这位启蒙师堪称是终生难忘；从姚牧师那里领受的教诲，也让他享用终生，成为他取之不尽、用之不竭的精神力量源泉之一。

姚牧师是西学堂的校长兼主要教师。他一人教英文、数学、地理等主要课程。他的教学设身处地地为学生着想，所上课目，当时均没有教科书，他一笔一画、一丝不苟地将要点板书在黑板上，学生用石笔抄在石板上面。而笔、墨、本子，当时均为穷学生所买不起的。他本是测量员，因见当时有些来华传教士盛气凌人，表现出居高临下之态，引起中国人的反感，深以为憾事。于是，他放弃了所从事的职业，专于神职，不惜迢迢数万里，长途跋涉，想以基督教博爱的教育，从根本上感召中国的少年，再由他们出去传播福音。他在生活、态度、衣着上尽可能中国化，每天孜孜不倦地讲授；对晏阳初等学生“爱护备至，循循善诱”，晏阳初等从他身上不仅看到了基督的榜样，也体会到平等的精神。当时，一些中国教师读了几句八股，便摆出“道貌岸然、庄重神圣的样子”，而学问渊博的姚牧师所在的西学堂，和内地会教堂在同一个院子里。学堂规模很小，一间是教室，一间是宿舍。姚牧师与全家住在学堂隔壁。他一家人态度谦和，并无骄横之气，这使得晏阳初等学生无不感到学习生活的这所学校，气氛圆融祥和，民主平等。

在西学堂四年，晏阳初的精神逐步得到解放，增长了知识，强健了身体，“心便为之壮，气便为之舒，如鱼得水”。

与史文轩的深厚友谊

1907年，晏阳初在西学堂卒业。经姚牧师介绍，步行到成都入华美高等学校进修。这是由美以美会在四川创办的讲求西学的最高学府。校长精明能干，后来成为华西大学创办人；主要教师均为美国男性传教士，学生约100多人，概不收女生。

晏阳初在华美高等学校肄习两年，宣统年间（1909—1911）没毕业便离开了。离开的原因，据他说是因此校不重道德教育，缺乏基督精神，学生赌博、酗酒，“还有其他不好的事”。对晏阳初而言，唯一的收获是学会了打棒球。在华美高等学校学习期间，因巴中到成都来回2400里，往返途中至少要费一个月，所以他每年寒假回家，暑假则为成都同学补习英文，收点补课费，以作零用。

姚牧师还写信向晏阳初介绍了一位在成都的传教士。这一见，晏阳初说：“关系我以后的生活和思想发展。”这位年轻传教士名叫史梯瓦特。在晏阳初的心中，“他是一位了不起的人物，象征着基督的牺牲自我，以德报怨”精神。他们初会大概是在1911年夏秋之间。史梯瓦特当时在成都筹设一聚会所，类似基督教青年会，以文化娱乐活动辅导青年。他们意气相投，双方均有相见恨晚之感。他邀晏阳初帮忙制订计划，所设会所定名为“辅仁学社”，取“以友辅仁，以仁辅友”之意。

1911年9月，四川人民兴起保路运动，辛亥革命爆发，成都纷乱，学校关门。晏美堂对儿子放心不下，要他回家。回巴中不久，他在巴中中学教了不太长时期的英文。1912年春夏之间，他回到成都，再度与史梯瓦特合办辅仁学社。他给史梯瓦特赠了一个带有中国味道的名字——史文轩。在辅仁学社，几乎所有文艺节目均由晏阳初组织，而且很受成都知识青年的欢迎。辅仁学社的工作蓬蓬勃勃，他很自然地成了史文轩的得力助手。史文轩也领略到了他的组织

晏阳初（右三）在成都华美高等学校肄习。

辅仁学社史文轩教士。

能力和社会活动才干。一天，史文轩问晏阳初愿不愿去香港读大学。这个突如其来的问题，晏阳初以前连想都未想过。学费杂费以及路费都不是清寒的晏阳初所出得起的。所以晏阳初直截了当地问："您是不是不再要我在这里帮忙了？"史文轩说："你能帮助我的地方很多。但是，我不应当为自己着想。我觉得，您是可造就的、有前途的，待在这省城，太可惜了。我希望你能深造，将来修成一位传教士，在本国弘扬主道。"这正是晏阳初朝思暮想的事业。

1912年1月，晏阳初乘轮船到上海，再换船到香港，开始了新的求学生活。

港大与耶鲁

晏阳初从成都辗转来到香港。香港是世界闻名的“东方之珠”，1841年英国占据香港以后，悉力经营，发展海上交通，逐渐使贸易兴盛，经济繁荣。欧美传教士纷至沓来，或先在香港学习中国语言和文化，再赴内地传教；或留港办学，从事著译。他们一方面向中国人传播西学，另一方面向欧美介绍中华文化和历史。中国学生出洋，也常以此西学中心为准备和预习的前站。香港的言论自由，招来许多维新和革命志士，办报鼓吹洋务及各种活动。毋庸赘言，香港在中西交流史上，堪称举足轻重的要地。晏阳初说，正是这个“东方之珠”引导他走向世界，也正是以香港大学为跳板才得以远涉重洋到美国著名的常春藤大学——耶鲁大学的。

东方明珠——香港。

奖学金事件

在香港这个屈指可数的世界大观园中，晏阳初产生了强烈的充实自己的愿望。香港稀奇古怪的事物多如牛毛，令人目不暇接，但他均无心过问，只是一心想把书念好，以不负四川父老乡亲和文轩兄的厚望。他说，他要进好学校，不是为混文凭。不过，四川当年的教育水准与香港还存在很大距离。英文水平虽已有相当根基，读写不成问题，对话亦对答如流，但数理化却刚到科学殿堂的门前，不得不补习高中科学文化知识。

1913年1月20日，他用“晏遇春”名字在香港圣史梯芬孙学堂注册。这所学校声誉卓著，遵循着英国的教学制度和方法，学分为英国的牛津、剑桥大学所承认。

校长巴奈特测验了晏阳初的学业程度，说晏阳初的英文属第五级，但是数、理、化只在第一二级，并告诉他“得在这里读三年”。他心想，自己在家乡是顶尖人物，在香港就“低人一等”?一向乐观、一向能吃苦、一向不认输、一向不相信天下有不能克服的困难的晏阳初，决心投下“最大的也是唯一的资本——刻苦和专心”，克服“在生活习惯和语言上”的种种障碍，他说：“一切的不便，我都不管，一心放在功课上。学校的教员都是英国人，用的教科书是英文的。英文课，读的是名著选读，甚为深奥，不是我以前修过的，读来不易。念的最辛苦的是代数、几何、物理、化学。我拼着命苦学，目不窥园，心无二用。一学期倏忽结束，我居然每一科都领先群侪。我的自信，增加了一点。”

这年的暑假，对晏阳初来说甚是关键。同学们有的回家消夏，有的到外地度假。对十多岁的晏阳初来说，尽管灯红酒绿的香港是一个弹丸之地，却有很多地方他甚至足迹未至；尽管他像其他小孩子一样，也想到处玩一玩，还想回四川看一看父母双亲，但是，他一想到自己的学业，想到父母亲翘首盼望自己努力学习、把自己铸塑成器的殷切期望，便下定决心，哪里也不去，省吃俭用，积攒了12块大洋，以此去请学校里的一位教师为他补习功课。他请教师辅导，教师给他出了许多数学题目，翻来覆去地练习解答。“熟能生巧，巧则生趣”，他说：“渐渐地觉得数理化也是我的朋友了。”

1913年9月，香港大学举行一年一度的招生考试。晏阳初跃跃欲试。为了做到稳操胜券，在考试中不出现大的闪失，他试探性地问补习教师，教师耸耸肩说：“试试罢!”又问校长，回答是：“你何必白花十块钱的报考费呢!”实习教师和校长的话并没有打击晏阳初的自信，相反，使倔强不服输的晏阳初将全部“本钱”都搭上，更加努力地准备功课。他克服了在生活习惯和语言上的种种困难，发奋补习，终于在同年9月考入香港大学，入学考试名列第一，以八个月代替了巴奈特校长预言的三年！

晏阳初参加港大招生考试后，成绩如何不得而知。不久，港大索特院长派人去叫晏阳初去见他。见面后，索特院长开门见山地说：

“晏先生，你考得相当好。”

晏阳初有点不敢相信。

“恭喜你，你考第一。新生状元，可得英皇爱德华第七奖学金，共1600元。”院长高兴地告诉他。

这对他而言做梦也不曾想到过。1600元对他来说简直是天文数字。

接着院长告诉他颁奖条件：“这奖学金有一项条款，得奖人必须是英国属民。你愿做英国属民吗?”

听了这一条件，晏阳初陡然间义愤填膺，怒不可遏。他想，大学，顾名思义，应当是公正开明，传授世界知识，培养高尚人才；号称第一流学府的港大，竟如此偏执狭隘，以国籍作为获得奖学金的条件。这所谓条件，不等于排华吗?晏某人再穷，也不为这1600元卑躬屈膝，一千多年前的陶渊明还不为五斗米折腰、李白也不愿“摧眉折腰事权贵”呢!他昂起头，提高了嗓门，说：“这代价，要一个中国人来付，太高了。”

晏阳初转身昂首挺胸走出了索特院长的办公室。结果这笔巨额奖学金依次给予了比晏阳初的成绩低13分的一名出生于香港的青年。

平平的政治系功课

“奖学金事件”闹了一点小风波，一时风闻港大。在港大肄习的中国籍学生约十来人愤愤然替他抱不平，罢课抗议反对港大的国籍歧视。在殖民地生活，无时不感受到种种歧视，晏阳初心中悲愤已久。奖学金事件只不过是积郁已久后突然爆发的导火索而已。港大中国籍学生的抗议，可能也有这种心理因素在起作用。当时气在心头，一时不知其所以然。好在他从母亲那里学会了克制自己情绪的本领，所以，情绪虽也有迸发之时，但一般很少意气用事。他细细思忖，文轩兄千里迢迢送自己来香港，是为了进港

晏阳初（中坐者）在香港大学肄习时与同学的合影。

大。好不容易考取，岂能前功尽弃？而且他别无选择，学未有成，何颜告慰双亲和文轩兄。港大副校长爱理鹗对他殷殷慰勉，又何尝不是抬举自己？自己虽然没有奖学金，但文轩兄早就筹划了读港大的学膳费用。所以是年秋，晏阳初成为港大文科新生。

港大副校长爱理鹗，晏阳初对他印象尤佳。他博学多才，精通多种语言，能识中文讲国语。“奖学金”风波最热闹时，他找晏阳初谈话，深表同情。非但如此，他还亲自跑到北京去与袁世凯周旋，请袁世凯捐一份专为中国籍学生所设的奖学金。袁世凯答应了他的请求，但公函往返，钱钱转换，颇费时日。因而他没有蒙此“袁氏奖学金”，也幸未受其“惠”。

香港大学前身为圣保罗书院，1911年筹建，次年开学。晏阳初实为港大第二届学生。当年的港大，共有三科。英人重商，商工相连。为建设香港，繁荣贸易，工科为港大的天之骄子，教员阵容壮威，设备周全，以机械系为最；医科次之；文科则冷清一些。晏阳初的数、理、化在新生中均在前数名，却选了比较冷的文科的政治系。他在《九十自述》中阐述了读政治系的原因。他说：“香港的环境和个人的经历，使我深体国弱民贫的悲哀。如何育民、富民以为强国之本，这大问题往往萦绕我的脑际。这问题牵涉很广，国民经济和政治组织是其中的大端。要想负起改造中国的责任，必须具有政治和经济学的基本知识。一向相信事在人为，而且基督教的战斗精神和积极的人生观深入我心。所以，‘邦无道则隐’之说，我是不以为然的。如果人人都去隐居，独善其身，无道者更横行无忌，邦国每况愈下，那更不堪设想。‘国家兴亡，匹夫有责。’救国与救世，都是义不容辞的事。因有此心，所以探索寻求方法，这是我读政治系的基本原因。”

在港大政治系，晏阳初“未遇到理想的教师”，又因奖学金风波给心理上蒙上了一层阴影，“功课读得不起劲，也没有什么出色之处”。尽管在学业上所得无多，但值得回味的温馨旧事却不少。

香港圣保罗书院。

香港大学一角。

在香港大学肄习，福音布道会吸引着他。一位来自四川的牧师讲论信仰复兴，鼓励青年以基督救世为榜样，担负改造中国社会的重任。这个问题像一块强磁场的磁石吸引着他，令他兴奋不已。他说："这主题深得我心，鼓舞我，激励我。"

在香港，一次偶然的事件使他一气之下走出了教堂，"从此不再去"那里。晏阳初回忆说："在香港，我时有比较中西文化和社会的机会，更亲体国势衰微的种种悲哀。西人的优越感及国人的自卑感，随处可见。我至今记得，一星期日，我步入一座堂皇的教堂，等待引座员领我入座。他看了我一眼，却去招呼站在我后面的一个衣着体面的白肤男士。"从此以后，他再也不去香港的教堂。教堂所发生的事是偶然的，但他走出教堂，"从此不再去"却是必然的。他曾经就此事解释说："民族的意识，加深我对国家的责任感。但是，我从不是一个狭隘的民族主义者。'天下一家'的观念，时时扩展我的胸襟；基督的博爱精神，永远洗涤我的心灵。"不过，不去教堂，并不等于是放弃了对基督的信仰，刚好相反，刺激愈深，信仰愈坚。加之姚牧师的教诲，文轩兄的"嘉行仁举"，使他镇定思感的波澜，始终保持平衡，不至于以偏概全，或以疵掩瑜。所以，教堂虽不是他常去之所，但他的信仰有增无减。默祷、唱诗、读经是他的日课。

他虽然走出了香港的教堂，但在基督教青年会的布道集会上，却常有他的踪影。

基督教青年会是新教社会活动机构之一，简称青年会。1844年英国人乔治·威廉斯在伦敦创立。主张在青年中进行德智体的教育，提倡改良主义。青年会成立后，逐渐在世界各地发展。传到美国后逐渐发展成为广泛社会活动的机构。1885年，由美国传入中国。在香港青年会中，晏阳初经常听到穆德、巴乐满、艾迪等的布道。穆德先后九次来华，对中国政治、文化、教育以引人注目的影响。1910年10月20日，他假美国白宫东厅召开特别会议，总统塔夫脱到会演讲。穆德发表了演说，顾长声在《传教士与近代中国》一书中记述有他演说的大意："那是一个紧要的关头，因为非基督教国家都正在发生激烈的变动，民族主义和爱国思想已经形成了一种新的精神潮流。为了适应这种形势，基督教青年会可以在这方面发挥其作用，运用青年会的独特的方法，去应付那些地方的需要，引导他们'养成完全的基督徒人格'。"穆氏对中国受过西方教育的知识分子抱有极大希望，认为"世界上有四万万人民的国家只有一个，那个国家进入现代的新潮流，也只有这第一批人。这第一批受着现代教育的学生，将来便成为新中国的领袖。他们要设立新的标准，并且走入新的途径。我以为，这些人受基督化而与基督教发生友谊的关系，实在是目前最重要的工作。我常常有这样的渴望，因为恐怕我们失去这种卓绝的机会。"巴乐满和艾迪也均在中国12个城市"布道"，听众达121000人次之多。

在德育方面，青年会标榜其宗旨是："发扬基督精神，团结青年同志，养成完美人格，建设完美社会。"它的会训是："非以役人，乃入于人。"通过开设查经班，举办宗教演讲、主日学、灵修会、夏令会、退修会等方式进行宣传。智育方面主要在教育、出版两方面进行活动，一般是开设补习学校、半日学校和夜校，也办理少数青年中学，重点放在平民上。晏阳初平民教育思想与方法是深受青年会影响的。体育方面，青年会开设了健身场所，包括健身房、游泳池、弹子房等，组织体育竞赛，训练体育师资，并举办体育讲座、卫生讲座等活动。

晏阳初亲耳聆听到他们"号召青年发扬基督精神，培养完美人格，并结合同志，建设完美的社会"的震撼人心的演讲，不仅"引起广大的反响"，他也"深受感动"。

海上奇遇改变命运

史文轩在欧洲战场主祭阵亡将士时身中飞弹牺牲的噩耗传来，晏阳初悲痛万分，自此闷闷不乐，想换个环境，舒散心情。1916年夏，晏阳初和几位港大学友乘轮船离港赴美，从太平洋的西岸驶向彼岸。这是一段漫长的逍遥游，朝来暮去，日出日落，面对的是波光涛影，云霞星月。他在船上碰到了一位高大健壮、为人热诚、乐于助人的美国人。他告诉这位名叫莱夫的客人，说自己打算到奥柏林学院读书。莱夫两年前毕业于耶

耶鲁大学创办人耶鲁。　　耶鲁大学拿骚楼。

鲁大学，“中国雅礼会”以其成绩优异派他到长沙湘雅医院服务。莱夫说：“你为什么要去奥柏林?耶鲁最适合你不过了。”莱夫教授对母校耶鲁大学的深厚情感不仅写在他的脸上，也刻在行动上，积极为母校延揽优质生源。其实，耶鲁的盛誉，晏阳初早有所闻。耶鲁大学是世界著名学府，美国第27任总统塔夫脱，是1878级校友，还有好几位获得科学界最高奖项——诺贝尔奖。在中国，第一个留学生容闳就毕业于耶大；“工科进士第一名”（状元）詹天佑1876—1881年在这所著名大学攻读土木及铁路专业；著名政治家唐绍仪、外交家王正廷、法学家王宠惠等，均肄业于兹。耶鲁大学自从创办之日起，就有明确的宗旨：“继续欧洲人文科学传统，为教会，更具体地是为公理会培养为民众服务的神职人员。因此，学生必须住校，到教堂做礼拜，学习神学及古典文学，遵守严格的教规。教会主宰学校生活的每一方面，指挥学生生活的节奏，宗教价值贯穿于教学的全过程。……教员必须在宣誓书

耶鲁大学校友容闳。

耶鲁大学校友詹天佑。

上签字表示承认公理会的正统教义才可能被聘用。”

莱夫先生点燃了晏阳初就读耶鲁大学的愿望，但他深深地知道，那是常春藤贵族化的学府，不是行囊羞涩的异乡人所敢向往的。香港社会的阶层观念使他深恶痛绝，因而也格外向往民主与平等。于是，他对莱夫说：“奥柏林可半工半读，这是我去那里的原因。”莱夫说：“可工读的学校很多。耶鲁有3000学生，其中800多人自谋生计，或工作，或有奖学金。我看你很能吃苦，哪里都可找工作。耶鲁是个非常开明民主的学校，没有种族和阶级的偏见，尤其欢迎中国学生。”莱夫先生的一席话，打消了晏阳初的种种顾虑。他当即作出决定，改变自己入奥柏林学院的志愿，投入到耶鲁大学——爱心的怀抱。

轮船继续在茫茫的大海上行驶，而晏阳初的心却早已放飞了，飞向了大洋彼岸，飞向了心仪的耶鲁。

勤工俭学活动

1916年9月，晏阳初用晏遇春之名在耶鲁大学注册。晏阳初到达耶鲁大学时，身上仅有80美元，离缴学杂费的数字相差甚远。当年9月中旬，得到校方允许，他可以分期缴纳学杂费，这才得以注册入学。

在耶鲁大学学习的两年期间，晏阳初主修了政治和经济。他参加三年级的学习，每周上课20小时，还加修瑞特（Wright）教授指导的“个人福音主义”1小时。一周20节的学习任务，当是相当充实的。

晏阳初一边读书，一边打工赚钱，亦兼做生意。

晏阳初打工挣钱之“钱”，分成两种：一种是看不见的钱，一种是看得见的钱。看不见的钱是以工作代价抵现金。他和另七位美籍同学在学生餐厅轮流值班当膳券收纳员。这工作简单，得的报酬也简单：他们虽然一分钱也没有得到，但可享受免费的汤饮、牛奶和面包。这是一笔可观的费用，对于一个可以免于饥饿的工作，晏阳初不得不乐在其中。所谓看得见的钱，是通过参加“唱诗班”可得现金100元。晏阳初到耶大注册的当年10月，获选参加大学唱诗班。这是中国学生第一次被选进该班，他的被选入使所有的中国青年学生无不感到荣幸。当时，耶鲁的学术和宗教并存，基督教的气氛笼罩着耶

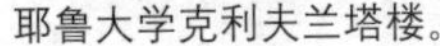

耶鲁大学克利夫兰塔楼。

耶鲁大学文学院。

大，校中有教堂，教堂当然有唱诗班，唱诗班的学生都是精英分子；主持人是吉普逊（Gibson）教授，擅长风琴。唱诗班的演唱，是主日礼拜的节目，在校内和校外，都享有盛誉。晏阳初对耶大的生活感到非常有趣和令人鼓舞。他在与友人的信中说："我不知道其他学校能否像耶鲁这样，既有很高的学术水平，而同时在生活和精神上又非常民主。在这里基督教的气氛很浓厚——教堂、礼拜以及笃信基督教的教授、学生，以至于整个耶鲁充满了基督精神，基督教的习俗和风尚随处可见。作为一个年轻人能受教于耶鲁这样一所学校，真是令人感到鼓舞和欣慰。"晏阳初在耶大，"经常参加礼拜"，认为"和谐宁静之感，充溢心灵，是最高的喜悦"。他"毛遂自荐"参加了唱诗班。他"引颈昂首"，不仅得到了100美元的实惠，而且给他"精神上的鼓舞更无法估计"。他说："我是耶大唱诗班的第一个东方人。不为肤色拒我，足证此校的雅量。我从此相信，在民主的环境中，在基督博爱精神的感召下，种族歧见的逐渐消除，不但是可能的，也是必然的。"

进入唱诗班，晏阳初得到了物质上和精神上两方面的满足。物质上的满足是可以得到100美元，能够集腋成裘，凑一凑学杂费；精神上更使晏阳初得到满足，因为唱诗班学生17人中有15人是基督徒，是校园中最活跃的基督教团体。信仰基督教的教授和学生的礼拜和祈祷活动，使耶鲁大学教徒们在心境上都沉浸在耶稣精神、基督氛围之中，他置身于这样的氛围中无不感到兴奋和安适。在唱诗班中他常常为自己是一个中国留学生而骄傲，觉得比美国籍学生更富有内涵：孔子所代表的儒家学说给予他做中国人的基本性格，耶稣的积极奋斗、勇于牺牲的精神，指引着他为国为民服务的方向。

所谓“兼做生意”，是晏阳初和港大同学徐淑希代销从国内汕头运来的各种抽纱品，使学费与生活费用有了保障。徐淑希是晏阳初在香港圣保罗书院的同学，当时在纽约哥伦比亚大学肄业。学成后徐淑希任教于燕京大学，是研究东北三省问题的专家。耶鲁大学的学生甚有教养，虽多出富贵之家，但不势利，常邀请外国同学去家里过节假日。这为他们筹划谋生之道提供了捷径。晏阳初每每到同学家过节假日，都忘不了带上国内托运来的抽纱品，往同学家的沙发上一丢，下一次再到同学家，同学的妈妈就将那些抽纱品“卖”的钱一分不少地交给他。原来，同学的妈妈将这些“商品”分成若干部分，向邻里亲戚家“送”。邻里对这些物美价廉的东西，“接收”的积极性很高。所以，与其说是晏阳初和徐淑希“代销”，不如说是向一些同学的妈妈“摊派”。

参加耶鲁大学各种社团

在耶大，晏阳初参加了兄弟会，结识了好友查理·塔夫脱，其父是美国第27任总统。查理从1961年开始，出任国际乡村改造学院的董事；1975年至1979年，任董事长。

晏阳初还积极参加基督教青年会的活动。基督教蓬勃复兴的时代及美国大学的特殊文化氛围，是促成晏阳初人生观及事业成功的重要条件。当时在青年学生中有两个号召力巨大且影响及于国际的重要组织，一个是基督教青年会，一个是基督教女青年会。基督教青年会1844年由英国人乔治·威廉斯创立，后逐渐传播到西方各国。开始时在青年职工中开展宗教活动，传到美国后逐渐发展成为开展广泛活动的机构。晏阳初参加基督教青年会，为以后归国与中国基督教青年会总干事余日章的结识，预留了机缘。

在耶鲁大学肄习的短短两年中，晏阳初还参加了“学生志愿往外国传教运动”的组织。这是一个于1886年7月形成的国际性运动，其后活跃于美国各大学，耶大是一重

曾留学耶鲁的王正廷。

镇。晏阳初几乎每周日下午集会时都参与活动，对这个运动的重要意义有了更多的了解。

晏阳初到美国后的第二个月，参加了中国留美学生会。据一位四川籍留学生回忆，晏阳初“沉默寡言，言必有中；举止严肃，饶有学者风度，在同学中有如鹤立鸡群”。1917年冬，晏阳初当选为耶鲁华人协会会长。后来又担任了留美中国基督教学生会会长。该会由王正廷、郭秉文、曹云祥等人发起，旨在促进联络和团结。此时的中国留学生，壮怀激烈，报国之志犹深，充满了理想主义的色彩。志同道合者中有一秘密组织，名为“成志会”，意“众志成城”，会员中有王正廷、王宠惠、张伯苓、孔祥熙、周作民等。晏阳初也参加了成志会。

生动的民主教育课

晏阳初在耶鲁大学接受名师授业和学术研究风气熏陶的时间虽然才短短两年，但学识智慧却得到很大进步。他主修的是政治经济专业。担任宪法、法律课程的是塔夫脱（William H. Taft）教授。晏阳初修习了塔夫脱教授讲授的课程，不仅极为佩服他的学识，亦景仰他的人格风范。

塔夫脱教授是美国第27任总统，曾是美国历史上的风云人物。塔夫脱“恢宏大度，具世界眼光”。20世纪初，亚洲民主运动风起云涌。塔夫脱在任菲律宾总督期间，与当地人士精诚合作，改善教育、卫生、交通、民法、议会，不像殖民统治者那样专横跋扈，对菲人十分友善，称他们为“棕色的小兄弟”；“视各色人种为兄弟，是他为政为人的出发点”。1916年美国劳工部新拟一案，授移民局以判拨外人出境的全权，该局的判决就是终审，被判人无权再行上诉。许多华商在美国被拘禁，眷属也被扣留。留美学生和生长于美国的华人，亦有被囚禁者。塔夫脱对美国境内的种种排华运动和法案极为不满，常在课堂上为华人抱不平，指陈限制华人的移民法，违背了美国宪法的精神。他引经据典，指出，宪法说“人类生而平等”，移民法却不以平等对待华人。“这种开诚布公，仗义执言，不讳己国之短，视异族为同仁的态度”，使晏阳初“非常感动”。

美国第27任总统、耶鲁大学教授塔夫脱。

1913年3月总统卸任后，回到母校担任宪法法律讲座教授，目的是为了将他所抱的“宪法维护”与“国际和平”两大目标在有生之年对青年学生耳提面命地传授。他认定大学教授应正确地讲解有关政治经济的观念，使学生毕业后到社会能面对现实生活。他说：“如果我能对青年们有所帮助，我会感到完全满意。”并说“我将为上帝服务”。他非常热诚地担任这一讲座的主讲人，融合理论与实际，分题讲授，明晰扼要，极富启发的价值。很显然，塔夫脱教授对担任这一讲座寄予厚望，要通过这一讲座为营造民主社会而做出自己的贡献，竭尽自己绵薄之力。塔夫脱教授虽曾到达权力之巅，却从不使用特权，从不摆弄资格，是一位遵守耶鲁大学教授管理制度的典范。塔夫脱平易近人，毫无架子，上课一向准时，偶有一次迟到，还恳挚地向学生作解释。他人高马大，外号叫“大个比尔”（Big Bill），个大，才大，名大，气度也大。他上楼本来就吃力，着急时更是气喘吁吁。一进教室，歇口气，笑着说：“对不起，我今天迟到。我去华盛顿开会，会后赶来上课，偏偏火车误点。如果以后有这种不得已的情形，希望你们等我一会儿，不要逃课。年轻人，耐心点儿。”一位在国际政坛显赫一时、叱咤风云的领袖人物竟如此朴实平易，使晏阳初十分佩服。塔夫脱教授的一言一行，给晏阳初上了生动的终身难忘的民主教育课。晏阳初是耶大政治系的学生，选了塔夫脱的“美国宪法”课。此课叫晏阳初终生不忘。他说，塔夫脱“不是教书，而是传道，传的是民主之道。不只是讲道，而是身体力行”。他认为，一位总统，“卸任后欣欣然教书，体现了真正的民主精神”。听了他的美国宪法课，晏阳初感到美国的宪法，“是美国最大的瑰宝，就是民主和法治。上自国家元首，下至黎民百姓，法律之前，无不平等。这法，合乎天理人情，所以历久弥新，远近敬服”。塔夫脱对子女要求也十分严格，塔夫脱的儿子——查理（Charles P. Taft）和洛克菲勒之子均是晏阳初的同级学侣，晏阳初对他们的印象亦极好：他们亲切热诚，丝毫没有富贵子弟骄矜的恶习。小塔夫脱毕业后的第二天就立即入伍西行赴欧洲战场，毫无总统之子纨袴子弟之派。查理后来对晏阳初的平民教育事业鼎力支持。从这些同学的身上，晏阳初领悟到一条朴素的人生哲理：家世与金钱并不是决定能否成功的必要条件，个人的努力才是决定是否成功的关键。受塔夫脱精神的感染，晏阳初阅读了大量移民法和美侨资料，作了《从美国宪法论排华的不合正义公理》的演说。

耶鲁大学200周年校庆时的校友艾森豪威尔、杜鲁门、胡佛。

晏阳初从耶大教授及同学的现身说法中，深受科学与民主的教益与影响，有了切身的体验。尤其是对于来自“老大的中国”、亲身经历了专制帝政、辛亥革命、中华民国初建、袁世凯改民国为帝国等种种重大变化的晏阳初而言，“目睹这一曾在美国与国际政坛显赫一时的领袖人物在校园里朴实平易的风度，尤其与学生亲近的诚挚言行”，怎么不令他为之感动呢！

耶鲁大学肄习三年，是晏阳初科学与民主信念形成的关键时期。告别了“民主的常春藤——耶大”之后，科学与民主成为晏阳初毕生奋斗的目标和改造社会的理想，同时，又是他取之不尽、用之不竭的力量源泉。

“爱的驱使”

晏阳初在《九十自述》中回忆说，在耶鲁三年，“除个人的因素外，时代和环境也促成了我的人生观和事业”。在这个“基督教蓬勃复兴的时代”，他饱受基督教文化的熏陶，接受了基督的爱，坚定了他的报国之志。他说：“我在川中时，只有抽象的国家民族观念。到香港后，败国之民的羞辱，促进了民族意识的发生。我开始深切体会国之重要，已有改造社会的愿望。再进而看到美国的繁荣安定，华裔工商的屈居人下，又回想祖国的贫愚落后；我比较三种不同的生活方式，孰高孰下，优劣为何。……我从没想过独善其身。我不忍想象在中国的土地上再出现香港式的殖民地。苦难的中国，需人解救，我立志贡献己力。”

晏阳初的报国之志反映了那个时代的理想主义色彩。他怀着报国之心，参加了“鲜为外人所知，治史者大概也不熟悉”的秘密组织——成志会。名列其中的著名人物有王正廷、王宠惠、张伯苓、孔祥熙、周作民等。此会不定期在纽约市集会，讨论的问题“大概总是围绕着如何改造建设中国这个大前提”。

在耶鲁大学，“灵修的一本小书”使他坚定了“以仁化敌为友，以爱化苦为乐”、“爱人，爱民，爱贫苦大众”的信念。这本书是《世上最伟大的事》。此书主要阐述了“爱是世上最伟大的事，爱就是牺牲自我，为人民服务”的道理，对他人生观和基督教信念形成，影响至深至大。如果说孔子的思想框定了做人的基本性格，那么他在耶大领受到的耶稣积极战斗的精神，为他指明了为民服务解脱苦难的人生道路。晏阳初说：“爱是至善、至乐、至德。此书精简中肯，深得我心。数十年来，我带在身边，是我灵魂的甘泉。”

所以，晏阳初的大事、报国之志均由基督教的爱中派生出来。对他的大事业，他做过精辟的解释：“我的报国之志，不是做大官，而是成就大事业。什么是大事业呢?不是开公司、赚大钱。我心中的大事业，是体现儒家的仁和基督的爱。仁者，‘己所不欲，勿施于人’。我自己不愿做殖民地上的属民，不愿做被人歧视的廉价劳工，也不愿别人如此。恻隐之心，是消极的仁；舍己救人，是积极的爱。爱是人间最伟大的力量，能克服一切；恨是人间最可怕的力量，能毁灭一切。这世上恨太多，爱不够。我愿爱，不愿恨。仁者，恕也。仁者无敌。基督说：爱你的敌人。我没有敌人。若说是真有敌人的话，那是无知、短识所造成的贫苦和歧见。”

正是这种“爱的驱使”，他参加了学生志愿到国外去传教运动。1918年6月初，也就是毕业典礼后第二日，晏阳初就与塔夫脱之子一道踏上了去欧洲战场为华工服务的征途。用晏阳初自己的话说，是“受了爱的驱使——爱国之心、爱人之心、爱主之心，我毅然投笔从戎”。他颇为激动地说：“难忘的耶大!难忘的常春藤!在你的绿荫下，我所得的远超过一张文凭和两个春天。你使我爱上了民主的常春。这爱永驻我心，亢奋我的脉搏，雄壮我的歌声。我要唱，唱我的爱，希望唱出一个民主常春的新时代。”

赴法的收获

自1914年第一次世界大战爆发以来，美国、英国、法国等西方国家均为参战国。法国本来就劳工不足，因战争造成大量人口外流，更使劳动力市场雪上加霜，人力需要十分迫切。西班牙、葡萄牙和希腊等国的自由工人已经有很多前往法国务工，但仍然有很大缺口，而且工价高昂。法国陆军部经过比较，认为北方各省气候水土差别不大，劳工能够吃苦耐劳，而且工资低廉，于是于1916年春与中国惠民公司签订招募华工赴法协约。旋即英国也在威海卫、浦口、上海等地自由招募。前后在中国河北、山西等省招华工约15万人，他们被分派在后勤区或战区做苦力，主要是挖掘战壕等工作。这些华工的文化程度极为低下，目不识丁，更谈不上熟悉英语或法语。因为语言不通，常与英法官兵发生误会。于是基督教青年会战时工作会灵机一动，得一善计，号召在美国各大学肄习的中国学生充任翻译人才到欧洲战场为华工服务。

1918年晏阳初（右）在法国战场华工服务营。

青年会发出号召时，晏阳初受爱国之心、爱人之心、爱主之心的驱使，毅然投笔从戎。1918年6月初，在毕业典礼后第二天，便告别了耶大，告别了“常春藤”，踏上了开赴法国的征程。

服务华工“第一课”

1918年夏，晏阳初与两位中国大学生随同美国军队乘军舰驶向欧洲。同行的有三条军舰，前一条和后一条均被鱼雷炸沉，唯独他所乘中间的一条军舰幸免于难。6月，抵达法国北部的白朗。至此，晏阳初开始了平民教育生涯。

白朗有5000名华工，他们来自中国北方农村，来法前受尽苦难，缺衣少食，无从上学；到欧洲后，成天挖战壕，运枪械弹药，劳动强度很大。寂寞单调，是战区生活的写照。夕阳西沉后，华工的时间尤难打发。每一工营均有公共食堂，同时又是晚饭后的聚会所。有时在这里放电影，放留声机唱片，或做点游戏。中国学生就选择报纸上的中国动态、欧洲战况在这里口译给华工听。

晏阳初到白朗后不久，有一天晚上一位华工找他，胆怯地问：“晏先生，您能不能替我写封家信?”晏阳初欣然应允。第二天，有四五个人找他写信，一个月后，每晚有几百人了，要求写信的华工排成了“一”字长蛇阵。信的内容无一例外都很简单，除报平安外，就是兑钱回家。但每天晚上写信，白天汇兑，需要相当高的忍耐精神。几个月后，他灵机一动，召开一个群众大会，将5000名华工都拉去开会。他站在台上说：“从今天起，我不替你们写信了，也不讲时事了。”台下一阵喧哗，说晏阳初真会开玩笑。他继续讲：“从今天起，我要教你们识字，写信。”又是一阵喧哗。他又说：“愿意学的请举手。”鸦雀无声。沉默一会儿后，有40多人举起了手。

1918年华工们在工余表演踩高跷。

那一晚，是晏阳初最难忘的一宿。就在公共食堂里，他和几个华工围坐在一张饭桌旁。他面前放着一块小石板，一支石笔。他作“开学训话”：“我先教你们认数目字，这样你们才会认钱，数钱，慢慢再学汇钱。人生在世，不是为赚钱，可是为了生活不能不赚钱。你们冒险来这里，辛辛苦苦地做工，为的是赚钱养家。好不容易赚了钱，自己却不会寄回家。我愿意为你们汇钱，但是我知道，你们觉得不好意思总是求人。求人不如求己。认字不是什么难事，只要肯用心，天下没有什么学不会的事。大家都是天生下来一个脑袋，放着现成的脑袋不用，不是很可惜吗?父母给我们脑袋，并不是叫我们顶在头上加重量；如果只是白白地顶着，等于是无脑袋。你们是愿意做有头脑的人呢，还是愿意做没头脑的人呢?”

回答是沉默，也没有人散伙。晏阳初“开讲”了。他开始教写“一二三四五”，再教阿拉伯数字。华工们跟着用手在大腿上比划，眼中闪着光，嘴中念着数，甭提那诚挚的样子了。纵然是铁石心肠，也会被感动的。

第二晚有十多个华工来学认字，第三天增加到数十个。在教学过程中，晏阳初把握着两个原则，一是因人施教，二是就地取材。晏阳初说：“教他们的目的，是帮助他们发展脑力以适应生活的需要。因此，所教的是他们生活中最常用的字、最需要的字，所谓‘就地取材’，就是从生活中吸取教材，为的是密切联结教育与生活。”

“导生制”的试用

会写数字后，便开始学写自己的名字。当他们学会写自己的名字时，高兴得不得了。他们“一遍又一遍地练习，正看侧看，得意中有一分骄傲”。然后，他教华工们写家信，如“父母亲”、“大人”、“平安”、“健康”等。就这样，40多位“苦力”，每晚1小时，4个月后，其中有35位可以写家信了。为鼓励他们，晏阳初请了一位将军来主持毕业典礼。5000名华工赴会，35位华工从将军的手中领得一张大红纸写的毕业证书。这成了华工营的一条头号新闻，也是人类教育史上一桩破天荒的事。

首届识字班学员光荣毕业，5000名华工对35人刮目相看，均羡慕万分。

一天，英军主管福利工作的寇耳（Bert Cole）少校听到华工大声朗诵文字，不知是读书，还误以为是在闹事。华工们在欧洲曾发生暴动，至于罢工、恐吓之类的事情，更是不断发生。经晏阳初说明后，寇耳大为惊诧，以为15万华工都应该有识字的兴趣，一方面调集欧洲各校中国留学生来协助，林语堂便是其中之一；另一方面命令晏阳初

英国官兵在观看华工们表演。

教所有的5000余华工识字。晏阳初纵有三头六臂，也是爱莫能助，但这是军令，岂能不从?情急智生，一种新的教学法凸露曙光。他将营中华工加以编排，分组学习。由识字班的毕业生分别教导始学者。35位新教员，立即活跃于工营。这就是后来“导生传习制”之萌芽。这35位新教员为了要教别人，不失面子，便继续充实自己，故不断长进。晏阳初在《九十自述》中指出：“1920年，我回到中国，在各地推行识字运动，教学的基本原则，大致上本之于在法国所实验的。这种方法称为‘导生制’，意思是以学生引导学生。”“导生制”实施后，在华工各营引起强烈反响，“都认为这是一种扫除文盲的好办法”。

华工识字两个伟大发现

晏阳初在法国战地为华工服务大约一年时间，获得种种服务社会的心得与启示，最为重要的有影响了他一生事业的两大发现。其一是这段经历使他深刻认识到中国诚实朴素的农民智慧丝毫不比城市人、外国人低下，他们拥有巨大的潜在力量，只是没有机会读书明理，使得潜在力量不能外显出来。在法国的15万华工，正是代表了中国人口80%～90%的农民，他们是中国同胞的缩影。他们不但朴实、聪明、能够吃苦耐劳，而且勇敢顽强，富有正义感。他们如果有识字读书的机会，就能将他们潜在的力量爆发出来，他们的智慧和力量是不可限量的。他们不是缺乏头脑，而是没有智慧的头脑；他们不是不可教育，而是没有接受教育。其二是中国许多高级知识分子竟是这样无知，竟对自己多数同胞——占中国人口80%～90%的平民的“苦”和“力”一无所知！这些有知识的人只看到了占中国人口80%～90%的平民的“苦”，却对他们的“力”视而不见，真是有眼无珠！

在法国与华工相处一年，获得这两大发现，使他觉得自己非常渺小，深感惭愧。晏阳初从这时起，便下定决心，矢志完成学业，学成后回到祖国为平民效力，从事平民教育，为这些苦难的文盲同胞服务，教他们识字读书，使他们有扬眉吐气的机会，使他们的智慧迸发出来，使他们内在的潜力爆发出来。

创刊《驻法华工周报》

1918年11月，第一次世界大战结束。但是，近20万华工归国问题却不能因战争结束立即成行，其原因有二：一是华工们与英法军方的工作合同多未到期；二是交通工具不能如愿，不能将他们运送回国。晏阳初发现华工们对识字读书有兴趣与潜力，就利用这一段时间巩固和扩大识字读书的成果，使他们能够回国后进一步发挥作用，更好地谋生，遂实行了一项新的服务华工的计划——出版石印《驻法华工周报》。由于条件所限，只能用手写加石印。

1919年1月15日，基督教青年会《驻法华工周报》（以下简称《华工周报》）创刊。晏阳初在创刊号《〈华工周报〉创刊特告》中揭示创刊宗旨云：“开通华工的知识，辅助华工的道德，联络华工的感情。”《华工周报》办了“论说”、“祖国消息”、“欧美近闻”、“华工近况”、“欧战小史”、“名人传略”、“世界奇闻”等栏目。为了调动华工们的积极性，“得同胞诸先生的赞助”，巩固华工们识字读书的成果，《华工周报》还举行“华工征文比赛”。先后开征的题目有《华工在法与祖国的损益》、《甚么叫中华民国》、

主後一千九百十九年一月十五號禮拜三

基督教青年會 駐法華工 週報

第一期 價十生丁

MR Y.C. JAMES YEN c/o Y.M.C.A. 12 Rue d'Aguesseau, Paris 通信處晏陽初君

本報特告

本報是特為開通華工的知識、輔助華工的道德、聯絡華工的感情辦的。知我駐法同胞，無論在青年會任幹事，或在工營中當譯員，以及在工廠碼頭作傭工，都是急公好義的人，必願擔任義務為本報撰述，致本報進步發達，不致坐觀成敗，置之於不顧。況事方萌芽，需助為急，非得同胞諸先生的贊助，萬難辦得有成效的。著作不拘短長，本報無不歡迎的。但文字以簡明為合宜，題論以進德智為標準。投稿者請寄 MR Y.C. JAMES YEN c/o Y.M.C.A. 12 Rue d'Aguesseau, Paris 刊本報，感激無涯矣。

恭賀新年 三喜三思 初

各位華工同胞呵，離鄉現看來，各位此次來法，年有三件特別的喜事，也有三樣特別的思想。今先論三喜，與諸公一談。我們中國數千年以來，因執守舊，不求維新，無鐵路輪船、郵政電線，交通不便，旅行艱難，不能出外洋的，萬中無有一人，就是在本國遊歷的也是很少很少的。但各公深負遠志，有冒險性質，離家別鄉，梯山航海，遙遙四萬餘里來到法國作工，不但自己增廣見聞，並且可以期滿回國，興家立業，孫孫獲益。各位想一想，這豈不是一件大喜事嗎。各位來到法國，雖是自己仍是早起晚息，勤勞刻苦的為我國聯邦作工，各位這樣的出力，不是勞而無功的，是有種種的碑(?)譽。聯邦各國的軍官兵士，每談及華工，無不極口稱贊的。中心佩服的，同胞乎，你們在外國有這樣的好名譽，不特是同你們自己顏臉，也是為我們祖國增光。這豈又不是一件大喜事嗎。各位自青島威海來，遠海之時，有德國潛水艇的危險，登岸之後，又有飛艇炸彈的危險，戰以來，亦有瘟疫的危險。不是這樣的危險，便是那樣的災難，千千萬萬的人，陣的陣亡，了，病的病死了。各位卻承皇天的顧佑，祖宗的大德，得以身安體全，無恙無危，請問各位，這豈不算是喜上之喜嗎。未完

《驻法华工周报》第一期。

《中国衰弱的原故》、《民国若要教育普及，你看应当怎样办才好》等，很多华工积极撰文参赛。

晏阳初也在《华工周报》上发表《恭贺新年，三喜三思》等文章。他所谓“三喜”，指的是到期归国、为国增光、在法身安体全；“三思”指“思身”、“思家”和“思国”。“思身”有明确的针对性，一部分华工思归心切，常念叨“只要英政府让我回国，一个法郎的工价不给也是愿意的”。晏阳初询问道：“你自己思想过打算过没有，回了中国之后干什么事？从什么职业？做什么买卖？”逗留欧洲的每一天，要积攒一些法郎。“思家”是奉劝华工们，“你们既这样的贵家爱家，你们就应当求益家兴家的事，所有的一切亡业败家的嗜好，或是从中国带来的，或是到法国才学的，都应该勉力全行断绝。旧年吸烟卷的，今年应立志不吸；旧年赌博的，今年应誓绝不赌；从正经做安分守己的人，多积存几个法郎，多学些有益的技艺，期到归乡，可以发家，可以自立。”“思国”是告诫华工们，“你们在法国所处的地位与在中国所处的地位不大相同。你们住在法国，就算是中国全国全族的代表。外国人以你们作为的好歹，就定我们中国全国的是非。若在本乡本土做了什么不好的事，是你一个姓李的姓王的一人丢脸，但是若你在外国做了坏事，那外国人哪里知道你张王李赵的名字”，以为中国人全都是强盗土匪。所以“我们中国国体的荣辱，都全在你们各位作为的好歹”。

《华工周报》在华工中产生了很大影响。当《华工周报》报道了山东胶州问题中日密约等，激起了华工们的爱国心和爱国行动。一位名叫邵魁义的华工将做工积蓄的550法郎全数交出，请中国驻巴黎和会代表转呈中国政府。也有的华工有感于中国工业落后，自愿捐出自己的积蓄作振兴工业之用。还有华工给爱国自治会或救国储金会捐款。有更多的华工自动写信、捐款给《华工周报》，表示他们对刊物的喜爱和支持。如一位

华工在信中写道："你办报以来，天下事我都知道了。但你的报太便宜了，恐怕以后不久会关门。我愿把在战争中存下的360法郎捐给你办报用。"

《华工周报》创刊时，英军总部指示应按战时规定逐期检查。晏阳初明确指出，欧洲战争已经结束，对英军总部的指示表示抗议，但未予许可。第18期《华工周报》透露了他的苦衷。该期"华工近况"登载了"自胶州问题发表后，各处华工，有的言语激烈，有的辞意婉转，寄来文章，表示反对者，颇不乏人。本报因处境困难，此种文字不能一一代为宣布，实深抱歉，请诸公谅之"的启事，委婉地表达了言论被管制的痛苦。

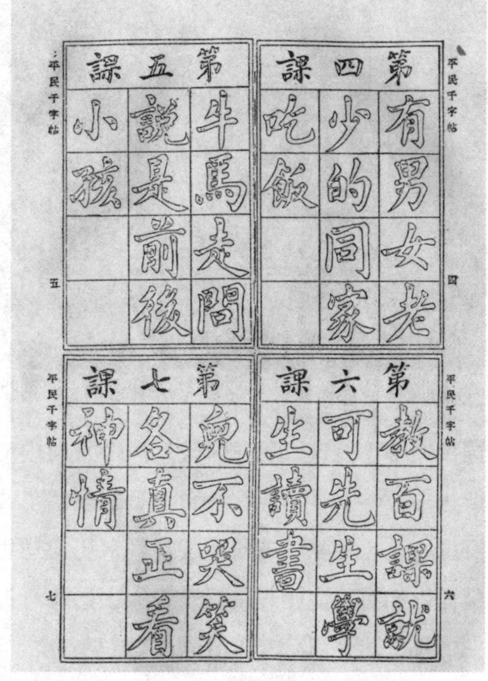
平民千字帖 四
第四課
有男女老
少的同家
吃飯

平民千字帖 五
第五課
牛馬走問
說是前後
小孩

平民千字帖 六
第六課
教百課就
可先生學
生讀書

平民千字帖 七
第七課
兒不哭笑
各真正看
神情

晏阳初等编国内最早的《平民千字帖》。

与薄克曼一席谈

晏阳初在法国服务一年期限即将届满，遂在干事大会后，即1919年5月20日离开巴黎前往伦敦，拜谒保宁府西学堂的姚牧师，还参观了英国著名学府及名胜古迹。6月9日，与蒋廷黻等一同乘海轮离法赴美继续求学。

当年秋，晏阳初进入美国普林斯顿大学研究院，主修历史学。1920年夏获硕士学位，适接兄长来函，告知母亲生病。凭多年的经验，兄长对于老母的健康闪烁其词，这次来信明确说母亲生病，母亲一定是重病缠身，凶多吉少。1920年7月29日，晏阳初搭乘"俄罗斯皇后"号海轮启程离美回国。同船共渡的有中国留美学生10人，还有传教士多人。

晏阳初归国前曾往纽约看望他原在香港求学时认识的北美基督教青年会协会副总干事薄克曼（Fletcher S. Brochman）。薄克曼说："你具有书香世家和慈父教授中国经

普林斯顿大学一角。

典的优良基础，加上海外新教育，回国以后当可迅速获得领导地位，为中国学人服务。”晏阳初毫不犹豫地回答说：“不！我的未来早在法国为华工服务时就已经决定：回国后把全部精力献给最贫苦的文盲同胞，不为文人学士效力。”他详细说明了自己作出这一决定的理由：“中国如不能消除绝大多数的文盲国民，即不能进入民主时代——今日国内文学革命，提倡白话文，实已为消除文盲工作跃进一大步。今后应在教育工具的发明与改造上积极努力，即根据在法国编行的华工识字课本，再用科学方法重加选订，更求适用。其次教育活动，尤需要大量志愿人员共同努力。如有更多受过良好教育人士愿每日提供两小时教授文盲，四个月一期，中国在短期内将可达到消除文盲目标。”

薄克曼最初本想劝阻晏阳初不要去做不可能成功的消除文盲的工作，但看到晏阳初坚定的态度、万马拉他不回头的决心，意识到晏阳初对这一工作已经深思熟虑，劝说也不可能回心转意，就改变了态度，提醒晏阳初说：“你需要使教育工具更加完美，中国国内当有若干学人可与合作研究；至于教育活动，中华基督教青年会全国协会总干事余日章应乐于协助，到上海后可与他商讨。”

上海基督教青年会总干事余日章。

薄克曼善意的提示，对晏阳初的帮助很大。薄克曼提及的余日章，以后对他的平民教育事业有很大的支持和帮助。

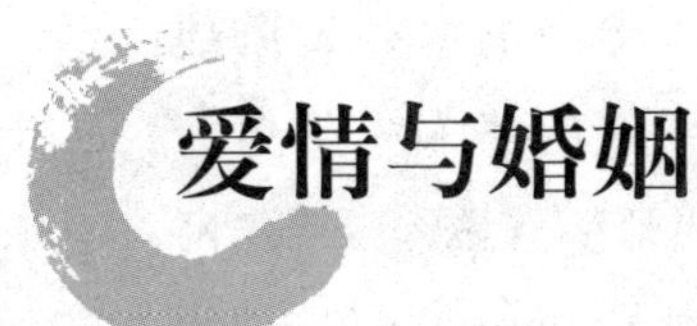

爱情与婚姻

晏阳初毕生从事平民教育事业凡60年，取得了巨大成就，“功劳簿”上还应当有晏阳初的另外一半——伉俪许雅丽女士。台湾传记作家吴相湘所作《晏阳初传》，副标题为“为全球乡村改造奋斗六十年”，写作时间为1981年，其时说晏阳初从事平民教育60年当是恰如其分的。但是，晏阳初到吴相湘《晏阳初传》截稿，虽年事已高，将近80岁，但他并没有退出平民教育的事业，不仅心系平民教育事业，而且时时指导来访者，还前往基地耳提面命。因此，晏阳初无疑是从事平民教育事业70年。在这平民教育事业进行的70年间，晏阳初身边自始至终有一个人如影相随，这个人就是晏阳初的终生伴侣许雅丽女士。

泰山许芹牧师及其家庭

晏阳初入读耶鲁大学后的1917年冬，当选为耶鲁大学华人协会会长。华人同学中有容闳的孙子和康有为的侄子等同窗好友，但最使他兴奋的是他作为华人协会会长认识了许雅丽女士。

许雅丽女士是纽约市华埠首先创立基督教堂的许芹（Huie Kin，1854—1934）牧师的次女，在九个兄弟姐妹中排行第三，姐妹中排行第二。许牧师是广东台山县永宁

许雅丽的双亲许芹牧师伉俪。

许雅丽与兄弟姐妹合影。

村人。他儿时听说美国有金山，不胜向往。14岁时请父母为他买了一张直航旧金山的船票。父亲押了薄产，为他买了30元一张的船票。大学毕业后，长老会的海外传道部委派他在纽约城的华人中工作。1889年，许牧师和露易丝·亚尔南（Louis Van Arman）小姐在纽约结婚。她的祖先来自荷兰，与许牧师在教会活动中相识、相敬、相爱而结婚。其时，华人与白人结婚实属少见，为此，她放弃了美国公民权。

他们婚后生育了九个儿女，排行第三的是许雅丽（Alice Ordainia），这就是晏阳初的终生伴侣。晏阳初说，许家儿女非常有趣，三位少爷，都娶了美国妻子；六位千金，都嫁给中国郎。

一杯胜似玉液琼浆的水

许雅丽是哥伦比亚大学师范学院体育系高才生，矢志不渝地要回祖国教授女子体育，认为这是中华民族强种强国的根本。在哥伦比亚大学学习期间，曾荣获中国留美同学会东部分会主办的女子游泳比赛冠军。晏阳初对体育有浓厚的兴趣，尤其喜欢打网球。许雅丽是基督教女青年会会员，晏阳初则是基督教男青年会会员、弟兄会会员、裴陶会会员，各种社团组织经常集会，或者举行活动，交往甚为密切。

由于基督教会活动的缘故，晏阳初在耶鲁时常跟同学们到许家做礼拜、吃饭，对许家六个女儿一视同仁，无所偏爱。他心想，自己学业未成，不敢交女朋友，虽然自己的

晏阳初与夫人许雅丽。

父母思想开放，在四川并没有定亲。有一天，他们在许家吃完晚饭，大家围着钢琴唱赞美诗。晏阳初有一副好嗓子，在耶鲁大学是有名的歌喉，这是大家都知道的。不知是哪位好事者提出要晏阳初一展歌喉，随即大家都跟着起哄，高声喊道："詹米参加耶鲁的唱诗班，唱得好！"要晏阳初独自唱。盛情之下，却之不恭，他也正想借此机会展示一下耶鲁大学唱诗班的实力呢。晏阳初唱了一首又一首，唱得口干舌燥，但众意难忤，只好继续引吭高歌。大家听得如醉如痴，竟然全忘了这位唱歌人喉咙干得冒青烟呢。晏阳初终于憋不住了，轻轻地说了一声"我想喝杯水"。似乎大家沉浸在欢乐之中，并没有注意他说的话。但一杯水送了过来，晏阳初觉得清凉无比，一杯清水，胜似玉液琼浆。这位送水人就是许雅丽。

晏阳初和许雅丽由友好发展为爱情，令其他中国留美同学十分羡慕，传为美谈。

许雅丽的雄心壮志

许雅丽一心一意要为祖国的女子体育事业服务，以养生强身之道教育中国女青年，为民族下一代子孙健壮奠定基础。1917年，许雅丽在哥伦比亚大学体育专业完成学业后，迅即回到了上海，任教于上海女青年会体育师范学校。在这所学校任教的，大都是欧美一些国家的离职教师和大学毕业生。许雅丽教授的课程主要有球类和游戏理论等，另有舞蹈、民间舞蹈、运动技术、解剖学和体育生物学等课程。

晏阳初在法国和普林斯顿工作和学习时，许雅丽已经在上海女青年会体育师范学校任教了。他们天各一方，既没有相互看望，也没有鸿雁传书，抒发想念之情，但是二人心心相印。晏阳初回国后，他们在上海相聚。在上海，青年会和女青年会的工作人员常有碰头的机会，他与许雅丽的感情有了进一步的增进。这一段时间，晏阳初真切地看到许雅丽"有健硕之美，仪态端庄，勤奋朴实，乐观积极，充满朝气"。他说："我正在

為解除苦力的苦
向發苦力的力
您和我并肩奮
鬥了卅年
今後更當不計成
敗得失為人類幸
福世界和平
繼續奮鬥
民國四十六年為
雅麗夫人祝壽
陽初

晏阳初题赠夫人许雅丽。

晏阳初全家福。

为事业奋斗，她总是鼓舞我，勉励我，我引她为知己，为同志，常去学校看她。”

1921年春，他们幸福地订婚了。

共剪西窗烛

1921年春夏，晏阳初从上海启程到巴中看望年迈生病的老母亲。因为上海到重庆没有直航轮船，这一段路程大约走了35天。而从重庆到巴中，不仅山路崎岖，而且沿途治安不良，土匪猖獗。他穿了一身土布衣裤，腰间束一布带，提着一个装有一套换洗内衣和仅够用作路费花销的小包袱，纯然平民化的装束，根本不像一位学贯中西的留学生。

晏阳初走近家门，二嫂先看见他，叫了一声：“么老子回来了。”一直卧床不起的母亲一跃而起。他在美国读书、工作八年，家人未向他索要一分一文，为了让他走向世界，节衣缩食，母亲年老多病，亦未曾侍奉左右，使晏阳初心里十分难过。晏阳初告诉母亲，以后要从事平民教育运动，俸薄责重，母亲非但没有阻止，反而频频嘉勉。在向母亲告别时，晏阳初说：“儿不孝，又要离家远行。”深明事理的母亲说：“你是男儿，应当到外面去。你替社会做事，显亲扬名，我高兴得很。”当儿子走出她的视域外，她转身回屋，倒在床上哭泣终日，深知这是最后一次相聚，今日与其说是生离，不如说是死别。

1921年9月23日，晏阳初与许雅丽在上海圣约翰教堂举行婚礼。婚礼共花费了65元钱，买了好些带枝的修竹，用线绳捆扎在教堂的柱子及四壁上。绿叶红灯，相映成趣。

许雅丽请她的妹妹灵毓当伴娘，晏阳初请之江大学教书的吴安君（Andrew Wu）做伴郎。许雅丽所在的女青年会和晏阳初所在的青年会的同事都前来祝贺。偌大的教堂，座无虚席。从此，晏阳初与许雅丽志同道合，并肩携手，比翼双飞，为人类的平民教育事业，为解除苦力的“苦”、开发苦力的“力”，联手奋斗70年。她于1929年陪伴晏阳初迁居定县。当时，定县生活艰苦，收入比都市减少了近一半，孩子上学也成了问题，又远离亲友，不少做太太的深感不便和寂寞，有三分之一的工作人员离开了定县。后来，她又跟随晏阳初跑遍大江南北，周游亚非拉数十个国家，协助开展平民教育运动。1980年7月，许雅丽因心脏病突发，息劳辞世。国际乡村改造学院同仁在菲律宾本部集资建立了“雅丽纪念亭”，以纪念这位在平民教育事业上卓有成就的女士。

国际乡村改造学院同仁集资修建的许雅丽夫人纪念亭。

全力推平教

晏阳初怀着解除苦力的“苦”、开发苦力的“力”的雄心壮志，于1920年秋踏上中国这片热土。在国家政治、经济、教育制度紊乱，军阀横征暴敛，人民生活困苦至极、衣食不继的时代，要做消除文盲、巩固国基的工作，无异于天方夜谭。幸而中华基督教青年会分布国内各大都市，拥有46000名会员，当年收取的会费和捐款便有50万银元，余日章又热情欢迎晏阳初参加青年会的推行平民教育运动，于是，才发生了20世纪20年代大江南北掀起的规模空前的平民识字运动。这是盘古开天地以来第一次平民教育运动。自古以来，广大平民或者无教，或者误教，仅仅施以君君、臣臣、父父、子子的陈腐伦理道德教育，从未有过将平民导入科学知识殿堂的识字教育。在晏阳初的精心擘划之下，平民教育运动的大幕终于徐徐拉开。

平民教育状况调查

1920年8月，晏阳初回到久别的上海，即找到了薄克曼介绍的中华基督教青年会全国协会总干事余日章，向他陈述了关于推行平民教育的主张。余日章赞同他的意见，建议晏阳初以中华基督教青年会全国协会作为推动平民教育的机构，让晏阳初主持协会智育部新设的平民教育科。此时，中国政治、经济和教育混乱不堪，军阀混战，人民生活

任平教总会总干事时的工作照。

苦不堪言。在余日章的支持下，晏阳初利用中华基督教青年会的人力物力，掀起了一场轰轰烈烈的平民教育运动。

晏阳初认为，做好平民教育工作，“先要调查，先看病症如何，然后才能确定用药”。于是，从1920年冬至1922年春，他用了一年多的时间，游历了全国19个省，调查各地平民教育现状。他访问了各地通俗学校、工读学校和学生自动主办的平民学校等，考察各地办学情况，收集教材、教具，同时了解各地平民的生活状况。

根据一年多的全国平民教育状况调查，他加深了对国内平民生活和教育的基本情况的了解，认定国内平民与法国华工生活有很大不同，不能生搬硬套在法国推行华工教育的教材和办法。第一，华工做工时间固定，而国内工人、商人等成天忙碌。第二，华工生活负担比较轻，而国内工人家庭负担重。第三，华工在法国受到各方面的刺激，有受教育的需求，而国内平民生活平淡无奇，对读书识字未产生欲求。第四，华工人数有限，成分简单，全系工人，所需要的教材也很简单，而国内平民三万万以上，男女老少、富贵贫贱、各色人种都有，所需要的教材复杂得多。而各地通俗学校、平民学校之所以未能取得成绩，主要原因有三：一是教员无经验；二是无适用课本，多以小学的国文课本为教材；三是各学校彼此之间没有联络，经验与教训不能交流。晏阳初认为，推行平民教育的关键在于如何根据平民生活的实际，来制订平民教育的办法。决定专心研究平民教育进行方案，根据平民的闲暇情况，以最经济的时间，教授最适用而不可缺少的知识，使最大多数的平民花费最少的金钱和精力，取得最大的效果，达到“所学即所用，所用即所学”的目标。一年余的全国平民教育状况调查，可谓硕果累累。

编辑《平民千字课》

为使平民识字教育收到立竿见影的效果，晏阳初十分强调平民识字教育手段的中国特色，从中国的实际出发，切忌流于形式。他提醒同仁研究推行平民识字的方法和手段时，应注意以下两件事：“（一）受教育的，大都是受经济的压迫；办教育的，亦无充裕的经费，因此教育费用，应减至最低限度。（二）受教育的人既为平民，每汲汲于谋生计，自不能用多少时间来受教育；尽义务的教师，大都是自己有职务的，亦不能有多少时间来做教授的工夫，所以时间亦有减至最低限度之必要。”建议切切实实彻底研究这样三个问题，即：“（1）最短的时间；（2）最少的经费；（3）实施最不可少的公民教育。”

识字教育是其他教育的根本，是平民教育的抓手。但是，讲识字教育有三难：一是“文”难：我国文字之难学，为各种文字之冠，而且应该识“多少字”，应该识“什么字”，都是难解决的问题，这是一难。二是“忙”难：平民大多数是很贫穷的，因此终日为衣为食奔走，无暇读书。三是“穷”难：一般不识字的平民大多数是很贫穷的，故无钱读书。

他剀切地指出，这三“难”的问题如果得不到根本解决，要想扫除文盲，将永远是可望而不可即的目标。

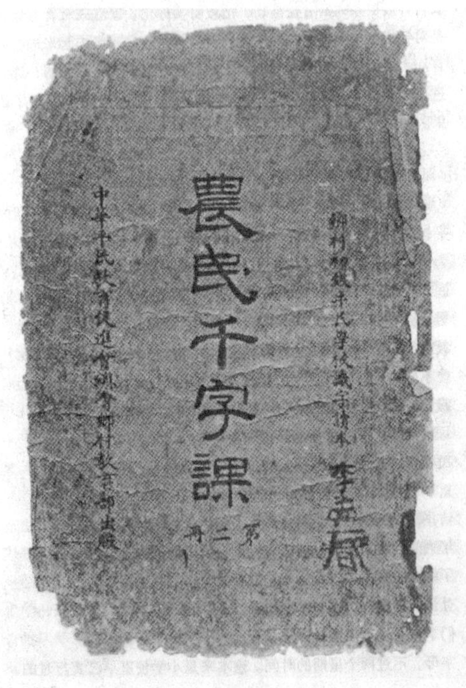

平教总会出版之《农民千字课》。

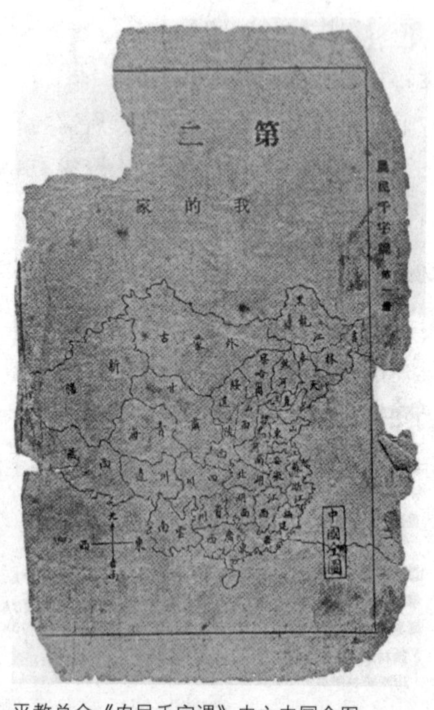

平教总会《农民千字课》中之中国全图。

如何解决这三“难”问题？晏阳初认为当从编辑《平民千字课》入手，首先解决教育工具问题。

20世纪20年代是平民识字运动的鼎盛时期，平民教育专家诸如晏阳初、陶行知、朱经农、陈鹤琴等所编的各式各样、各具特色的“千字课”，林林总总，不下数十种。晏阳初组织的平民教育专家、文字学专家等所编撰的“千字课”，在诸家“千字课”中，是影响最大的几种之一。

晏阳初在法国为华工服务时，曾为华工识字教育编行《识字课本》。其基本做法是就实地经验选订基本字汇。在国内旅行时，他发现南京高等师范学校（1921年12月6日改为国立东南大学）教授、儿童心理学家陈鹤琴正在研究《语体文应用词汇》，且已有初步结果，陈鹤琴搜集儿童用书、报纸、杂志、小学课外读物、古今小说、杂类六种语体文，共计554489字，归纳重复用字后计单字4488个，再用科学方法制作“字汇材料”、“用字次数”、“字汇举例”而发现“次数与字数适成反比例”的原则，即在这554489个字中所遇见的次数很多的字，其用处与价值无疑很大，其中最多的1000字与晏阳初在法国选订的“千字课”，竟有800多字相同，可谓英雄所见略同。实地的经验与科学方法研究结果，竟然如此相差无几。为迅速扫除文盲，晏阳初在青年会新编《平民千字课》时，便参酌陈鹤琴和他自己在法国的研究成果作选字标准。

晏阳初曾说：“千字课者，即适应目前我国特殊环境之特殊方法。”他试图通过这一特殊方法，攻克平民识字的“三难”。

1922年2月，青年协会书局刊行晏阳初主编《平民千字课》初版。全书共96课，分四册，每册24课，每课大约10～11个生字，专供平民学校四个月用。其特点是：“每课生字旁，又附注音字母，以便学生读书之用。”此为他在华工营分别教读中文生字及注音字母的方式融合为一。在编写技巧上，《平民千字课》“每课前有图画一幅，把课中的意义描

1922年出版之晏阳初与傅若愚编《平民千字课》（修订本）。

绘出来，以帮助学生明了课义，并引起他们的兴趣”。相对于在法国所编的“千字课”，又向前推进了一大步。这显然是将教育学、心理学等重要理论应用于平民识字教育的又一例证。正如《〈平民千字课〉讲授大意》指出的：“本书每课的材料，是图画在首，课文在中，生字在后。所以教授的时候，应当顺着这个次序，不可紊乱。因为图画是已知的，课文是有已知也有未知的，生字是完全未知的。这样由已知而未知，由未知而记忆，循序渐进，是教育上的一个紧要原则，不可不遵守的。”

因为教育对象是平民，平民与普通学生有很大的不同，他们又“穷”又“忙”，所以选字上必须要下大工夫，要照顾到平民的“穷”，又要注意到“忙”。“穷”要求所编的书不能奢侈、昂贵；“忙”则要求精心挑选文字，从实地和与生活密切联系的文字中，经过多次淘汰，选择与他们最相关的字。

《平民千字课》四册间也有大致分工，第一、二册专重认字，第三、四册偏重常识。这一巧妙别致的安排，尽管由黄沧渔起稿，杨冯署修正，又以余日章、胡贻谷、范子美、谢扶雅等审阅指正，但体现了晏阳初的设计原则。

《平民千字课》初版面世后，普遍受到平民教育工作者的欢迎，各地多借以作为平民识字教学的教材。晏阳初还随时综合各地调查结果加以改良修正，贯彻了与时俱进、随时随地修改的精神。1928年3月重订13版发行，此版系根据1927年6月修正本付梓。六年间发行数量之巨与修正改版之频繁，足以体现晏阳初力求完善的念想和永不满足、探索不辍的精神。在各种“千字课”本不下数十种之时，晏阳初主持的“千字课”始终保持旺销态势，足见他主持的“千字课”在当时属上乘之作。除《平民千字课》外，他前后主持了市民、农民、士兵等“千字课”的编纂工作，他曾在《中华平民教育促进会定县实验工作报告》中指出：“四种‘千字课’与两种高级文艺课本，行销虽已达1000万部，但是我们始终不敢自满，现在仍不断的实验，不断的补充。”销量如此之大，几乎占全国4亿人口的1/40，也就是说全国每40人中就有一套。

每册“千字课”5分钱。当然，拿出两角钱买书对于下层等米下锅的平民而言，也许仍然是一件难事，因此，后来在实际销售中又作减价打折处理，尽量使平民们能够买得起书，不至于望书兴叹。

长沙的探索

湖南省督军赵恒惕。

1921年10月，湖南省长倡言自治，实行省宪法。教育界同仁认识到，如果民众不识字、无知识，讲宪法、讲民主都将沦为空谈。因此，积极提倡平民教育。晏阳初调查到这一情况后，1922年首先便以长沙为试点推行平民教育。

1922年2月，晏阳初抵达长沙。他邀约了长沙地方官吏、学校校长、绅商、报刊编辑及教员、学生、牧师等各行业领袖，提高对平民教育作用与意义的认识，商讨平民教育推进办法，动员平民教育热心人士参加，造成热烈的“教育的气氛”。他在青年会讲演平民教育，听者多为湖南各界要人。又召集各界开全城动员大会，推选出“平民教育委员总会”委员70多人，分任征聘教员、招生、财务、筹设教室和宣传等事务。分全城为52个劝学队，三天共招得学生1900余人、教员120人。利用学校公会、庙宇等作教学点，计70余处。从3月15日开始授课，每晚2小时，共上课92次，教授1000个汉字，到7月15日举行毕业试验。应考的1200人，考试合格的960人。省主席赵恒惕亲临毕业典礼，亲行颁发文凭。“打赤脚”的民众接过识字文凭，实开中国教育史之新纪元。

民众对识字意义的认识与关心程度，关系到识字运动的成败。晏阳初主要采取了七种宣传推行方法：其一，图画1500份，悬挂于大街小巷；其二，张贴省长公署布告500份，劝告各商店或住户令不识字儿童或学徒入学；其三，散发小传单2600份，说明有关基本字汇的内容，劝告学习；其四，举行由各商店及手工业主人参加的会议；其五，报刊每日报道有关消息；其六，省长主持群众大会；其七，各大中学学生举行全城大游行。

同年9月，长沙平民教育总会继续招生，仅4个月后及格者就达1010人。嗣后各县亦办起平民学校、平民读书处共1718所，学生57662人。长沙《大公报》1924年1月3日报道，截止到报道之日，长沙城区各小学附设半日班或夜班除外，仅青年会就办平民识字班203班，毕业者2200多人，可谓盛极一时。

长沙平民教育的推行，取得了成功的经验和可观的成绩。长沙作为推行平民教育的第一站，奉行的就是简单、省事、省钱、省时间的原则。宣传的力度很大，造成的气氛

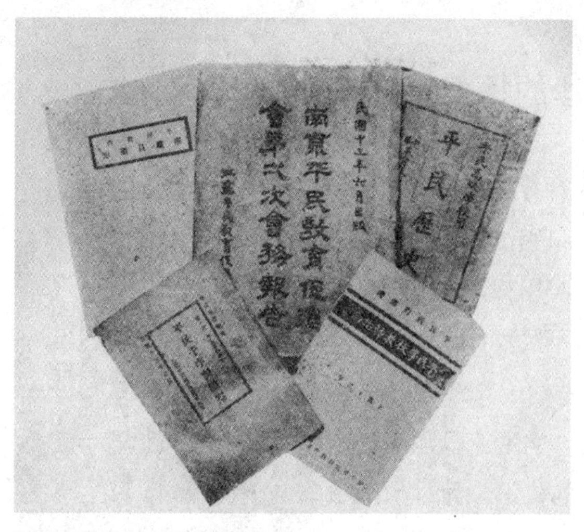

国内各地出版之平民教育材料。

十分浓郁。这些都是取得成功的元素。譬如，在长沙的100位义务教员中就有一个叫“毛泽东”的。晏阳初后来在《在成都校友欢迎会上的讲话》中回忆说，毛泽东“就是参加咱们的平民教育运动的一员。现在有外国人写毛泽东的传记，就说他那时是受到很大的影响，就是说要能真正打到民间去，方法要注意，要简单、要经济、要实际”。

由于湖南各界对平民教育认识程度极高，平民教育动员得力，识字班办得效果彰显，义务教员热情高，全省平民教育声浪与日俱增。1923年12月25日，湖南平民教育促进会筹备处发起平民教育运动游街大会，1924年元旦举行游街运动。是日，长沙免抽人力车捐一天；造币厂、纺纱厂等工人一致参加；各机关长官街头发表演讲。游街大会发表《湖南平民教育运动游街大会宣言》，云：“兄弟姊妹们呀，我们为什么在这被兵匪闹得不亦乐乎的湖南，也学着南京、北京、安徽、湖北的样子，打起这平民教育的旗帜呢？这不是发狂吗？不！不！决不是发狂！固然全国平民教育运动者朱其慧先生，不日即到湖南来，说湖南此刻还不是实施平民教育的时机，然而我们越觉得湖南的平民教育已刻不容缓。”要按照中华平民教育促进会的计划，以最短时间、最少经费，使年长失学的每天抽一点时间，来受人生及共和国民必不可少的基本教育，“务求免掉社会上的危险，民主政治的障碍”。

为防止运动来时平民教育口号震天价响，彩旗招展，运动过后除了街头色彩绚丽的标语与地下丢弃的各色小旗帜外，又回到原点，筹备会下决心巩固游街大会成果，将长沙分为东西南北中五个学区，年长失学者东区在教育会及平民补习学校报名；南区在妙高峰中学、第一师范、长郡中学报名；西区在青年会报名；北区在岳云、长沙师范报名；中区在《通俗报》馆及第一中学报名。年长失学者“一俟可以开班，即有不要钱的书读”。

近现代湖南人才辈出，与平民教育运动扎扎实实推进，当是不无关系的。

烟台的推行

山东烟台平民学校4000男生毕业。

晏阳初以长沙为华中各省城市的代表，实验推行平民教育运动取得初步成功。回抵上海后，他就积极筹备在通商口岸烟台的平民教育运动。1923年2月，他到烟台与青年会合作，推行比长沙规模更大的平民教育运动。举行全城游行时，各界人士均参与其中，工厂停工一天，参加游行者达15000余人之多。各学校选定优秀男女学生组织招生队52队，将全城划分为52区，分区挨家挨户劝告。仅两个下午的招生活动，男生招生队招生1466人，女生队招收妇女632人。男女学生年龄自7岁到67岁不等，青年占其中的绝大多数。

中华平民教育促进总会董事长朱其慧。

民 為 本 邦

識字國民證書

年 歲

讀完中華平民教育促進會出版平民千字課四本考試及格特給此證

平民教育促進會給

中華民國 年 月 日

识字国民证书。

为使平民教育收到实效，晏阳初还选定义务教师100人，其中男性70名，女性30名，分区分班教授《平民千字课》。四个月的教学期满，当年7月有1600多人参加毕业考试，其中1147人及格。是年8月1日举行毕业典礼，特请前国务总理熊希龄夫人朱其慧亲临典礼发给“识字国民”证书并发表演讲。她激动地说：“今天这个毕业典礼，我从未见过，毕业学生中有64岁的老婆婆，有10岁的小孩，有成百的家庭妇女，有打赤脚的，男的女的。这才是自由平等的人民教育，这才是实现人民政治的真正方法。这就是教育的民主，这就是民主的教育。”她说着，感动得热泪盈眶。毕业盛典完毕后，朱其慧对晏阳初说：“我本是全国妇女联合会的会长，兼全国妇女红十字会会长，我现在要把这两项职务辞卸，从此献身于平民教育。”后来，她辞却了其他职务，很少住在北京享受荣华富贵，整年不停地在各省市间往来奔走推行平民教育。

嘉兴群众教学法实验

南京平民识字运动也呈现出前所未有的火爆场面，盛况空前。官府及学校等文化机构都参与平民教育运动，城中的十字路口设有平民问字处，城门口对进城平民进行测验，不识字的平民教其识字，否则不得进城。但是，平民识字的方法与其他地方大同小

南京平民教育动员大会。

异，仍然离不开《平民千字课》，方法上并没有创新。

为了在方法上有一定突破，寻找到有利于在较短的时间内扫除文盲的捷径和便捷方式，晏阳初在浙江嘉兴对平民识字教育方法进行了探索。

民国时期的幻灯机。

晏阳初在法国曾试验过由少数教师教众多学生的幻灯教学法，取得成功。在国内首次应用幻灯教学是在浙江嘉兴。他借助幻灯这一教育技术，主要目的是在“教师少而学生多”的小城市和乡间实验推行平民教育的方法。小城镇和乡村，识字者寡，教师缺乏成为严重的问题；另一问题是经费拮据之状难以想象，只有采用“以少胜多”的办法才能解决这一问题。运用幻灯，一位教员可教200人以上，彩色图画映在白布上，可刺激学生感官，激发学生兴趣，加深对文字的印象。幻灯教学也为全国之先。

晏阳初来到嘉兴前，先与秀州中学接洽，由秀州中学担任倡导的一切责任。该校选派4位教师，每两人轮流教授一所平民学校，另派60名学生担任助理。每名助理负责20名学生的督导工作，包括考查每日到课情况，督促他们读写，还具体辅导后进的学生。这一方法被誉为“群众教学法”。

嘉兴平民学校有两所，一在城南，一在城北，学生共200余人，通过幻灯教学，《平民千字课》第一册250个生字，很快被学生掌握。全班学生不仅及格且都得高分，其中100分者30名，平均分数为95分，全部刷新了以前各地平民学校的纪录，充分地显示出学生对于幻灯的浓厚兴趣，吸引了学生的注意力，影响了他们合群的行动与精神。朱其慧和陶行知等到嘉兴亲见这一盛况，很受感动，深信嘉兴的教学法是普及民众教育的根本方法。

1923年，晏阳初运用所积累的平民教育经验，先后在华北、华中、华西、华南等地开展义务扫盲运动，前后参加学习者达10万余人。

识字教育进军营

张学良将军。

晏阳初还认为，平民教育还应当送进军营，不能让那些持枪守卫国家的军人失去接受教育的机会，停留在目不识丁的状态。1924年，奉军主帅张作霖自第一次直奉战争失败后，锐意革新，行伍士兵也严格挑选，凡小学未毕业、未达到相应文化程度者，不得混迹军营。

奉军的这一革新工作由少帅张学良主持。张学良得知晏阳初正在全国各地推行平民教育，遂请晏阳初提出详细计划。晏阳初根据军队具有严密的组织这一特点，拟订一个推行军队平民识字教育的计划。他计划在奉军中组织一个总委员会负责推进识字教育工作，主席由张学良担任。张学良按照晏阳初制订的方案，第一步举行士兵识字测验，发现每营150名士兵中有读写能力的平均只有25人，大约有120多人为文盲。晏阳初决定运用嘉兴的“群众教学法”进行扫盲识字教育。每一营以一官长任教师，能读写的士兵担任“助教”或“指导”。

为使平民教育进军营并能收到良好的效果，晏阳初准备了5万套《平民千字课》、60部大幻灯放映机、5000张彩色幻灯片。1924年7月1日，奉军首届识字教育班举行开学典礼，晏阳初亲自主持有300名军官参加的师资训练班，讲授平民教育要义和《平民千字课》教授法等一周的课程。这300名“军官教师”就是奉军识字教育的教师，随即成为1万名“兵士学生”的教师。

第一个月已经取得骄人的成绩，张学良计划第一届“兵士学生”在当年11月23日毕业后，在全军推行识字教育。等全部“兵士学生”毕业后，择其优异者担任民间平民学校的教师，四年内使东三省所有居民都读书明理。但因当年9月第二次直奉战争爆发，第一届识字教育中途夭折。

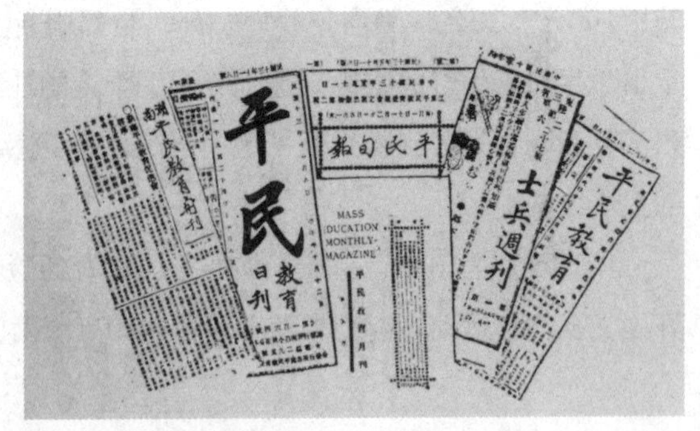

各地出版之平民教育期刊。

推行女子识字教育

女子识字教育在封建统治势力十分强大的时代，几成一块荒芜之地。即使是对富贵人家的大家闺秀，所施大多为贤妻良母教育，讲授至多的不过为曹大家的《女诫》、班固的《列女传》、宋若华的《女论语》、明仁孝文皇后的《内训》等，文字教育对粉楼绣阁，也许并非难事，但对于广大普通民众家庭的女子，则是闻所未闻的。近代以后有了女子教育，但与男子教育大异其趣。女子在女子学校受教育，无异于生活在模范监狱一般，而且只有有钱有势之家的女子才能叩开女子学校的大门。辛亥前夕，清政府公布了小学校男女同学的文件，1919年北京大学、东南大学始开大学男女同学风气之先。中学生被认为情窦初开，最富于情感而难于抑制理智的闸门，中学男女同学之期更姗姗来迟。

女子学校教育思想如此禁锢，开禁竟如此之晚，而女子社会教育作为封建教育最后一个顽固堡垒，更是举步维艰。平教同仁朱其慧、陶行知和晏阳初推行平民识字运动，自然而然地要注意到占人口一半、在苦难深渊中生活的女子。为攻克这一堡垒，陶行知“预备钢头碰铁钉”，独出心裁地提出“小先生制”，以解决女子教育教师奇缺的问题，推动了女子社会教育的发展。晏阳初则通过办“点”的方式摸索女子教育的经验。他将烟台和嘉兴作为华北和华东的代表着手实验。烟台辟为通商口岸极早，往来烟台的外轮客商众多，受外来文化影响开化较早；而作为孔孟故乡，却又保持有齐鲁遗风。嘉兴为浙江一县城，并非省会，人口、学校、工商业均不太发达。他试图通过不同人文环境的区域性实验，获得若干个可适于全国女子教育的原则和方法。

晏阳初在烟台的女子识字教育较为成功。他首先办好女子骨干学校，然后以各女校优秀学生组织成女生招生队，又将全城划为52区，由女生招生队分区挨户劝告游说。用这一方法，仅两个下午，女生队便招收630名妇女报名入学。其中女学生年龄自7～67岁不等，青年女子占大多数。晏阳初又组织了30名女子义务教师，分区分班教授《平民千字课》。四个月满，烟台男女学生1600多人参加考试，1147人及格，其中372名妇女经考试及格。

1923年8月1日举行毕业典礼。晏阳初特请前国务总理熊希龄夫人朱其慧亲临发给“识字国民证书”，并发表了热情洋溢的讲话，称道这种教育“才是自由平等的人民教育！这才是实现人民政治的真正方法。这就是教育的民主，这就是民主的教育”。一个国家女子占人口一半而不能识字，不能知书识礼，怎么能实现民主共和呢？晏阳初深信这是民主共和的基础。

中华平民教育促进会总会成立

朱其慧的“普及教育”心愿一直没有释怀。1922年秋，她从中华教育改进社总干事陶行知处得知晏阳初在长沙推行平民教育成绩显著，遂会晤晏阳初，请他筹划以后一切平民教育事宜。晏阳初本来就认为全国平民教育人士应当通力合作，鼎力玉成平民教育大业，表示愿意尽力协同共举平民教育大计。次年春，她与陶行知参观嘉兴实验后，更加坚定了普及教育的信心。故迅即到上海沧州旅馆邀请晏阳初、朱经农、袁观澜、胡适、傅若愚等讨论组织全国总机关事宜，将平民教育推行到全国。这次会议商讨的结果是完善“教育工具”，先改编“千字课”。

中华平民教育促进会第一届董事部常委（左三蔡元培，中朱其慧）。

1923年8月初，新编《平民千字课》第一册出版。8月23日，中华平民教育促进会举行筹备会议，讨论并通过《中华平民教育促进会总会组织大纲》。26日，中华平民教育促进会总会假北京西城中华教育改进社事务所举行成立大会，按组织大纲选举董事40人，又推定张伯苓、陈宝泉、蒋梦麟、陶行知、周作民、朱其慧等9人为执行董事。并一致公推朱其慧为董事长，陶行知为董事会书记，晏阳初为“总会”总干事。总会办事处是借用熊希龄寓所两间小房。第一年只支用银元3600元，包括晏阳初全年薪金及一名兼任书记和一名兼任工友的薪酬，以及邮费、文具、纸张等。总干事工作需要全身心投入，否则，平民教育运动很难收到实效。但中华基督教

中华平民教育促进会总会财务委员会主席颜惠庆博士。

本會於民國十二年八月二十六日成立，陽初亦於是日被舉爲總幹事，至十三年九月，乃在北京就職。迄今二年餘，承中外各方面之贊助，愈鼓勵本會勇猛前進之精神。惟本會經費，時感拮据。自民國十三年九月起，至十四年八月止，此一年間，本會一切開支，均由董事長熊朱其慧夫人担負，草創經營，備極艱苦。嗣由十四年九月起，入出之款，乃由陽初經手管理。計自十四年九月至十五年十二月，本會所收入之款，國外有檀香山捐款，乃十四年七月十五至三十日在檀香山所捐。（捐款人名及數目，詳見檀香山華僑與中國平民教育。）國內有中華教育文化基金董事會補助費，自十五年七月，補助文學科三年，每年一萬五千元，惟第一年除補助文學科一萬五千元外，又補助五千元，爲農村生活改進費。此外則有個人捐款，因本會從未募捐，所收捐款，純由捐款者自動的樂助，其數目另詳見捐款清單，此不再贅。中外各方面，對於本會如此贊助，謹當誌謝。陽初及同人等，更當愈加努力，以求不負各方面之厚望云。

總幹事 晏陽初謹啓

中华平民教育促进会总会收支报告书篇首说明词。

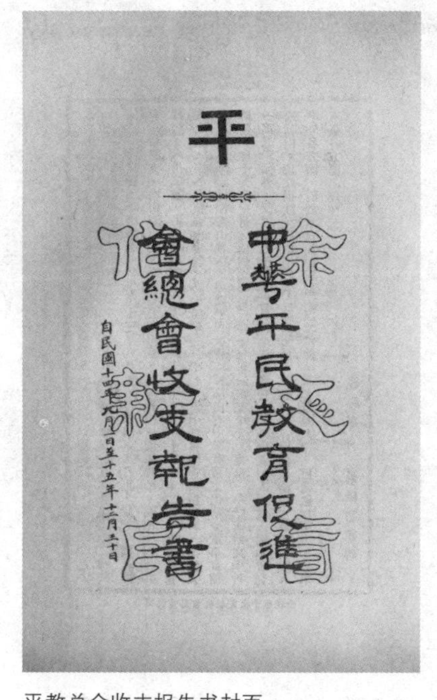

平教总会收支报告书封面。

青年会不愿晏阳初离开。经朱其慧再三恳切函商：“青年会对平民教育如此热心，实堪钦佩。但究属局部之进行，故为国家教育计，为充分运用人才计，晏君应舍青年会而就总会之职。”余日章不得已勉强同意。1924年8月初，晏阳初到北京中华平民教育促进会总会就职，专门从事平民教育工作。此后70年未改从他业，未产生过改行经商或升官发财的念想，一直到百岁辞世。

“总会”会徽和会歌

中华平民教育促进会总会成立后，晏阳初即为总会拟具会徽，并物色人员撰写会歌。他为总会拟具的会徽是一“平”字，提经董事会通过。“平”上的一横代表头脑，意即一个人必须具备有训练的思想、有规律的理性。“平”字的一横下面有两点，很像人的

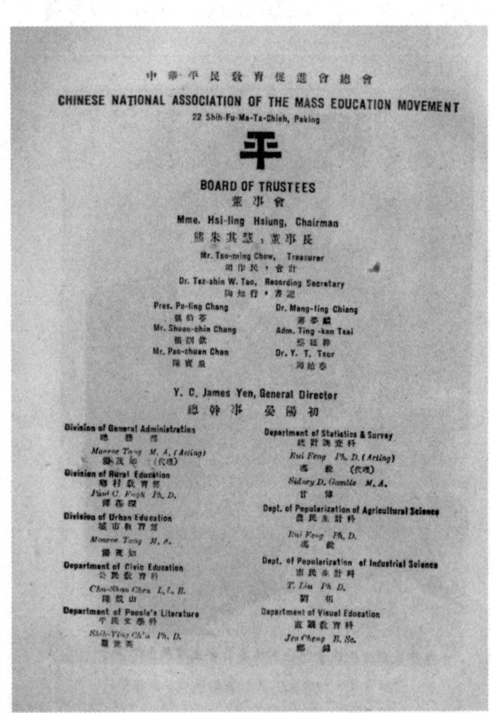

中華平民教育促進會總會

CHINESE NATIONAL ASSOCIATION OF THE MASS EDUCATION MOVEMENT

22 Shih-Fu-Ma-Ta-Chieh, Peking

平

BOARD OF TRUSTEES

董事會

Mme. Hsi-ling Hsiung, Chairman

熊朱其慧，董事長

Mr. Tso-ming Chow, Treasurer

周作民，會計

Dr. Tsz-shin W. Tao, Recording Secretary

陶知行，書記

Pres. Po-ling Chang 張伯苓 | Dr. Meng-ling Chiang 蔣夢麟

Mr. Shuen-chin Chang 張訓欽 | Adm. Ting-kan Tsai 蔡廷幹

Mr. Pao-chuan Chen 陳寶泉 | Dr. Y. T. Tsur 周詒春

Y. C. James Yen, General Director

總幹事 晏陽初

Division of General Administration 總務部
Monroe Tang M. A. (Acting) 湯茂如（代理）

Division of Rural Education 鄉村教育部
Paul C. Fugh Ph. D. 傅葆琛

Division of Urban Education 城市教育部
Monroe Tang M. A. 湯茂如

Department of Civic Education 公民教育科
Chu-Shan Chen L. L. B. 陳築山

Department of People's Literature 平民文學科
Shih-Ying Ch'u Ph. D. 瞿世英

Department of Statistics & Survey 統計調查科
Rui Feng Ph. D. (Acting) 馮銳（代理）
Sidney D. Gamble M. A. 甘博

Dept. of Popularization of Agricultural Science 農民生計科
Rui Feng Ph. D. 馮銳

Dept. of Popularization of Industrial Science 市民生計科
T. Liu Ph. D. 劉拓

Department of Visual Education 直觀教育科
Jen Cheng B. Sc. 鄭錦

中华平民教育促进会总会的出版物中都有“平”字会徽。

中华平民教育运动歌歌词和曲谱。

眼睛，一点代表平等，另一点代表公正。两点中间的“十”字，是十字架。平民教育事业要想取得成功，必须有十字架——爱心，这是耶稣基督的心，是同情怜悯贫苦农民的心。有了这颗爱心，就能够勇于牺牲，不惜一死以救世人。会徽还有一种解读：“平”字会徽有三种含义，第一，发扬人格平等精神，人皆可以为尧舜，人皆可以为圣贤。第二，要使人人受教育的机会平等。第三，民为邦本，本固邦宁，才能治国平天下。

总会会歌由陈筑山撰写。陈筑山撰《中华平民教育运动歌》曰：“茫茫海宇寻同志，历尽了风尘，结合了同仁；共事业，励精神，并肩作长城。力恶不出己，一心为平民；奋斗与牺牲，务把文盲除尽，男男女女老老少少一齐见光明。——一齐见光明，青天无片云，愈努力，愈起劲；勇往向前程，飞渡了黄河，踏过了昆仑，唤醒旧邦人，大家起作新民。意诚心正，身修家齐国治天下平。”晏阳初利用国人熟悉的《苏武牧羊》曲谱，将原悲怆的曲调改为雄伟壮盛的音韵，唱起来有万马奔腾的浩大气势。

会徽和会歌凝结着平民教育同仁爱国救国拯救斯民的强烈爱心、坚强意志、舍己为民精神。会徽的亮出，高扬了平民教育精神；会歌的唱响，震撼着亿万民众的心房，使平民教育同仁聚集在“平教总会”的大麾之下，万众一心使弱国变强邦。

出席太平洋学术会议

1925年7月1日，“太平洋学术会议”在美国夏威夷举行。会议初由基督教青年会提议，后来在美国斯坦福大学校长韦尔伯博士推动下，决定组织“太平洋学术会议”，由韦尔伯博士任执行委员会主席。当年2月，在中华基督教青年会全国协会总干事余日章的邀约下，在上海成立了中国筹备会，决定派出王季玉、罗有节两女士及温世珍、晏阳初、陈达、陈立廷、李绍昌等15名代表出席大会。筹备会确定提交“各国取消在华领事裁判权”、“中国关税自主”、“华侨应受公平待遇”等提案。

“太平洋学术会议”第一次会议如期举行，有中国、美国、日本、朝鲜、菲律宾、加拿大、澳大利亚、夏威夷等国家和地区的代表共计111人。中国代表5人被选作公开演讲人。晏阳初在会上作了题为《中国一建设力量——平民教育》的演讲。晏阳初演讲的当天，《檀香山广告者》在《夏威夷生活猎影》栏目中刊出了晏阳初的肖像和简历。次日的《檀香山星报》第一页刊载“《演讲人撮述中国的一些希望》：晏阳初讲述平民教育是中国一极伟大的建设力量”。

美国斯坦福大学校长韦尔伯博士。

7月15日，第一次太平洋学术会议闭幕。韦尔伯博士在闭幕词中说：“程序委员会要我对这一会议的成就作一评估，现在我就分组讨论及各种论文所获致的确切印象，我应当说，第一件最使人感动的事，是中国平民教育运动，以及其在太平洋问题上的重要关系。其次，我想是中国的爱国新精神和她的兴起且壮大与对外国侵犯的态度。”是日，晏阳初应邀到檀香山广告者俱乐部演讲，《檀香山广告者》报道他的演说的反响说：“晏阳初在太平洋会议公开演讲‘平民教育’，已在各国代表间引起极大兴趣。”

次年10月，韦尔伯博士伉俪自美国乘轮船东行，到日本出席泛太平洋科学会议。11月中旬，自日本来到北京。晏阳初为他安排会晤的中国名人有梁启超、熊希龄伉俪、颜惠庆、王宠惠、顾维钧、张伯苓、胡适等。韦尔伯博士与晏阳初、傅葆琛、冯锐、陈筑山、汤茂如等进行了一席长谈，认为北京之旅最使他愉快且大感兴趣的是亲自看到平民教育推行情况。两年后，韦尔伯博士出任美国联邦政府内政部长。他在任内决心消除文盲，说：“晏阳初和他的同志在中国动乱及穷困时，都勇敢地做这一工作；美国富庶安定、学校发达，为什么不下决心去做！”他极其佩服晏阳初“没有受教育的人民，任何一民国是不能进行成功的”的论断的正确性。1930年12月17日，美国国会通过法案：规定各州郡将当地文盲姓名、住址调查造册送州政府，以便制订扫盲计划和推进扫盲的识字教学。第二年，韦尔伯博士宣称：美国政府的这一阅读文字教育运动，很多是取法晏阳初的计划。

夏威夷为平民教育募捐

由于中华平民教育促进会总会工作不断改进和扩大，要求经费支持的力度随之加大。但是，此起彼伏的军阀间的内战和国民革命军北伐，国内经济情况日趋恶化，农工商业大受影响。平教总会工作虽然深得社会赞扬，得到很多捐款的承诺，但因为战争原

檀香山华侨为祖国平民教育运动募捐大会会长郑帝恩。

因，各项捐款化成了泡影。晏阳初一行本拟太平洋学术会议闭幕后于7月17日与中国代表们乘轮船回国，但檀香山华侨见报纸刊载平民教育推行情况，深受感动，挽留晏阳初多留半月，参加当地华侨发起的平民教育运动。此请正中下怀。晏阳初正为国内平民教育经费筹措受挫而坐立不安，接到邀请，晏阳初大喜过望，当即决定展期回国。

在滞留夏威夷的半月里，晏阳初为中外人士演讲平民教育40余次，平均每天演讲两到三次，每次听众少则50人，多则达300多人。檀香山全社会人士无不为晏阳初平民教育精神所打动，纷纷慷慨解囊，赞助平民教育事业。华侨领袖组织起檀香山平民教育委员会，郑帝恩被推为檀香山华侨为祖国平民教育运动募捐大会会长，钟宇、唐雄等为名誉会长。募捐大会在当地中文报刊刊载《檀香山华侨开募捐大会促进祖国平民教育大运动》启事，各界男女自告奋勇，分队募捐，组建了名目繁多的募捐组织，如"商人队"、"教员队"、"夫人队"、"小姐队"和"学生队"等。3天募捐的成绩颇丰，捐款近2万美元，其中捐款最高者为1000元，其次为500元，而以1元者为最多，可见捐款人大多系低收入的文盲劳工。一位杂货店老板对晏阳初这样诉说衷肠："我也是文盲之一，深感痛苦。我愿帮助你这个运动，要让你能够教育我们的同胞读书，使他们都睁开眼睛。"他当即认捐100美元。

接受母校授予荣典

为使平民教育运动推行不辍，晏阳初只得使尽浑身解数募捐。但国内经济困窘已极，企业家虽很热心平民教育，但心有余而力不足，他再三考虑，国内捐助，非常渺茫；国外筹款，或有希望。1927年秋，他寄信给当时驻美公使施肇基博士、太平洋学术会议负责人韦尔伯博士和薄克曼等探询。得到的回复是：世界教育会联盟欢迎晏阳初次年赴美；薄克曼因病不能会客，但他寄信给韦尔伯博士说："我深知且相信晏阳初的能力与贡献。他在极不可能的环境中奋斗，他与少数受过良好教育的同志以最大牺牲来从事这一工作，看来美国应给予他支持和合作。"韦尔伯博士复信说："一定尽力支持。"

1928年晏阳初赴美的照片。

1928年3月初，韦尔伯博士得纽约友人建议：恰逢晏阳初自耶鲁大学毕业十周年，已取得辉煌成绩，他们致信耶鲁请给晏阳初颁赠荣誉硕士学位，并请韦尔伯博士共襄盛举。3月22日，晏阳初接到耶鲁大学的电报："耶鲁将赠授荣誉文学硕士，如你在6月20日亲临领受即复。"晏阳初等认为，此举对于赴美募捐大有助益，于是欣然前往领受硕士学位。

6月20日，晏阳初出席耶鲁大学毕业典礼，领受荣誉学位。先由费力甫教授宣读赞扬词："晏君自1918年在耶鲁膺学士学位，今已届十周年。极少的毕业生在十年间的成就，可与这位具进取心、富有才能，而且又不自私的人相提并论。他是中国平民教育计划的主要负责人。他对东方的贡献可能比战后任何一人都伟大。当他在法国以青年会干事与中国劳工相处时，设想出对中国文盲的教育观念。他在中国雅礼会所在的长沙，开始作平民教育大运动，迅速地扩张成为全国性事业。他自繁多的中国文字中简要选取一千字。在这平民教育制度下，两百万中国人已经学会读和写本国文字。晏君实是世界文化中一有效能的力量。"接着，校长安其耳博士授赠晏阳初文学硕士学位，并致词说："我们承认你对你自己的同胞们的忠实且有划时代意义的服务，显示非常的才智和创造力，以及极不自私而又有广泛的热忱。你的母校特赠授你文学硕士学位。"

晏阳初没有忘记此行的另一重要任务是为平民教育募捐。他希望在美国能够募集到50万美元，作以后五年推行平民教育的经费。他在美国东西各大城市往来奔走，劳顿四五个月。开始各地捐款并不踊跃。韦尔伯、卡特函电交驰，四处请托，有时也遭婉辞拒绝。1929年3月20日，晏阳初由史瓦浦（Gerard Swope）介绍到底特律市拜访福特（Henry Ford），福特在银行俱乐部设下午宴招待，并会晤各大公司总裁20余人，要求他们捐助支持中国平民教育运动。此后的募捐情况才出现好转，基本完成了50万美元的募捐计划。

1929年6月10日，晏阳初自美国归国。13日，平民教育促进会总会同仁假中央公园水榭举行欢迎会。晏阳初报告一年的募捐活动说："赴美一年有余，自西徂东，自南往北，讲演无虞数百次，私人谈话，以数千次计，很能得美国人士的赞许与同情。募款时，经种种困难，碰无数钉子，卒能达到目的。……我的讲演所以能够打动他们，使他们自己表示若不帮助中国平民教育发展，仿佛有点抱歉。这是什么缘故呢？第一，由于熊夫人的牺牲精神；第二，由于全体同志的工作表现。在美国的人都是说中国女子没有出息；在他们的眼光里只是看到大多数的缠足女子。所以我无论是有二十分钟，或是十分钟的工夫演讲，必要说明我们全国平民教育事业的董事长不是男子却是女子！他们都鼓起掌来。再有就是同志的心血，辛辛苦苦，有这种成绩，我便能说得出来。”晏阳初此言不虚。当时，美国正陷入有史以来席卷全国的经济危机，全美百业凋敝，民生困顿，经济萧条。50万元平民教育经费的募集任务完成，是平民教育同仁们干出的业绩感动了美国关心平民教育的人士，使他们产生极大的同情心，晏阳初在捐款活动中利用一切关系，使尽浑身解数，终于满载而归。

创平教理论

The Ting Hsien Experiment in 1934

by Y.C. James Yen

The above Chinese character meaning "Peace" and "Equality" is the symbol of the Rural Reconstruction Movement

各国平民教育与乡村建设必读要籍。

晏阳初普通平民家庭出身，因为特殊的机缘接触了西方科学文化知识和基督教文化，到法国白朗为华工服务的经历，回国后复到全国各地推行平民教育运动，对平民生活的状况有切身的体悟与感受，对平民的所思所想所为有真切的认识，对中国社会发展有相当程度的把握，对平民教育的方法有了一定的探索，加之深入到田间地头做长期而扎实的田野实验研究，而且边实验边研究，边实践边总结，边实验边修正，晏阳初及其平民教育实验团队提出了极具中国特色的平民教育理论。这一理论轰传国内外平民教育、乡村建设界，产生了极其深远的影响。国内平民教育同仁前来考察者络绎不绝，国外更将晏阳初提出的平民教育理论奉若至宝。

“本固”然后“邦宁”

晏阳初反复强调，实施平民识字教育不是平民教育的目的，此举只是为了让平民掌握识字本领，重要的是进行平民识字后的继续教育，让他们通过识字掌握人类科学文化。晏阳初说，识字只是“一种重要的基础，是教育的初步。如果要说它就是教育，那就错了”。又说，“识字并不是教育，识字只是求知识的工具，而不是教育的本身”。他形象地打了一个比方：“识字好比一把钥匙，教育本身好比整个人生的宝库，这宝库固然要用钥匙开它，但不能说拿到了钥匙，便算进了宝库啊!”晏阳初所说的“教育”、“教育的本身”是什么？是平民的继续教育。可是，平民的继续教育历来被严重忽视，所以中国社会国无宁日，人无宁时。其原因主要有三：(1) 没有认识问题症结所在。中国自1840年后谈改革者沸沸扬扬，八九十年来各种改革不绝如缕，已非一次两次。晏阳初认为，所有改革，都不是着眼于人民生活的需要，都是根据自我的主观思想，把自己的抱负当作人民的需要，鼓起如簧之舌，耸人听闻，因为说得好听，风靡一时，但等不了多久，潮流一过，就无人再问了。过去每有不少盛极一时的运动，转眼云散烟消，都由于真正的基础问题没有抓住，只是求在制度上体系上翻花样。因此改来革去，名目有变，实体不易，换汤而已。(2) 受西洋文化影响。西洋文化是工业文化。中国留学生对高度发达的工业化垂涎欲滴，从西洋搬来的是不合农业国之需的西洋教育。(3) 中国士大夫麻木。旧的士大夫自居四民之首，不辨菽麦，不务稼穑，到农村便把村民大骂一顿。新的士大夫自西洋东归，不屑讲农村建设，斥农民为“麻木不仁”；“他们讲政治，讲教育，讲经济，都不涉及农村。”

中国之“本”是什么？“本”在何处？晏阳初认为“本”就是平民，他们85%住在乡村。所以，平民教育应当以乡村建设为依归。个中原因主要有三点：其一，中国的经济基础在农村。中国以农立国，离开了农业、农村、农民，国将不国。晏阳初说：“我们吃的、住的、穿的，甚至走的路都是由农而来。做衣服的棉、麻、丝、毛，作食料的米、麦、豆、蔬，盖造房屋的木料，便利交通的公路，哪一样不是农田的产品?哪一种不靠农村里的劳力?没有了农村，衣食住行以及一切人生需要，立刻就生问题。可以说，整个的中国经济基础在于农村。”

其二，中国的政治基础在农村。农民对中央各部长的调动易位升迁，大多不相闻

定县乡镇街头的饮食摊。

水灾之后的定县农村。

问；对省政府委员或厅长的进退，亦以为不关痛痒。但县长是正人君子还是贪污小人，却是不放松的问题。其原因是县长的廉洁与否，直接影响到他们的生活。“区长、乡长的好不好，这一区一乡的人更关心，因为与他们的生活更有切肤关系。”

其三，人的基础在农村。晏阳初认为，这一点比以上两点更重要。他在《农村建设要义》中说：“构成国家的三要素是土地、主权和人民。如果有人问：这三要素比较起来哪一个最重要?我的回答是‘人民’。”没有人民，土地何所用?主权何所寄?中国人口号称四万万，农民居80%以上，故雄厚的基础、巨大的力量均在农村。中国积贫积弱，主要原因是“忘本”，忘了“民为邦本”之“本”。救国离了此“本”，必定是枝枝节节，不得要领。晏阳初反复强调说：“现在唯一的办法是强固基础，坚固根本，‘本固’然后‘邦宁’。农村建设就是固本工作。中国今日唯一出路是要把广大人力开发起来，把这衰老的民族振作起来，把这散漫的民众组织起来，把这无知无识的人民教育起来，方可成为一个现代有力的新国家。所以复兴民族，首当建设农村，首当教育农村的民众。”

平民教育的根本目的是开“脑矿”

平民教育要落实到乡村教育上面，乡村教育说到底又是乡村平民的素质建设。而乡村平民的素质建设说到底就是开发乡村平民的“脑矿”。在他看来，中国以农立国，人口泱泱四亿之众，但农村人口占三亿六千万，几乎占全国人口的90%，这是一笔了不得的财富。中国最大的财富就是这三亿六千万平民的“脑矿”，世界任何国家与之相比，都相形见绌。

1925年9月5日，晏阳初在给迪林厄姆的信中阐述了开发脑矿的问题：“太原是中国北方省份山西的省会。山西有着可能是世界上最丰富的煤矿储量。人们甚至在地面上都能看见煤。据美、德工程师估计，按现在这种煤耗率推算，山西煤矿储量足够全世界使用1000年。但是，如果两亿不识字的中华儿女的‘脑矿’得不到开发的话，这些丰富的煤矿、铁矿、金矿和银矿资源就不可能开采，也就显示不出对中国的好处。不过，有像檀香山华侨和先生您这样关心世界的美国人士的积极支持与合作，我们实现自己的目标就不会有什么困难。”

晏阳初认为，中国以农立国，中国大多数的人民是农民，是苦力，尽管“中国开化最早，物产饶富，幅员之广，大于全欧；人民之多，甲于天下；所可惜者，厥为‘脑矿’未开，民智闭塞。倘‘脑矿’一开，民智发达，即可称雄于世界。”他自称有一大发现，这就是发现了“苦力”之“苦”和“苦力”之“力”，乃致力于开发苦力的“脑矿”。所以，乡村平民继续教育的主要对象是“苦力”。他告诫人们不要只看到苦力的苦，而看不到苦力的力。譬如，现在要救国，有什么办法？大家常说“没有办法，没有办法”。晏阳初说：“我们要从没有办法中求一个办法出来。我们的办法是

平民们在参加扫盲识字学习。

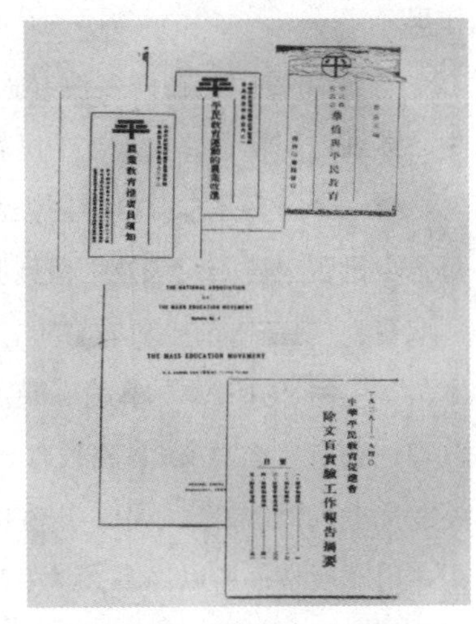

平教会有关扫除文盲工作的文件。

什么呢？便是充实国力，而充实国力之先决条件，即须培养民力。古语所谓‘民为邦本，本固邦宁’，这话虽旧，实为至理。人民委实是国家的根本。讲政治，讲教育，都须要顾到根本，顾到人民……现在国家所以弄到如此，便由于一班谈政治谈教育的人没有落到人民身上。四万万人的国家要四万万人去治它，决不是少数人可以使这个国家有办法的。”

平民教育不是“贫”民教育。所谓“贫”民教育是什么？是施舍教育，施舍粥、饭给平民，不仅平民教育促进会没有实力去做施舍的事业，而且施舍会导致平民失去尊严。平民教育是要平民自己掌控自己的命运，自己营建自己的幸福生活，自己起来建设独立富强的国家。要做到这一点，就要开发他们闲置数千年的“脑矿”，开发他们的智力，开发他们的创造力。只有中国四万万平民的“脑矿”得到开发，中国才能由人口大国一跃而为人力资源大国，世界上哪个国家还不高看一眼！

“五自”教育

晏阳初的平民教育目标中，有两个字享有极高的地位，这两个字便是“自”和“力”。他希望通过平民教育全面调动平民自身的积极性和自身的力量，来进行乡村建设和乡村改造，政府官员及平民教育会的人员，只不过是引路的人，说到底要靠内因起作用。

“自”，晏阳初在许多地方强调“自”的内涵和意义。他在许多讲演和文章、书信中，详细地阐释了“自”在平民教育目标上的意义。

第一个意义是自尊自信。强调自己要有自尊心和自信心，不可毫无目的地抄袭，不可把自己否定得一无是处；碰到麻烦或失败，不可气馁，妄自菲薄。他以“新教育”为例取譬：“现在所谓‘新教育’，并不是新的产物，实在是从东西洋抄袭来的东西。日本留学生回来办日本的教育；英美留学生回来办英美的教育，试问中国人在中国办外国教育，还有什么意义？各国教育，有各国的制度和精神，各有它的空间性与时间性，万不能乱七八糟地拿来借用。现在的学生是在学日，学美，学英，弄得一塌糊涂。学非所用，用非所学，所以许多大学生都在失业，而国家复闹人才缺乏的恐慌。人找不着事，事找不着人，这是充分去模仿外国的结果，整个教育因此破产。”

第二个意义是自救自治。中华民族到了危急存亡之秋，须动员农民自救自治。他说“时至今日，自杀易，自强难；求死易，谋生难”，要教育农民推诚相与，互相砥砺，把握时机，苦干硬干，中华民族一定可以自救。对于自治，他的论述更不乏独到之处。他说：“自治，不是一种恩赐，而是一种获取的成就。我们过去在定县及全国其他许多实验中心取得的经验肯定地告诉我们，民众在学会管理自己的学校、自己的现代农场、自己的合作社、自己的诊所之后，他们就不仅要求自治，而且也能够做到自治。自治是民众参与社会和经济改造的结果，在地方和全国都是这样。”

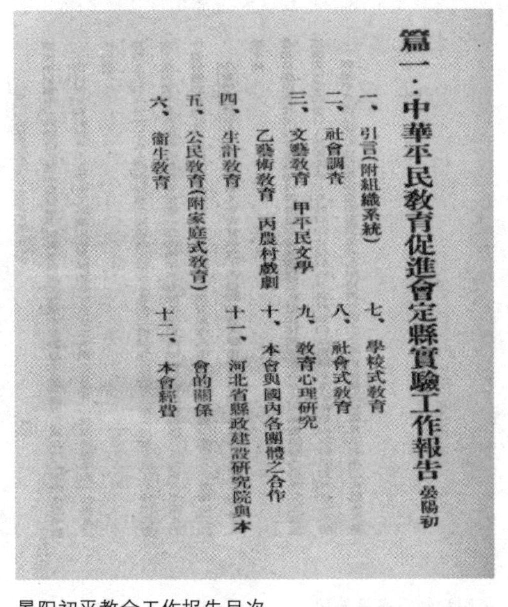

篇一：中華平民教育促進會定縣實驗工作報告 晏陽初

一、引言（附組織系統）
二、社會調查
三、文藝教育 甲平民文學 乙藝術教育 丙農村戲劇
四、生計教育
五、公民教育（附家庭式教育）
六、衛生教育
七、學校式教育
八、社會式教育
九、教育心理研究
十、本會與國內各團體之合作
十一、河北省縣政建設研究院與本會的關係
十二、本會經費

晏阳初平教会工作报告目次。

第三个意义是自觉自强。晏阳初在北京大学发表了题为《中国农村教育与农村建设问题》的演讲，指出，“今日中国，危亡已迫于眉睫，今日所应施之教育为最低限度最基本必不可少之救亡图存之教育”；认为这种教育“最急需最迫切者”，便是教育农民自觉自强：“培养知识力，最低限度须培养其知民族意识与国家观念，能够自觉自强。吾人站在教育者的地位，一切一切都在启发他们。”

第四个意义是自给自养。千百年的封建势力，养成农村平民一种惰性，日出而作，日没而息，耕作方式是刀耕火种；生活方式千年一律的古朴，却不知道即使同是种田，亦大有文章可做。所以，晏阳初主张平民继续教育，“最急需最迫切者”是“培养科学生产力，更换那些老农、老圃的旧习惯、旧技术，使其了然于人力可以胜天，一切自己均可创造，即养成其自给自养之能力”。

第五个意义是自卫自保。千百年的封建势力，使农民团结涣散，组织松懈，甚至毫无组织可言。老百姓彼此“鸡犬之声相闻，老死不相往来”。西方人说，中国人一个个聪明绝顶，但两人到一起便蠢不堪言，所以遭日本帝国主义欺凌、蹂躏。现在要达到救亡图存的目的，“最急需迫切者”便是“培养组织能力，养成纪律生活，方能自卫自保”，要使他们明了自卫自保的意义，掌握自卫自保的方法。

“四力”教育

晏阳初的次子晏新民。

1980年1月6日，晏阳初和夫人在给儿子晏新民的信中说：“我们还是60年如一日地为‘解除苦力的苦，开发苦力的力’继续不断地努力进行。”在法国为华工服务时，他就发现中国的农夫有巨大的潜力没有被发掘出来。在中国和许多国家，体力劳动者被称为“苦力”。

然而他在法国跟15万“苦力”一起工作和生活时，才领会到“苦力”这个词的真实含义：“‘苦’字中文为苦难的意思，‘力’意即力气、力量。另外，我在法国的第二个发现就是‘苦力’的新义。数百万人，不仅包括中国人，占全人类三分之二的人都是苦力。不要忘记，你们来自亚洲、非洲，你们的同胞就像我过去的同胞都是苦力。他们过着苦难的生活，但是不要忘记他们隐藏着巨大的力量。我发现，他们具有巨大的潜力却尚未得到挖掘和发展。我审视了苦力的两方面：一面是苦难的命运，另一面是潜在的伟力。”所以晏阳初不准备从政，也不想经商，立志归国干一番事业，找到了这个矿，全力开发这个矿。他“准备贡献毕生精力为苦力们创造机会，解除他们的苦难，挖掘上帝赋予他们的潜力”。

晏阳初认为，占人口三分之二的农民缺少的不是头脑，而是机会。之所以如此，关键是没有发现“苦力”的“力”，没有发现其潜力。他十分痛心地说：“许多中国的像林肯、爱迪生、杜威这样的英雄豪杰被埋没了、活埋了。考古学家发现了‘北京人’，那是若干万年前的死人，我们发现的是活人，这是世界上有史以来的最大发现。世界上三分之二的人都是苦力，整个非洲、中南美、亚洲百分之九十以上皆是苦力。”中国的“苦力”主要集中在乡村，所以，晏阳初决心致力于乡村建设，发现并发掘他们的“力”。晏阳初认为，“苦力”具有四种“力”：

一是知识力。西哲培根云：“知识就是力量。”晏阳初指出：“一切建设都需要力，也就是需要知识，人民没有知识，任何方案、任何计划、任何政策，只能见之于纸笔，不能实现于民间。”在他看来，“愚昧是广大的农民的一种最普通的病象，非常时代的教育最低限度是启蒙教育，至少把广大农民的民族意识、国家观念培养起来，使他们明了国家民族和自身的关系，以及自己应尽的职责，自觉自强，负起救亡图存的神圣职责。我们要站在教育者的地位，引导他们，启发他们，不能仅以空洞的名词塞入他们的脑筋。”

二是生产力。晏阳初深深地体会到老百姓之“愚”与“穷”。二者权衡，愚尚且能苟延残喘，穷则不保朝夕，于是注重培养生产力。他指出：“培养农民的生产力是要在可能的范围内，尽量介绍科学的生产方法，更换那些老农老圃的旧方法、旧技术，更要使农民明了近代科学能控制自然，人力可以胜天工，一切都可以自己创造，最低限度要养成自给自养的能力。”

三是强健力。中国老百姓体弱多病，中年早夭，不仅是家庭的苦痛，而且实为民族前途之忧。开展平民继续教育，推进乡村建设与改造，必须培养健强力。这是一种强种教育，不能叫中国人永远做“东亚病夫”。

四是团结力。后来晏阳初也称之为组织力。他指出，农民自私心重，因之生活散漫，不能精诚团结，致使他们亦备受其苦。团结力对于乡村建设与改造尤为重要。他多次强调，平民教育要“培养民众的团结力、公共心，使他们在任何团体中皆能努力做一个忠实而有效能的分子；一方面要在人类普遍共有的良心上，发达国民的判断力、正义感，使之有自决自信、公是公非的主张”。在战乱时，更“必须把全国人的力量，凝结成一个力量才可自存。这就不能不赖组织，不能不赖广大农民群众的组织力，不能不赖教育以培养农民的组织力。培养农民的组织力，要使农民的生活团体化、纪律化。有纪律的生活，就能自卫自保，卫家保国”。

晏阳初强调，以上四种力量要综合运用。他伸出自己的巴掌，说：“像这五个指头，每个指头单独没有多大力量，拿筷子都拿不起来，但是综合了就是个拳头，就有力量了。……这四力兼备的人，才叫做新民。”

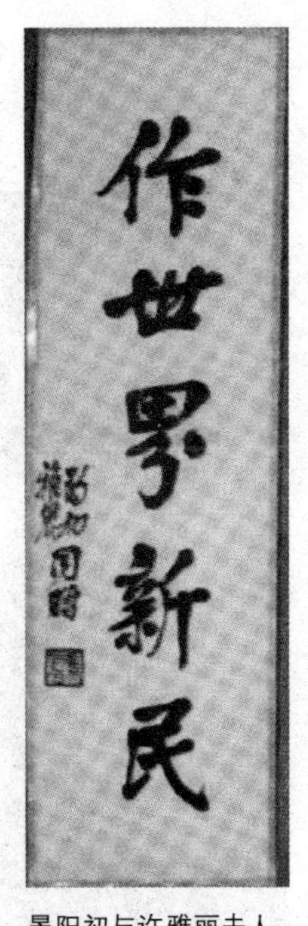

晏阳初与许雅丽夫人题字共勉。

首创"革心"之说

晏阳初深刻地看到中国民众自私自利、损人利己的顽疾，首创"革心"之说。他说："中国不富不强的缘故，是因为我们有私心的人太多了。"又说，中国积贫积弱，其原因，说到底"还是因为我们中国人的心坏了。树根烂了，树枝不能发叶结果。民为邦本，民心坏了，那国又怎能富强呢?"他剀切陈言：中国真是"遍地妖孽，满口仁义道德，一肚皮男盗女娼。这种社会国家，诚堕落得无以复加了。我们不献身平教运动则罢，献身平教运动，不仅仅教人认几个字，喂几条肥猪，即为达到平教运动的使命。根本要以人格来感化人，要以智仁勇的人格来复兴堕落的民族"。

对此积弊痼疾，晏阳初开出了他诊断的处方："今日最急需的，不是练兵，不是开学，不是开矿，也不是再革命，我们全国上下人民所急需的，就是革心。把那自私自利的烂心革去，换一个公心；把那老心老肠革去，换一个新心。有新心而后有新人；有新人而后有新社会；有新社会而后有新国家。"

等待救济的农民。

晏阳初首创“革心”之说，受到了丹麦乡民教育的影响。陈兆庆在《中国农村教育概论》中记述了这样一则故事：丹麦一个普通的小农，原来养了200多只鸡。有一天他将鸡全杀了，原因是屠宰合作社宰他家的牛时，在脖子里检查了结核菌，后发现系由鸡传染而来。这位农民无法消灭结核菌，宁肯忍痛将200多只鸡全数杀死，却不愿将鸡卖了嫁祸于人。晏阳初认为，这种精神当时的中国农民是没有的。中国平民“缺乏公德心，一举一动，只知有自己的祸福利害，不顾国家社会的祸福利害”，他们如果仅有知识而不进行“革心”，“所有知识、经济，只足以供其为恶之资”。所以必须通过平民教育，使农民洗心革面，来一个脱胎换骨的改造。

晏阳初1927年发表的《平民教育的宗旨目的和最后的使命》中提出了“革心”“最大最要”的三个目的：

第一，在一切社会基础上，培养民众的团结力、公共心，期望受过平民教育的人，无论处任何团体，皆能努力成为一个忠实而有效率的分子。

第二，在人类普遍固有的良心上，发达民众的判断力、正义心，期望受过平民教育的人，无论对何种事体，皆能有自决自信、公是公非的主张。

第三，树立国家观念。中国平民有牢固不破的家庭观念、家族观念、血缘观念，却“素来缺乏国家概念”。但是，“共和国家实以人民为主”，如果不通过平民继续教育树立国家观念，那么“他们就永远不会和国家结成一体”。

无可否认，晏阳初看清了中国传统文化的劣根性和平民的痼疾，在这个基础上首创“革心”之说。“革心”说的提出，对于乡村建设与乡村改造，是非常有价值的。但他认为中国过去的“革心”者是庸医，必须请西方的“神医”——基督漂洋过海来“革”中国平民之“心”，则是一种偏见。

“忠恕忍恒”四字教育

晏阳初在《九十自述》中，曾以“学友切磋触动志向”为题，抒发以基督博爱普施人类的情怀。他说：“得到几位志趣相投的学友，也是我快乐的原因之一。切磋之余，我们也像一般少年那样喜作夸夸之谈。一天，一位同学问我：‘你将来要做什么样的人？’我想了一想，答道：‘我愿学姚牧师，以爱的教育为基督征服世界。’”细辨晏阳初的“博爱”,可以发现，其“博爱”与孔子的“仁爱”是水乳交融的。晏阳初幼时较系统地读过《三字经》、《百家姓》、《千字文》和“四书”等，接受了孔孟“天下一家”的仁爱思想。他说：“幼年的教育，也深深地影响了我的人生观。”

幼时的学习，他个人的特殊家庭教育、经历，使他接受了孔子的儒家仁爱思想。孔子曰：“仁者，爱人。”“仁者，先难而后获，可谓仁矣。”“夫仁者，己欲立而立人，己欲达而达人。”“仁”的道德品质是晏阳初人格中心内容，他无论何时何地，始终保持“仁德”,“无终食之间违仁，造次必于是，颠沛必于是”。孔子的“克己复礼为仁”、“己欲立而立人，己欲达而达人”、“躬自厚而薄责于人”、“力行近乎仁”的思想，晏阳初是烂熟于心的。

晏阳初以孔子为代表的儒家思想的继承，集中体现在两个方面：一是民本思想，一是仁爱思想。其仁爱思想与基督的博爱思想契合于一，成为他为民服务的原动力。他解剖他的思想说：“我是中华文化与西方民主科学思想相结合的一个产儿。我确是有使命感和救世观；我是一个传教士，传的是平民教育，出发点是仁和爱。我是革命者，想以教育革除恶习败俗，去旧创新，却不主张以暴易暴，杀人放火。如果社会主义的定义是平等主义——机会和权益的平等，我也可以算是一个社会主义者，但我希望人类以和平的方式解决问题，故不赞成斗争，也不相信阶级决定人性。我相信，‘人皆可以为尧舜’。圣奥古斯丁说：‘在每一个灵魂的深处，都有神圣之物。’人类良知的普遍存在，也是我深信不疑的。”

在《关于忠恕忍恒精神的修养》的讲演中，晏阳初强调用“忠恕忍恒”四大范畴进行人生观教育。他说，要达到事业的成功，必须做到这四个字：

（1）“忠”。即忠实之意。样样都可以打折扣，只有人格不能打折扣。人格的重要因素之一，即是这个“忠”字。至于如何忠，忠些什么，应当有反思能力，能够闻一知十，举一反三。

（2）“恕”。就是对人能宽宥，也就是孔子的“己所不欲，勿施于人”的意思。晏阳初说，做到“恕”其实很简单，“你怎样待人，人就怎样待你”,这就是恕以待人之意。在他看来，“只要学问实在，能力实在，再加上一个‘恕’字就足够了。任何人能恕以待人，绝对不会错。能够做到忠、恕两个字，一生都会享用不了。”

（3）“忍”。“忍”是“小不忍则乱大谋”之“忍”，即任劳任怨。做人要讲“忠”、“恕”,做事要能忍，一个人不仅要能吃苦，还要能够忍气吞声，受得了气，才能成得了器。受不了气，就成不了器。

（4）“恒”。“恒”即决心、恒心。做平民教育和乡村建设的工作，责重俸薄，如果没有恒心，一深入平民生活，就马上想到改弦易辙，跳槽换岗，结果是一事无成。

如何才能做到忠、恕、忍、恒四个字呢？晏阳初说，这四个字后面的精神就是“志”。有了坚定的志向，富贵不淫、贫贱不移、威武不屈，凭借着“三军可夺帅也，匹夫不可夺志也”之“志”，世界上还有做不成的事、达不到的目标吗？

晏阳初做人、做事都恪守着这四个字，坚定的志向是他从事平民教育70年不辍的强大动力。1924年，他在中国推行平教运动时，“每年预算只有3600银元，经费困竭，捉襟见肘，穷苦得如教堂里的老鼠一样”，但他们“贫贱不能移”；虽然华北有一军阀要求晏阳初任其华北政治领袖，便捐助800万银元作运动基金，他宁可锒铛入狱，一定要守住“威武不能屈”的人格底线。

准备到定县

中华平民教育促进会的扫盲识字运动在一些通都大邑如火如荼进行，长沙、武昌、南京、烟台、嘉兴等地游行队伍委实壮观，造成了巨大的平民教育运动声威。但是，通过这些运动开展扫盲，的确存在着许多问题。在运动高潮时，很多青壮年认识了千儿八百字，得到了一纸“识字国民证书”，但是如何巩固扫盲识字运动的这些成果呢？扫盲识字运动如同一阵风刮过以后，脱盲者如何开展继续教育？如何不再产生新的文盲？青壮年认识了一些字后如何借以解决生计问题？如此诸多的问题并没有深入的考虑。恰如一位署名为“敬云”的在《中国青年》第14期上撰写的《平民教育的真意义》中所指出的：“他们以为中国的国民，若是都能认识字、念念书，中国即可得救了……其实，在我们看来，救中国的方法，决不有这么简单。……那些穷无立锥之地的苦同胞，救死不暇，毫不想借识字在社会上发迹，他们对于

博士们坐着马车带上妻儿来到定县。

识百字、识千字的兴趣，可以想见。所以设平民学校和平民读书处的普及教育的理想，在现在经济制度之下，不免有许多行不通的缺点。”肖楚女将在汉口调查平民教育的状况写成《陶朱公底“平民教育”》一文，对朱、陶、晏的平民教育思想进行了猛烈批判：“平民教育是要紧的，但是‘起码的生活’，不是要紧么？……现制度若不经过一番彻底的‘翻砂’功夫，平民教育么？——我恐怕还不止像汉口今天这样只留下几张纸招牌，做个聋子的耳朵，徒为装饰哩！即令有效，也不过是多使平民认识得几个字，因而多使平民添得几分烦恼苦痛而已！”平教同仁们不得不反思平民教育的出路与前景，终于决定改弦易辙，深入到社会最底层的乡村，通过解剖“麻雀”，寻求平民问题根本解决的门径。

定县平民教育实验区的选择

中华平民教育促进总会成立后，为了筹划平教会新阶段的工作，晏阳初约邀了各部分负责人陈筑山、冯锐、汤茂如、熊佛西、瞿菊农、李景汉等人连续开了几天会议，决定集中平教总会的人力、物力，开办定县实验区。把原来以市民、农民为主要对象的平民教育，转变为单一的以农民为主要对象的平民教育。这一转变是平民教育运动史上的一件大事，促使发生这一转变的原因主要有三点：

其一，中国的文盲，据估计在农民中有两亿五千万左右，把农民的文盲问题解决了，中国的文盲问题就算基本解决了。从“作新民”来说，也是如此。

其二，从人口密度、文化程度、政治和经济等方面来看，定县在华北地区各县之中，是有代表性的。

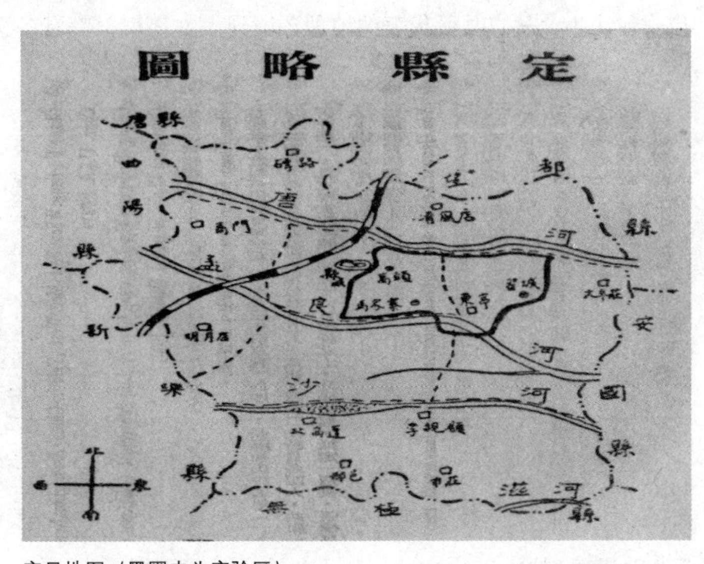

定县地图（黑圈内为实验区）。

翟城村户户参加平教会（左起第四人为米迪刚）。

其三，还有一个有利条件，定县翟城村的米迪刚先生，早在20世纪初就曾发起效法日本的新村运动，并首先在翟城村实行。此外，定县在本地工作或在外地工作的人士如王九荃、段承泽诸先生等，对平教会在定县设立实验区，都表示热烈的欢迎。而且平教会的活动，虽然重点在于农村，却又不能远离大城市，定县距北京只有几个钟头的火车行程。

这些都是促成平教会的领导者下决心扩大定县实验区，进行广泛而深入的平民教育运动的原因。

据陈筑山的研究，当时确定实验区选在何处，要满足以下四个条件：第一，实验区情形可代表本省一般情形者；第二，从前办理自治较有成绩者；第三，地方人士了解自治并能出力赞助者；第四，具备自治实验场所有相当设备者。并要求这四个条件满足了其中的三个，才算具备资格。定县城乡纯粹为一个农村社会，代表河北各县一般情形。民国初年以孙民绪为县长，开井以修水利，废庙以兴学校，颇有模范县之名。平教会同仁一致认为，从定县所代表的地理环境到人文环境，都具备选为实验县的资格，是最为理想的实验基地。

20世纪初定县老城。

定县城垣之一。

契机与实验步骤

五四运动以后，对平民教育的鼓吹不遗余力，平民教育声浪波澜壮阔。1923年中华平民教育促进会总会成立后，次年便有人受平民教育运动的影响，下乡兴办乡村社会教育，但多限于平民识字教育。正如郭人全所言：“因为国内民众既不感觉识字之需要，而地方环境及职业性质之不同，各界工作时间亦不一定，而生计压迫又为各方面同感之苦痛。要使民众教育见效，实在是一件很不容易的事。”这一困苦的境地“促进平民教育运动者转变为局部的实验与研究，从实验与研究中求得推行的方向”。平教会到定县进行平民教育实验正是受这一大潮影响的结果。

中华平民教育促进会总会进行定县平民教育实验还有一个契机。就在刚刚开始定县调查之时，国民革命开始了。卢绍稷在《中国现代教育》中指出，受国民革命的影响，“国内教育学者，有一种新觉悟，即认清民族唯一之路是改造乡村。谓中国社会大多数是乡村，必先使乡村兴盛，然后整个社会始能兴盛。如乡村无新生命，则中国亦不能有新生命。吾人只能从乡村之新生命中求中国之新生命。于是有所谓‘乡村改进’之实验”。这便是平民教育实验扎根于定县的原因。

定县平教会会址原貌。

平教总会会址——定州考棚。

中华平民教育促进会总会紧紧抓住植根定县进行平民教育实验的契机，积极做好下乡的准备。古楳曾在《乡村教育》一书中指出："平教会虽然在十三年设立了乡村教育部，拟定许多工作计划，但至十五年冬才决定在定县设大规模的乡村平民教育实验，十六年春才实行下乡运动。"定县平民教育实验正是从民国十五年（1926年）开始动手做实验准备的。晏阳初曾对前后不到十年的定县实验进行时期划分，他说："我们在定县的工作，可分为两个段落。一个是准备时期，一个是集中实验期。从民国十五年冬到十九年秋，算是准备时期。"在定县实验准备期，晏阳初起草了定县实验的计划和进行步骤。俗话说："兵马未动，粮草先行。"定县实验的入手办法是认真做好定县情况调查，做到心中有底。整个定县实验应当遵循的步骤是调查—研究—实验—表证—推行。

"博士下乡"

按照晏阳初的设想，定县实验应当取得世界一流的平民教育绩效，而要达到这一目标，必须有世界一流的人才。有一流的人才，才能做出一流的事业。

1926年10月，中华平民教育促进会总会开始在定县设立办事处，划定以东亭镇为中心的附近52个村为第一乡村社区，后因地方人士的要求，又增加10个村，一共62村。同时，傅葆琛、冯锐、刘拓三位博士与若干同仁，离开喧闹的大城市，深入到了尘土飞扬的定县乡村。1929年，平教总会全部搬迁到定县，工作人员及其眷属也一同抵达。此前，晏阳初亲自在定县翟城村国民小学任教一年，但因赴耶鲁大学领取荣誉文学硕士及募捐而离开。1929年7月，晏阳初自美国回国一月余，便和全家迁居定县。

平教总会同仁（前排左起：陈筑山、晏阳初、瞿世英；后排左起：陈行可、陈志潜、姚石庵）。

中华平民教育促进会总会发动了旷古未有的博士下乡。平教会平民教育实验的旨趣，感动和吸引了一大批志同道合、心甘情愿、为了拯救中华民族、为平民的翻身解放贡献青春的第一流人才。这些从外洋归来的博士，走出象牙塔，来到交通不便的定县乡村，与农民为伍，为农民服务。他们中来自大都市的东西洋留学博士、硕士有：

来定县的平教同仁及家属。

平民文学部主任陈筑山。他16岁中秀才，又到日本、美国留学11年，主修政治经济及哲学。回国后当选为第一届国会参议员，对袁世凯乱政曾不遗余力地抨击。后摆脱政治，专心于教育，以造就救国人才。当他听说平民学校可于96小时读完4册《平民千字课》时，再也按捺不住激动和喜悦的心情，开始拟与晏阳初约谈两小时，岂料竟长谈一天。1926年秋，他辞去北京法政专科学校校长职务，全家从北京搬到定县高头村。他对定县产生了深厚的感情，家中喜庆大事，全在当地举行。他的续弦婚礼也是在高头村举行的。

生计教育部主任冯锐（梯霞），留学美国康乃尔大学，获得硕士、博士学位。回国后担任广州岭南大学、国立东南大学教授兼乡村生活研究所主任之职。1929年，他到定县参观。晏阳初问他："在大学里教授哪一种农业？中国农业或西洋农业？"冯锐听这一问题大感警惕，答复说："我教的恐怕是美国的农业。"晏阳初说："何不试试中国的农业。如果你参观我们的工作，喜欢这地方，喜欢我们的事业，我们真诚欢迎你来。"半年后，冯锐辞去了南京的职务，加盟平教会。他说："我曾经忏悔，我在中国、美国、欧洲研究农业，讲授农学也有四年，并且是农学院院长，但我竟至今还没有见过一个中国农夫！"到定县后，他和另外几位先生调查定县及翟城村各式家具的应用以及小麦、玉米、棉花、花生、蔬菜、果品的栽培、管理和收获的情况，然后找出里边的毛病，很快编了一套农作物耕作法、轮种法、养猪法、肥料收集法、肥料保存法、肥料施用法以及灌溉法、排水法、病虫害防治法等，提高了品质和产量，增加了农民的收入。

稍后，又来了乡村教育部主任傅葆琛，总会教育部主任郑锦（耿裳），平教总会创办的中国历史上第一张《农民》报主编孙伏园，原国立戏曲学校校长熊佛西，哈佛大学

下乡博士与家属在定县。

博士、北京法政大学教授兼教务长瞿世英（菊农），卫生教育部主任陈志潜，哥伦比亚大学硕士（修完博士课程）、北京法政大学教授、城市教育部主任汤茂如，美国艾阿华大学博士、北京师范大学教授刘拓，还有姚石庵、李景汉、谢扶雅、陆燮钧等硕士、博士。

定县平教实验因为延揽到了一大批第一流人才，因而制订出了第一流的实验计划，并且他们都是实验推行的重要力量。

中华平民教育促进会总会同仁们抱定救国救民的宗旨，满怀热情来到定县乡村。但是，要真正与农民打成一片并实现研究实验的目标，谈何容易！他们不仅要在生活上克服各种困难，使自己适应农村环境，还要在思想上、作风上以及在学术研究上、解决问题的方法上，有根本的改变和突破。在总会迁到定县的初期，就由于生活环境不适应，物质条件太差，居室设备过于简陋，冬季洗澡的问题无法解决，还因为待遇比其他学术机关要少一半左右等原因，曾有三分之一的工作人员，不得不先后离开定县。晏阳初因为人才问题感慨良多，多次坦言在农村建设上遇到的一个重要困难，就是农村建设人才难得。他说："我国自古已叹'才难'，而农建人才则更难而又难。我们的目标是对了，方法也对了，而推动仍感艰涩的缘故，就是因为人选问题。多半有知识的人，不

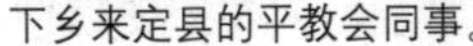
下乡来定县的平教会同事。

在定县的晏阳初一家。

愿到农村去，因为农村中的物质享受太差，有的人虽然一时为意识所冲动，参加农村工作，但不到三年五载，就退出了，主要原因是物质方面受不了。第二，物质生活受得了的人，又不一定能做事情，能耐苦的人也不一定能认识问题、研究问题。许多人生在农村，长在农村，天天在农村，却一个问题都没有。生活于农村中是一回事，认识农村是另一回事。第三，认识问题的人不一定能研究问题、解决问题。解决问题要应用现代科学和技术，能应用就是能消化，能消化才会有血有肉。农村建设事项，包括经济、政治、教育方面，这些人才在中国极不容易得到。”但是，还是不断增加甘心情愿献身平民教育的人士。1926年，总会工作人员66人；1928年，82人；1929年，204人。到最高峰时期的1935年，达到500人。

这些博士给定县带来巨大变化。晏阳初的次子晏新民回忆说，离北城不远处有平教会的农场，场里养着体高膘肥的波支猪，一头头波支猪像小牛犊，走起路来摇头摆尾，神气十足。农场每年冬季都要举办农产品展览会，沉甸甸的谷穗、金黄色的玉米、人头大的红薯、圆滚滚的西瓜，各种丰收的瓜果蔬菜都在这里展出，每天从早到晚，吸引了大批参观的人。人们赞不绝口地说：“平教会有能人！”“平教会了不得！”其实，他们哪里是一般的“能人”，个个都是著名的专家、学者、留洋博士！

定县的社会调查

晏阳初一贯强调“做事先要调查，先看病症如何然后再发药”。早在1920年，他回国推行平民教育时，就坚持这一指导思想和方法。现在将定县作为一个审视对象，当然更不能离开对实际情况的调查，以准确把握实验目标、实验的重点和难点，做到心中有数。因此，晏阳初规定“整个工作要以社会调查为指南针”。他为李景汉《定县社会情况调查》撰写了序文，指出农村社会调查的重要意义和存在的困难：第一，从事农村调查工作的人员，必须有到乡间去的认识和决心。第二，调查是为谋整个农村社会改造的入手工作，必须通盘筹划。第三，调查的目的既是为了解事实，但事实的了解不是工作的终结，而是工作的开始。在序文中，晏阳初阐述了社会调查工作的积极意义。其意义之一是教育的价值。他强调定县社会调查是要知道农村生活的究竟，寻出生活上的问题，进而解决这些问题，即定县实验整个工作要以社会调查作为指南针，了解定县农民生活的真实面貌，然后再设计乡村建设实施方案。这样才可以谈得上“教育和生活打成一片”。意义之二是社会科学的意义。社会科学必须先知道中国社会是什么样的，然后才能着手于科学的系统建设。他指出，定县调查对于中国社会科学研究将有两方面的贡献：第一，为中央政府的决策提供方法上的依据，作大规模的全国或全省的调查，以得到社会事实的真相；第二，以中国的社会事实一般的学理原则，促进建立中国化的社会科学。

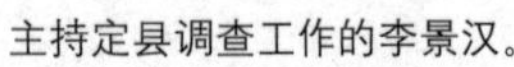

主持定县调查工作的李景汉。

确定定县作为平民教育实验县以后，中华平民教育促进会总会便紧锣密鼓地着手进行社会调查。平教会请来了留学美国、专门研习社会调查、当时在清华大学担任教授的李景汉主持。李景汉对平教会同仁为平民献身的精神十分钦佩，对他们通过定县实验谋求中国农村问题总解决的思路，亦有相同的认识。他们强调“要以有系统的科学方法实地调查定县一切社会情况”，使平教会对于农民生活和农村社会的一般的与特殊的事实和问题，有充分的了解与明确的认识，然后各方面的工作才能依据事实制订办法。李景汉认为，“中国有两千多个县，定县调查犹如解剖一个麻雀，了解了定县，华北农村的情况也就大致清楚了。”于是，他放弃了北京的工作，来到了尘土飞扬、生活条件极差的定县乡村。

定县的社会调查是以全县为单位，严格地运用科学的方法进行的。

平教会所进行的社会调查，内容十分广泛，大致可分为三个方面：一是社会调查。李景汉和张世文、诸葛龙用3～4年的时间，走遍许多村庄，克服了三次战争、地方水灾、瘟疫、农村经济凋敝及人情相悖等困难，终于大功告成。其内容包括各村户的饮食起居、疾病死亡、农田农业及全县的宗教、风俗、政治、经济、文化教育等。二是农村工业调查。这项工作从1931年开始进行，分概况调查和详细调查两部分。前者系以村为单位，包括全县453个村的状况。后者以家为单位，包括几种家庭工业集中的村庄，调查对象为作坊工业，范围包括定县城区及453个村。城区作坊以家为单位，453个村作坊以村为单位。三是专题调查。包括定县借贷调查、定县选样人口调查、定县土地分配调查、研究区内集市调查、研究区内社会调查、研究区内家庭卫生调查、定县农民生活费调查、研究区内田场经营调查和研究区内猪、羊、鸡调查等社会风俗习惯、戏剧、谜语等等，无所不包，比起过去的《定县县志》来说，不但要详细得多，而且还要精确得多。它不像实验区的其他工作，只选某个村或某几个村作为试点来进行，而是以全县453个村为对象，进行全面细致的调查。负责定县社会调查的是平教会调查部（李景汉任社会调查部部长）。社会调查部通过社会调查，编辑了两大册《定县社会概况调查》，约100万字。这是定县调查的主要成果。此外还编了两册《定县秧歌选》，约30万字，与《定县社会调查》同时出版。

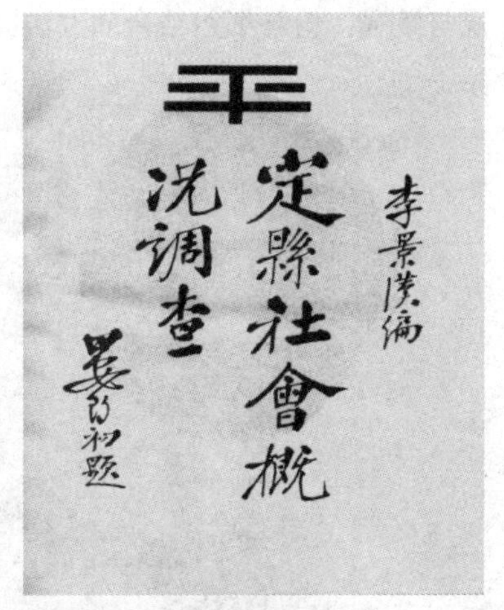

李景汉编《定县社会概况调查》封面。

平教会调查部在调查后写下了许多专题报告。如李景汉写了《定县社会的各方面》、《定县农村经济现状》、《定县农村人口分析与问题》、《农村高利贷的调查》、《定县人民出外谋生的调查》等，张世文撰写了《定县农村的木厂》、《定县农村家庭手工业》、《定县农村的织布工业》等。在调查的过程中，"特别注意搜集'愚、穷、弱、私'四种现象，随时加以整理和分析，从中发现其'四大病症'之原因。将所得材料分类，分别供给平教会各部门参考，作为制定工作计划的依据"。李景汉回忆当时所采取的方法及调查过程说，他们当时主要运用了普查法、个案法和抽样法三种现代调查方法，"这是宏观与微观、粗与细相结合的方法"。他们将定县地图绘制出来，标明全县453个村庄的分布情况，拟定调查纲目，对全县的历史、地理、赋税、风俗习惯进行概略的调查，随后又根据平教会划定的62个村庄，调查了教育、娱乐、宗教、卫生、生活、经济等情况。1930年，开展了全县各村概况的调查，项目包括每村的户口、村中领袖（村长）、学校现状、文盲人数、种地亩数、农产品种类、男女职业、医药状况等。在这种普查的基础上，进一步进行了较细的分项调查，如各村的土地分配、家庭手工业的调查、家庭生活费的调查等。

晏阳初骑毛驴下乡调查。

定县调查是一项极为细致的工作，定县调查工作的承担者首先进行调查，然后一边实验一边调查，积累了极为丰富的资料。李景汉说："在调查工作中，我特别注意了解农村家庭中的人与人的关系，尤其是每两个人相互间的关系，如婆媳、姑嫂、父子、兄弟等诸如此类的关系。我们用抽样法选择了一百余家贫富程度不同的家庭，使其能代表全县各类家庭，然后派了四个调查员分别深入到20户至30户的人家里，以日记的形式记下这些家庭成员每天的物质与精神各方面的活动情况，长达一年之久。这些丰富的材料，反映了农村家庭的经济生活、人与人之间的关系以及他们的想法等。我自己也常随身携带一个小本子，随时将所遇到的事记下来，有些事虽很琐细，如一家人吵架，但是为了了解农民生活情况的一个方面，也是不放过的。后来，当地人对平教会逐渐有所了解，不再采取害怕、疏远的态度。加之调查者对被调查者采取了虚心和诚恳的态度，农民乐于与我们合作，使我们的调查工作得以顺利进行。”

定县调查完全“抱着客观的态度”，“无论是调查贫穷农户或富户，都是注重事实与数字，让事实来说明当时中国的黑暗、农村广大劳动人民的困苦，让看到调查报告的人自己得出结论”。比如，他们详尽地调查了定县自1927年至1929年三年的各种苛捐杂税，包括国税、省税、县税，使平教同仁们对定县农民所承受的税费心中有底。尽管定县农民每年每人承担的税费平均数不算多，但就当时中国农村的贫困程度来说，就农民收入进款渠道十分狭窄来说，人民是感到非常痛苦的。

平教会调查部的工作是与生计、文学、卫生、公民以及学校式教育部、社会式教育部、家庭式教育部等部门密切合作的。除了调查全县概况之外，还依各部门之需要进行调查。如平教会的试点高头村，详细调查了每家人口，每人受教育程度与职业，每家种地亩数、农作物产量、养鸡养猪现状、手工业现状及其他行业现状。调查部为其他各部门的工作提供了可靠的依据。

科学研究先行

晏阳初认定，科学化是定县实验的出路。定县实验一要做到社会调查先行，二要做到科学研究先行，不能等实验轰轰烈烈开展起来再去研究。当然，科学研究先行，并不是说定县农业、手工业诸问题研究了就刀枪入库了，不用再做什么研究了，而是不仅要科学研究先行，还要将科学研究贯彻到定县实验的始终。

下乡的博士中有一位农学博士冯锐，他是最早来到定县的人员之一。他认为，农业

20世纪30年代的定县翟城村。

的科学化，只可渐进而不可突变。以土产、土法应用为研究改进的主要材料，是成功的重要基础。晏阳初认为，研究和试验不但要在实验室或试验场进行，还要在农庄或农家作实地试验。这就要农家对实验研究有坚定的信仰，而要他们产生这一信仰，又必须应用表证法向农家介绍研究结果，使他们确实看到科学方法的优良。正因为如此，冯锐一行到达定县后，翟城村便拨地100亩作为华北普及农业科学试验场，附设第一表证场。后又拨沙地1200亩，以便扩辟之用。

美国康乃尔大学农学博士、平教总会生计部主任冯锐。

冯锐等收集各式农具及农家普遍所用的小麦、玉蜀黍、棉花、花生、蔬菜、果品等种子60多种。他们收集到小麦、棉花、玉蜀黍、花生、白菜、红薯等的全部种植经营方法和耕作法、轮种法、养猪法、养鸡法、肥料收集法、肥料保存法、肥料施用法、灌溉法、排水法、病虫害防治法、果类蔬菜种植法、农产制作法、农产贩卖法、农产贮藏法和农产转运法等。收集土法的目的是为了了解土法，改造和提高土法，而不是要一下子用新法替代它。

刘拓博士和陆燮钧教授等，将收集到的土产土法进行研究改进。刘拓先后完成耙、犁、水车、双斗辘轳、播种器、收割器等土法的改良，使农民减轻了劳动的强度。他还进行了豆籽与豆饼的比较、棉籽与棉饼的比较、骨粉与酸性磷酸钙的比较、干或湿人粪加石膏等肥料的比较研究。

特别值得一提的是刘拓主持的铁厂水辘轳的改造工作。他们一次次地画图纸，一次次地修改，终于解决了一个齿轮运转的问题。晏阳初说：“多少年来辘轳浇水不知累坏了多少农民兄弟的腰，如果这次你们试验成功了铁水车，你们就立了大功，为农民兄弟立了功，为我们平教会铁厂立了功，我提前祝贺你们。”经过改造的水辘轳，不仅使用起来十分方便，既可用毛驴拉，也可用人推，而且出水量大。

刘拓博士改良后的汲水轱辘。

陆燮钧对定县农民农副业牛猪鸡等饲养和管理、选种进行研究，还与其他专家合作改良定县现有的蜂种和管理方法，提倡最经济的养蜂家具，鼓励农民在劣质土壤中多栽种苜蓿，以为推广养蜂业作准备。

曾任清华大学教务长的梅贻琦。

中华平民教育促进会总会与清华大学农科院携手推行普及农业科学，是与国内高等学校合作的创举。清华大学推派教务长梅贻琦等到定县实地考察了6天，写出了考察报告。从1927年8月起，从平教总会原定计划中取园艺与病害、虫害两项，由清华大学农科院担任研究任务。此后，清华大学增加了人员和设备，加紧定县农业科学改进研究。

教育工具化

定县实验推行“以文艺教育攻愚”、“以生计教育攻穷”、“以卫生教育攻弱”和“以公民教育攻私”的“四大教育”内容，而以“学校式”、“社会式”和“家庭式”“三大教育方式”为推行方式。但是，这“四大教育”内容和“三大教育方式”都要以扫盲识字为前提。只有农民完全摘掉文盲的帽子，能够识字读书才能进行“四大教育”。所以，晏阳初所进行的定县实验将“以文艺教育攻愚”放在“四大教育”之首。而所谓“文艺”，又将平民文学置于“文艺”之首。而平民文学又将文字置于首位。晏阳初在《中华平民教育促进会定县实验工作大概》中指出：“从文字及艺术教育着手，使人民认识基本汉字，得到求知识的工具，以为接受一切建设事务的准备。凡关于文字研究、开办学校、教材的编制、教具、教学方法的研究，以及于乡村教育制度的确立，都是属于这部分工作的范围以内的。”他在《中华平民教育促进会定县实验工作报告》中，将平民文学分为若干项目，包括文字、平民文学、课本、平民科学等。扫盲识字是摆在第一位的工作。在这个意义上说，定县实验是20世纪20年代初平民教育运动的直接延续。如何在较短的时间内完成扫盲识字任务，进而进入生计教育、卫生教育、公民教育呢？晏阳初提出教育工具化的思路，并且在教育工具化方面做了大量切实的工作。

探索汉字注音办法

为汉字注音之举，古已有之。古时为汉字注音的类型，主要有三种：其一为“读若”或“读如”法，如“卸……读若汝南人写书之写”。其二为“直音”法，如，“拾，音十”。其三，“反切法”，即用上字的声母和下字的韵母相拼，例如，“缰，居良切”。这三种注音方法，是专职读书人和士大夫阶层的识字方法，前两种有很大的缺点。读若法多是近似描述，不可能做到完全准确。而直音法因为完全同音的字并不是很多，因而“直音”法往往没有用武之地。而且常因一些找不出与某字同音的字而无法注音；并且有时找出了同音字，但注字比被注音字更生僻难认，不仅等于没有注音，相反加重了读者的负担。反切法也有缺陷，第一是它用字太多，反切上字有452字，下字有1232字，共有1700多字，比“千字课”的生字还多；第二，上下字之间一般有障碍，不能连续，要斩头去尾，因而不懂音理便难以拼合。三种注音方法共同之点是以字注字，此法对于专职读书人和封建士大夫，操作当然不成问题，而对于患了“瞎”、“聋”、“哑”三病，一字不识的平民而言，是难以操作运行的。所以，传统的汉字注音方法，对于平民识字可以说毫无助益，不可能求助于祖师爷。

因此，平教工作者均纷纷着手研究新的注音法，以极为简便的方法帮助平民认识更多的生字。晏阳初在生字注音方面颇有心得，他在中华平民教育促进会定县实验工作报告中信心百倍地宣布，“本会实验注音符号教学有相当之把握”，以后刊行平民读物，“一律词类连书，加上注音符号”。他认为注音字有很大的优越性：“‘千字课’以外之字，平校毕业生遇之，即难读其音，不知其义。普通字典之注音，或用同音之他字，或用反切，或用读某字某音，所用之注音字，多不在‘千字课’之千字内，此为平校毕业生自学时之莫大障碍，故须设法利用注音字母，直接既可以注音，间接又可以统一国语。”

在《农村建设要义》一文中，晏阳初对注音符号在操作程序上作了简要说明。他说：“注音符号的应用，这是更进一步的方法。因为中国字的读者全靠死记，在字的本身上没有音标，即使有音标，读音也各地不同，一个字可以读出种种不同的音。例如‘白’这个字普通读作bai，有的地方又读作be，等等不同，在字上既无音标，同一形状的字又有几种读法，这都是基本教育的阻碍。注音符号笔画简单，一共只有四十个字母，比基本汉字数目还要少，学习起来格外容易。认识了注音符号，读物只要字字注音，就可以字字发出正确的音，念得下去。所以我们民国二十年以后出版的平民读物《农民》报等，都全部注音。”

晏阳初也看到利用注音字母扫盲存在两大困难，即：(1) 教师之困难。穷乡僻壤，求一识字之平民学校教师，尚不甚难；求一教授注音字母之教师，则难于登天。故研究一简易学习法，使凡平民学校教师，只谙此法，即无师自通，而易于传授。(2) 教授之困难。注音字母，数仅四十，易学亦易忘。且学生因其易学，往往只注意注音字母而忽略汉字，亦非为计之得。他在这里谈到的“两大困难”，并非注音符号系统不完善，而提醒使用符号者注意，提醒有关人士注意尽早尽快培养懂注音字母的教师。

晏阳初主持的平教总会不仅对平民识字教育作出了很大贡献，而且影响到普通教育和政治教育。其时教育部制定法令，规定小学及民众读物，一律须用注音汉字印刷。晏阳初认为，“这不但是学术影响政治的实例，也是中国基本教育的大进步”。

创造简笔字

在晏阳初看来，经济与教育互为因果，贫苦因无教育所致，而教育落后由贫苦所致。其关系正如傅葆琛所言之母鸡与鸡蛋的关系。两个问题的妥善解决，必须二者不分前后，不分轻重，利用教育救愚，利用教育救贫。当然，这里所言之教育，如晏阳初所说，不是“燕窝鱼翅式的教育”，而是“窝窝头式的最低限度的教育”。所以，他强调给平民的教育应是简易的教育，对平民进行的识字教育，也应当是简易的。

晏阳初在推行识字教育时，敏感地觉察到欲求“千字课”之功效宏著，则非有辅助工具不可。他将“千字课”的辅助工具分为课外读物、注音字母与简笔字三种。为此，他主持的平教总会率先进行简笔字的研究，首开传授平民简写汉字之先。

汉字在20世纪二三十年代，未经简化，笔画繁多，平民尤其是年龄较高者，对繁体字讳莫如深，见了众多勾勾点点的，脑袋就发麻，所培养起的一点点识字兴趣荡然无存。周先庚在《民间》半月刊上发表《平民识字的几个先决问题》，指出平民所识的汉字有五难：“(1) 抽象的字比具体的字难；(2) 不常见的字比常见的字难；(3) 笔画多的字比笔画少的字难；(4) 不对称、无平衡、无组织的字比相反的字难；(5) 完全主观印象。”

民間

半月刊

第一期

發刊詞

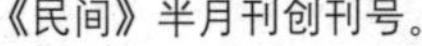

《民间》半月刊创刊号。

平教会宣传识字意义的图片——文盲求人的痛苦。

汉字笔画多尤其使平民头疼。因为笔画多，难认，尤其是难写难用，而只能认不能用不能写的字，是很难巩固的，见面时能“似曾相识”就是天字第一号了。所以，晏阳初决定开展简笔字的研究，待研究有得，便立即推行。孙伏园在《民间》半月刊上发表《简笔字的意义和用途》一文，介绍了定县的做法：“笔画较多的字（二十画上下至二十五画），只要是通用的，一定用简笔字；笔画较少的（八画以下），农工商社中的简笔字便少，虽有行草，也不采取，至于八画以上至十五画上下，通用字的数目最多，简笔字的数目和别体也少，要多费一点整理工夫。”

起初，他的基本思路是打算将笔画多的改用通行的简写法。晏阳初在《平民学校教材问题》中介绍说：“……教授平民识字固为重要，若仅能读而不能写，又属无用，以汉字笔画之繁难，平民学习颇不易，故拟将单字笔画多者，改用通行之简写法。”但是，事与愿违，简写法付诸实施，便大遭社会非议，谓简写字近日社会尚未通行，如过于简化，即使是平校毕业优等生，亦不知是何字。晏阳初认为社会的这些议论，的确有它的道理。文字在社会上使用，有一个约定俗成、为社会多数成员认可的过程，简化字推行过急过快，相反欲速则不达。但他并不因此而悲观丧气，改弦易辙，而是吸取社会议论的合理之处，采取折中办法，他先决定在修改时将正体附于简体之下，但怀疑之者，尚有人在；于是又“以正体居先，简化居后”。

晏阳初极其重视汉字简写字体的研究与推行。汉字简写字体在研究与推行中是遇到了问题，但这是可以克服、可以研究解决的问题，认定这是农民认字教育的大方向，不可轻易移易。但他亦认识到，简写字体研究是十分复杂的问题，切忌草率从事，搞乱了汉字系统。

晏阳初及其主持的平教会开展简写字体的研究，是最早开展简化汉字研究的先贤之一，为汉字改革迈出了第一步。尽管未能尽善尽美地解决繁难字的简写并广泛推行问题，但他的论述、他的思路，是不能不引起重视的。他在简写字体研究过程中的具体技巧问题，也是极有价值的。这一点，后来的文字改革便是明证之一。

编辑平民字词典

为了给平民识字用字提供更多的方便，晏阳初及其主持的平教总会决定在进行汉字研究的基础上编辑平民字典。

此举早在定县之前数年动念，根据1929年中华平民教育促进总会刊行的英文文章《中国的新民》，《平民袖珍字典》在写此文前业已出版。文中晏阳初介绍《平民袖珍字典》说：“这本字典有4000个汉字，其中包括千字课本中的1300个字，根据普通话的发音而注音，用千字课本中的字解释词义。在学期的第四个月即最后一个月，初级民校要求每个学生在短训班中学会使用这本字典。课程结束后，他们就能借助于字典，去阅读用白话文写的、一个中华民国公民所应该读的任何文字材料。”

此后，平教总会加紧了识字心理、文字研究等工作。周先庚在《平民识字的几个先决问题》中总结说，在过去的几年中（1934年以前），在平民识字方面做了五个方面的初步研究工作，即：(1) 千字课中用字数的统计；(2) 改订平民基本字表；(3) 平民书写字的选择；(4) 平民基本字的难度；(5) 平民应用“词”与“语”的选择。

这五方面的工作，算是对以前扫盲和文字研究工作做了整理小结。在此小结的基础上，晏阳初及其主持的平教总会马不停蹄地深入做文字研究工作。他在中华平民教育促进总会1934年10月定县实验工作报告中，阐述这次文字研究工作的目的说："文字研究和工作目的，在要知道中国文中何种字对于平民生活为必要，何种字为不必要。这个结果得到以后，我们编辑课本、读物，以及定期刊物，便都有了凭藉。"

这次文字研究工作，取得了三个方面的成果：其一，制定通用字表。先搜得平民书报90种、平民应用文件25种。这115种材料共用单字504609个，又依次按使用频率排列，除掉重复字得单字8000个，又从中挑出使用频率较高的单字3420个，作为通用字表。

其二，制订基本字表。晏阳初说："通用字只是通用而已，还不是人人所必需知道的基本字。"如何挑出基本字来，他设计出两步方案，即第一步用客观方法从教育部国语统一会出版之《国语字典》中，经由20人同意，选得1144字；第二步取平教会外学者陈鹤琴先生用客观方法选出的《语体文应用词汇》中排列最先的1300字，互相比较损益，形成1320个单字的基本字表。

其三，制定词表。通用字与基本字试验应用后，渐渐觉察其缺点，故开始了制定"词表"的工作。这一工作晏阳初介绍说："这种词表的选定分为两步：一是平民用词，一是新民用词。平民用词表中的词是平民口头早已有了的词，故编辑书报时，只得加上注音符号，则聆音可以知义，便可以无限制地使用。新民用词表中之词，是受过教育的平民口头所必须有的词，故编辑时须为有意识的介绍，以期平民日常用语逐渐提高。"

晏阳初说："选字的结果，得到一部《平民字典》；选词的结果，将来也有一部《平民词典》。"

文字研究是非常复杂细致的工作，晏阳初设身处地地为平民着想，为把平民导入知识的殿堂，呕心沥血，披肝沥胆，花了大量时间与精力编辑《平民字典》和《平民词典》，旨在授予继续自学和深造的拐杖。对平民识字教育中的苦痛，堪称体贴入微，用心良苦。

编辑平民读物

扫除文盲并不是平民教育的目的，扫除文盲是为了让平民掌握识字工具，让他借助文字工具去学习掌握文化生活知识。为此，中华平民教育促进会总会编辑出版了各种各样适合于各种层次的有助于巩固所识之字及了解各种常识的平民读物。晏阳初主持的中华平民教育促进总会编辑、出版了多种课本和读物，供平民进一步肄习。这些读物主要有：

（1）傅若愚编：《平民算法》二册，各24课，文字简明，习题丰富。

（2）傅若愚、马伯援编：《平民历史》，将我国五千年历史分24课，用故事体裁浅显说明。

（3）傅若愚、刘涤欧编：《平民地理》，共24课，其中1／3是世界地理，2／3是中国地理；每课有图，简易明白。

（4）高饶朗编：《平民卫生》，共24课，凡平民不可少的卫生知识，都用浅显语句叙述。

（5）傅若愚、杨冯署编：《平民书信》，分三编：书信总类、书信举例、书信杂录。

（6）《平民千字帖》，用双勾，与市面通告的描红字帖不同。

这些平民读物的刊行，大致功用有二：一为巩固学习“千字课”取得的识字成果；一是开展基本的常识教育，有识字后继续教育的功用。

晏阳初在《平民教育三问题的解答》中说：“‘千字课’固为初级平民之基本工具矣，然欲求‘千字课’之功效宏著，则非有辅助工具不可。”编辑刊行平民课外读物，便是重要辅助工具。

晏阳初此举具有充分的心理学、教育学理论依据。过多的重复容易麻痹。平民识得“千字课”上的生字，切不可到此为止，还必须设法巩固所识的一千余字。巩固的方法切忌死抱着“千字课”不松手，而是要用所识得的字去编辑“课外读物”，借此巩固成果。他分析“课外读物”的读者对象和内容说：“此种课外读物，非初级平校毕业后之辅助读物，乃正在受初级平民教育时之课外读物。因‘千字课’兼收并蓄，无所不包，欲求适合某一行人某一地人之特殊需要，即不可能，又非‘千字课’应负之责。至此种课外读物，则可多带某一行业之专门性质，及某一地方之地方色彩，俾得分别适应其兴趣与适应其需要。”

为此，中华平民教育促进总会专门成立了平民读物编辑部，在巩固平民识字成果方面做了许多奠基性的工作。1934年10月，晏阳初在河北定县召开的第二次乡村工作讨论会上，作了中华平民教育促进总会定县实验工作报告。在《平民读物编辑的工作》一部分中，他总结了过去平民读物编辑的工作说，到当时为止，平民读物已完成340册。其中最后40册“一律词类连书，加上注音符号”。

平教会在当时众多平教流派中，编辑刊行的平教读物之多，是首屈一指的。他们在推行平民识字教育方面取得的成绩，也是人所共知的。应该承认，晏阳初平民识字教育的这一举措，是以扫除文盲为核心的识字教育的经验之谈，应予以重视。

创办《农民》报

1925年3月，中华平民教育促进总会创办《农民》报，这是当时全国唯一的一张面向农民的报纸，每周一张，每年合订为一本。《农民》报出版后，针对如何能够受到农民朋友欢迎等问题，做了很多尝试。最初用汉字注音，例如“出版”（音班），“介（界）绍人”等。后又改“提出生字”、“生字举例”。平教总会试图通过这些办法做排除文字障碍的探索，但收效甚微。1933年，随着平教总会语文教学改革的推进，《农民》报采用注音分词，读者兴趣大增，定县许多农民向《农民》报投稿。一名来自东阳村高级平民学校毕业的22岁青年农民，在农闲时自愿到报社协助编辑和发行。这位农民选择农民们投寄的文稿，还斟酌润色《农民》报社同仁撰写的稿件，力求适应农民的文化程度和口味。

《农民》报的内容以农业知识为主，也有小说、故事、谜语、歇后语、漫画等，版面比较活泼。平教总会编辑出版《农民》报的旨趣，除了“随时报告农民一些合时的常识”外，还为农民提供了一个抒发意见、发展天才的园地。《农民》报一半的稿子来自定县农民，尽管这些稿件比较稚嫩，中间夹杂着不少的错别字，文理也不够通顺，但这是真正的农民的心声。第9卷第19期《农民》报刊载一女生的日记，日记中有很多文字还夹杂着注音字母，这说明这位女生那一个字还不会写，可见这是原汁原味的农民写作，说明注音字母在定

中華民國十四年五月十一日

農民

每份售銅元一枚

每十天出版一次

中華平民教育促進會總會鄉村教育部出版

通信處 北京石駙馬大街二十二號

一個種樹的好教訓

中國歷史上首創的農民報

平教会创办的中国第一张《农民》报。

县平民教育中产生了一定的影响，在平民教育运动中充分发挥着作用。堵述初在《“定县实验”中的平民文学》中说：“这些来稿中反映了农作物的选择和栽培问题、乡村的迷信问题、婚姻问题、赌博问题等等。”《农民》报也经常刊登一些科普文章，对农民进行科学知识的教育，尤其值得称道的是，科学实验工作已成为平民读物中独立的一部分内容。

收集民间图画和音乐

晏阳初在《中华平民教育促进会定县实验工作报告》中对定县艺术教育收集民间图画工作进行了介绍。定县民间图画收集的范围与内容包括两个方面：(1) 搜集民间实用画，包括刺绣、染印、编线等各种花样；(2) 搜集民间纯艺术绘画，包括家庭的年画及各种装饰条幅挂画、庙宇的壁画以及各种宗教画。平教总会进行这一工作，旨在“以为绘制培养美感兴趣，提高图画知识与技能之教材根据”。

定县收集民间图画和音乐工作从1934年夏开始。在广泛收集的基础上，平教总会平民文学部先后完成编辑工作的有《高级画范》2册，《初级画范》4册，《普通实用图案》1册，《妇女手工花样》1册，《艺术教育浅说》1册。在收集和编辑的基础上，进行绘制工作，共完成如下绘制工作：第一，《千字课本》插图3种；第二，《初级平校文艺实验课本》插图两种；第三，《平民读物》插图100余册；第四，绘制《历史图说》25种；第

定县的文化长廊。

五，三种千字课本挂图各4册。此外，还有文艺插图1辑，农业挂图3辑，卫生挂图1辑，公民挂图2辑，国难教育1辑，社会调查1辑，合作社挂图1辑（未完稿），注音符号挂图1辑（未完稿），士兵和《农民千字课》幻灯片192张，夜灯识字图画与文字92种，辅助“四大教育”的布挂图1万余幅，培养社会美感兴趣的展览会应用画160幅，壁画16幅。为使收集编制的民间图画充分发挥教育艺术作用，平教总会做了用挂图代替年画、用历史图说代替通俗小说的尝试，还举行农村图画巡回展览等。

平教会在定县民众喜闻乐见的乐器制造和研究方面做了三个方面的工作。其一是制造乐器，如风琴、木棒琴、笛子和留声机唱头等。这些自制乐器都物美价廉，深得定县民众的喜爱。其二是音乐研究。平教会收集民间歌曲、乐器和乐谱，编选中西歌谱30多种，普通歌唱集两册，还为历史图说创作歌谱50种。其三是开展歌咏比赛，成立教员和学生音乐研究会等社团，达到改变民风习俗的目的。

采集秧歌、鼓词和歌谣

定县流行的各种娱乐方式中，秧歌、鼓词和歌谣占有重要的位置。平教会为了实施文艺教育和公民教育，移风易俗，形成新的道德风尚，对这些流行的娱乐方式依循采集—研究—删改—出版四个步骤进行。

秧歌是定县一般人最嗜好的最普遍的消遣，更是妇女们不易多得的娱乐形式。经过调查，平教会得知刘洛便是唱秧歌最多的老人。经过一年多的时间，平教总会统计调查处几位同志与刘洛一起生活，整理出由刘洛背唱、统计调查处同志轮流记录的完全秧歌48出，共计50多万字。他们将这些秧歌分为六大类：(1) 爱情；(2) 节孝；(3) 夫妻关系；(4) 婆媳关系；(5) 诙谐；(6) 其他。1933年，平教总会刊行《定县秧歌选》，这是了解农民生活、进行公民教育的难得资料。

定县民众喜闻乐见的文艺形式是梨花大鼓，新年、节令、庙会、集市及农闲时期，算是操大鼓词业者最为活跃的日子。有红白等事的人家，也常邀请他们到家中去演唱。老太太们闷得发慌，大家凑集一点钱，把他们请到她们的土炕侧边，唱几段给她们解解闷，也是司空见惯的事情。正因为梨花大鼓在定县民众生活中拥有重要地位，平教总会从1932年7月开始，约请定县著名老鼓词家田三义按日说唱，逐句记录，写不出来或根本就没有的字，都用注音字母替代，保证音韵的正确性。半年间便采集大书（长篇）和小段（短篇）鼓词203段，共约60余万字。平民文学部对收集的文字进行删改整理，印成平民读物。

平教总会将这些删改过的鼓词和改编过的秧歌，共印行了20种，不仅提高了人们的读书兴趣，也有利于用这些人们喜闻乐见的形式启发新思想，促使形成良好的道德风尚。

平教总会平民文学部还采集在定县流行的歌谣200多则、歇后语300则、谜语300多则、谚语600多则、故事和笑话等100多则，共约7万字。

定县流行的秧歌、鼓词和歌谣的内容，大多充满荒谬、消极、陈腐的思想，有的痛恨土豪劣绅而又无可奈何，只梦想着严正的清官出世；希望恋爱自由而又不能解脱旧礼教的束缚，只梦想着月下老来成全好事；穷困时则听命于鬼神，或自安于命运；被压迫到了无法忍受的地步，也只有可怜的哀吟，并没有悲壮的挣扎。但这些确实代表着一般民众的思想，是与民众口味相吻合的。这正说明纠正秧歌、鼓词和歌谣中陈腐过时、错误荒谬的思想是民众教育的当务之急，从而为定县的文艺教育、公民教育提出了严肃的课题。

戏剧教育大显神通

戏剧教育是平民社会教育的重要形式和教育工具。经过对定县民间娱乐形式的调查得知，农村戏剧是定县民众娱乐和消遣的重要方式，因此戏剧在平教会实施文艺教育和公民教育中占有极为重要的地位。

负责定县戏剧工作的是晏阳初请来的美国哈佛大学博士熊佛西。来定县前，熊佛西是北京戏剧学校校长。

有一天，熊佛西的寓所来了一位美国留学时的好友，这就是时任中华平民教育促进会干事长的晏阳初。当时他正在河北定县办平民教育实验区。他这次来拜访熊佛西，目的是希望熊佛西能够抱着悲天悯人的大志，抛弃北京的舒适生活，到定县农村去和他一道实验平民教育工作。善于演说的晏阳初从国家的危机到平民教育救国的道理娓娓道来，竟从上午谈到黄昏。熊佛西自美归国后担任北京戏剧学校校长，所编剧本虽然很受城市人欣赏，但是晏阳初仍然提醒他：我国千百年来乡间素有草台戏庆贺秋收等常于寺庙前坪或晒谷场演出的习俗，如果你能参加平教运动，将中国著名的戏剧重编或重新赋予活力或根据农村生活及问题，描画他们的困苦，并给予他们扬眉吐气、发扬潜力的启示，比较只取悦于都市少数人的旧方式戏剧，岂不更有伟大意义！晏阳初充分肯定了这一生动活泼、为农民喜闻乐见的教育方式，说“戏剧在平民教育上至少有下面的五种力量：(1) 唤起农民意识向上；(2) 抒发农民情感；(3) 介绍一般的常识；(4) 施行公民训练；(5) 提高农民的语言”。晏阳初的话给了他良多启发，他决心“试验是否能把话剧介绍到农村去，是否能提起农民的兴趣进而使他们自己演话剧，更进而试验是否能令农民在剧场得到他们的教育”。一言以蔽之曰：要推行“农民戏剧教育”。

北京戏剧学校校长熊佛西。

1932年春，华北积雪未化，一支引人注目的队伍踏着厚厚的积雪来到定县。领队的是留着长头发、戴着眼镜、穿着棉袍的熊佛西先生。后来，定县农民管他叫“熊先生”。从这一年到1936年，前后5年的时间，熊佛西在这块荒芜的土地上开展农民戏剧教育，成为晏阳初平民教育实验的重要组成部分。一盏盏油灯下，一座座土台上，一间间土屋里，都闪动着熊佛西及其同仁弟子的身影。用熊佛西的话说，“农民是今日中国之大众，新兴戏剧大众化，也就是新兴戏剧农民化”。

定县农村演戏的剧场和观众。

经过定县头两年的实验，熊佛西制定了很符合晏阳初精神的戏剧编译演出准则：农民戏剧的内容，必具有唤起“农民向上的意识”的可能性——这包含生产技能的向上、科学运用的向上、身心健

定县农村演出新剧时的热闹场景。

康的向上、享受与给予的向上、情感满足的向上、集团训练的向上、教育文化传递的向上。一个生活意识积极向上的人，应当是这样的一个人：他尽人生应尽的义务，他享人生应享的权利；他不是一个压迫人的人，也不是一个被压迫的人。定县所有的实验剧本，不论是编创的还是改译的，都坚持以此为基本准则。熊佛西写的《锄头健儿》、《屠户》、《牛》、《喇叭》、《过渡》，陈治策编写的《鸟国》等，都以此为编创原则，公演后得到很高的评价。《屠户》1932年11月公演，出现了没有预料到的一幕。主角孔屠夫平日以重利借贷，拨弄是非，欺压良善，当他侵占王大的房屋时，台下一青年突然站起来，指着孔屠夫大骂。在台下看戏的平教总会同志无不深受感动。编创《屠户》的熊佛西进一步认识到，虽然唤起农民向上的意识是戏剧思想准则，但作者不能以"传道师"的面孔在剧中出现，应尽力运用巧妙的技术，默而不宣地表现编者的思想倾向，让戏剧冲突、人物形象解说作者的所思所想和思想倾向。

为了淋漓尽致地发挥戏剧的效用，熊佛西建议制订戏剧制度。熊佛西在《民间》半月刊第三卷第12期发表《定县家村戏剧的现在与将来》一文，指出："戏剧制度就是以政治的力量推行戏剧艺术和戏剧教育的一种有计划有效果的方法，务期全国全省的每一个人都有领受戏剧艺术熏陶及戏剧教育感化的机会。"要把戏剧办成上下相应的一个完整机构的事业，而不是自由的、散漫的、自生自灭的艺术或教育活动。他强调这制度里剧本制作、剧场建筑、公演活动等都应有严密计划。

定县自1932年至1934年3月，共计在24个乡村巡回公演话剧，训练了11个农民剧团，演员有180人。在平教会大礼堂举行过13届戏剧公演，观众约3万多人。平教会共编辑《屠户》、《锄头健儿》等剧本21种。1932年12月2日，东不落岗村村民还自己建戏场兴行开幕礼，晏阳初致词说："这剧场是中国全国第一次村里老百姓自动建筑的，意义价值重大，实远过万里长城！因这剧场是贵村的创作，贵村的自作，贵村合作的结果。要中国有办法，即全赖诸位建剧场的这种精神。"剧场开幕后举行纪念公演两天，每天演日场和夜场两场，共演出了《屠户》、《喇叭》、《醉鬼》、《王四》、《月亮上升》、《穷途》、《兰芝与仲卿》、《三条牛》、《求婚》、《狐仙庙》等剧目。各村前来观看者达万余人，热闹非凡。

平教会露天剧场旧址。

定县观看新剧演出的妇女。

运用幻灯片教学

在平民识字运动中，晏阳初依据心理学、教育学原则，在实施平民识字过程中，尽可能多地给平民感官更多的新刺激，以加深平民对字形字义的理解，使他们在最初就对字形字义的印象很深，终身不忘。为达此目的，在当时许多平民对幻灯、电影见所未见、闻所未闻之时，率先使用幻灯、电影等电化教学手段。萌念用幻灯教学，是出于教师严重不足的压力。晏阳初曾说："……诸位恐怕要发生两个疑问。在大城市办是容易的，但是小城市与乡间识字人少，能教的又少，而且经费又不足，将如之何?所以要收良好的效果，就要教者少而被教者多。因此我想及在法可用幻灯教授，或者我们也可以用之于中国。在浙江嘉兴我们试办幻灯教授，一个教员可教200学生。"

他又从心理学、教育学以及近代科学原理的角度，分析了使用幻灯进行识字教育的好处："中国人不识字的，相聚时每好谈话，若用幻灯，则可使他们集中注意。用幻灯教授，有两原则：(1) 引起兴味；(2) 给学生甚多的影响。在用课本之前，先用图画。课本分三层，即图、课、字。图为已知，课为未知，故合原理。此种教法有许多益处：第一，在图画之能引起兴味。又幻灯白布上的字甚大，人所得的知识，85%是通过眼睛视看而得到的，所以影响大。如使学生口念，则目能受影响。幻灯之后，叫学生习字，又受一种影响。有眼、耳、喉、手、口五种影响，则无不学之人。”

1932年高头村识字班师生合影。

1927年3月10日，他在《世界日报》副刊 · 平教特刊第5期上发表《初级平教教学的种类及组织》的谈话，谈到要将幻灯运用于乡村的设想：“幻灯教学是最有效的最经济的办法，将来拟推广乡村平民教育，每一村办一幻灯学校，集合全村的人于一地方，如厅堂祠庙之类，实行幻灯教学。只因学生的人数多，所以教员的口才要好，才能维持大家的兴趣。将来应该训练一种能施幻灯教学的人才。每县可以召集精明干练的教员，开幻灯教学的讲习会。”定县通过幻灯扫除文盲，在使农民了解和掌握现代科学文化常识、坚定农民走农业科学化道路信心方面，有十分广阔的用武之地。

无线电教学的大胆尝试

晏阳初认为：“无线电广播是平民教育一种具有潜力、效率很高的媒介，我们已在进行的广播实验，决定充分利用它作为乡村建设的文化工具。”他在1934年10月的实验工作报告中大力倡导广播无线电教学，指出："利用广播无线电为工具，以普及社会教育，效力极宏。……制定节目，按时广播，就农民好奇的心理，无形中使之受到所需的教育。"在该报告中，他宣布定县正准备完成讲演材料，及选编唱片故事，并研究利用此等工具。他还向平民教育同仁报告定县自制电化教育机件的情况："为了要推广这个教育利器，我们不能不注力于机件之制造。制造结果，对于小规模无线电之全套机件，皆能自制，用费仅及舶来品之半价。电力若为25华特，电波可达七八县之内。收音机及电瓶等亦能自制，费用较欧美货价格要低廉三分之一，而使用效率则有过之无不及。"

定县实行广播无线电手段教育农民之前，曾进行国际性摸底，以论证其实施可能性。1930年5月，37国播音无线电听众的调查报告排下这样的座次：第一名美国，12825000户；第二名德国，3244944户；第三名英国，3144625户。中国以约1000户居末位。晏阳初又了解到新兴的苏俄利用无线电播音扫盲收到奇效的事实。

就除文盲工作而言，在苏俄第一个五年计划拟定扫除文盲1700万，结果仅四年零三个月，能除得2900万文盲及1770万半文盲，其得力处，都是先洞悉农民教育需要的工具，全赖着覆盖全国的收音机，然后以有效的手段对症下药，才取得这样的功绩。

晏阳初面对农村破产、灾害遍地的中国，希望借助人类先进的科技成果，尤其是苏联利用广播无线电扫盲的"现成有效的利器，收到一举百效的成绩"。1930年6月，承蒙天津中国无线电业公司经理胡叔潜慷慨借予价值数千元的电台一座，供平教总会研究实验之用。同年9月底，定县广播无线电开始播音实验。

晏阳初推行广播无线电电化教育，一刻也没有忘记"力求设备简单，经费要少，成本要低，出品要精良，以合乎平民化、普通化、实用化、教育化"的原则。因播音无线电需要收音机，而中国1900多县五十七八万个乡村，如每村设置收音机一架至数架，经费之巨是骇人听闻的。此项收音机，如全数购诸外国，漏卮之巨，不忍设想。因此，晏阳初有鉴于此，"决定赶制收音机，以抵制外货"。定县无线电播音开始时，即购置机器，设置工厂，一部分基础机器，如车床、发动机、压力机、压薄机、卷线机等机器，购自外国；此外所有零碎机件及专门小机件，尽由自己制造，以图经济而且合用。1933年，已制成钢模189套；又装成三管式及四管式两种收音机，均"成本低廉，外观优美，效率极高；配以三O号或一O号真空管，殊为美好，比之舶来品有过之无不及"。

经过试验，定县无线电广播在五个项目上收到了比较明显的效益。这五个方面是教育、计划、活动、新闻、娱乐。如教育方面，通过无线电传播建设方面的知识。讲稿由各部门的技术人员草拟，修订后由会说本地方言的人播出。再如新闻，使民众听到国际国内或当地的时事，除了日军的消息之外，群众最感兴趣的是市场消息。晏阳初本想“早日完成无线电教育整套的学术、整套的工具，贡献于社会”，惜经费和时局原因，未能如愿。作为中国电化教育的先驱者之一，晏阳初实施电化教育的效果尽管并未能“一举百效”，他的美好愿望化作了泡影，但是，他的实验与实践是有价值的；他对电化教育的论述，并不能因其功效不著而失去理论的光环。

实行导生传习制

在一个文盲充斥的国家扫除文盲，首先遇到的棘手的问题便是教师的严重不足。为克服这一起步前的第一个障碍，国内外教育家进行了卓有成效的研究探索。英国在18世纪、19世纪初曾实行贝尔—兰卡斯特制。此制亦称“导生制”、“互教制度”、“相互教学法”。这是英国国教会牧师贝尔和公谊会教徒兰卡斯特分别创行的一种教学组织形式。因为使用导生制的学校一个教师在导生协助下可教数百名学生，花费少，招生多，被誉为“廉价的教育制度”，解决了缺乏教师和教育经费的困难，有助于初等教育的发展。这一教学组织形式对晏阳初的启发颇大。因为他所遇到的问题与贝尔和兰卡斯特探索此制时教师和经费不足问题完全相同。

对晏阳初导生传习制有明显影响的，还有著名的平民教育家陶行知。1923年10月8日，陶行知在给儿子陶宏、陶晓光的信中，谈到了发现连环教学法的过程：“你两个人很有功劳。我看见你们两个人，哥哥教弟弟读‘千字课’，就发现了一个好法子，叫做连环教学法。这个法子是用家里识字的人教不识字的人：我教你，你教他，他又教他。一家当中，先生教师母，师母教小姐，小姐教老妈子，每人花不了多少工夫就可以使全家读书明理了。”陶行知又根据“即知即传”的原则，提出了“小先生制”。这是他极为重视的识字扫盲方

陶行知发明小先生制。

法。他强调，小孩不仅可以教小孩，而且可以教成人，还可以到大姑娘、新媳妇床头上去教她们认字。

小先生在教学。

平民学校的建立，平民识字积极性的逐渐提高，使传统的学校及教学法显得不合时宜。定县平民学校教师本来就远远达不到需要的人数，即使有足够数额的教师，平教总会也无法筹募到巨额的师资工薪。最终，晏阳初借助导生传习制解决了师资不足和经费不足的问题。

定县1933年形成导生传习制。瞿菊农在《〈导生传习办法在定县的实验〉序》中介绍其操作要旨与流程说："导生传习，是以即学即习即用为教育的方法，教的人不是为教而教，要教人习，教人用，教人传；习的人不是为习而习，习会了要去用，要去传。教的人为用而教，用的人为用而习。教的时候，不仅是教学生用，还要教别人怎样去用；习的时候，不仅是学会了为自己，还要教别人怎样去用。教的人要站在学生的地位教，习的人要站在教人的地位习……这不但是一种普及教育的方法，而且是解决普及教育中之师资经费等问题的方法，也就是组织民众和训练民众的方法。"

女子平民教育是定县实验推进的难点之一。受传统陈腐观念的影响，定县女子一般都与教育没有缘分。女子受教育者既是凤毛麟角，女子平民学校的女教师更是向曙之星。为解决女子教师师资不足的问题，平教总会特别培训女导生。1935年，吴咬村举办导生训练班，其中有女导生69人。为使她们受到较好的训练，平教总会特别举行女导生公开演讲，以提高女导生的自信心和实际能力。训练班推选出5名女导生，年龄最小者14岁，最大者24岁。训练班对女导生们的讲演进行培训：（1）要准备讲稿，不能拿讲稿给导生看，因为导生看了讲稿，会发生两种毛病：一是把讲稿背下来，加大了导生的负担；二是到了讲演时，如有遗忘，就没有办法讲下去。（2）导生说话的能力，在开始训练时即须注意。（3）让导生对大众讲演，要先有对小观众的讲演练习，即先进行训练班汇报的练习，再过渡到社会的公开讲演。（4）要把练习讲演当成正式讲演，不能丝毫苟且。（5）对于练习讲演，要多用积极的指导，少用消极的批评。（6）讲演要合口语，使讲演的人说得上。（7）讲稿编好后，要讲给文盲听，如果文盲听得懂，将来讲给大家听，大众也就能听得懂。(8) 利用集会，举行公共讲演，要先做讲演训练的准备，等准备有相当把握时，再定期集合，如先决定日期，万一准备不够，必致弄巧成拙。(9) 公开讲演次序的排列：讲得好的导生排在后面，讲得差一点的导生排在前面，这样才能使每个导生的表现不受比较的影响，同样获得听众的好评。

定县东建阳村建有21个传学处，学生最初105人，后增加到141人，年龄最大的47岁，最小的8岁，而以18～25岁为最多。女生多于男生，主要原因是女子失学者多，这种“移樽就教”的办法，最适宜于她们。村小学的教师将学生训练成导生，这些小导生利用男女文盲的休息时间和现成场所，如院中、檐下、炕上、树林内、驴槽旁，使他们足不出户，就可以受到教育。小导生们虽然比较幼稚，但让他们去教纯文盲，却是绰绰有余的。小导生的传习工作，使除文盲运动者所感觉困难的种种问题，如经费、设备、校舍、师资、时间等等，都顺利得到解决。他们的传习活动，既不需要薪资，更不会发生种种经费问题。一根树枝在地上划划，无须纸墨笔砚。大家往地上一坐，围成一个圆圈，便成了学校。

鄉村建設實驗　七六

二十二年度，因推行制度與方法之研究已有相當結果，關於全縣除文盲工作，遂改由縣政府擔任，本會僅貢獻以歷年來研究實驗之所得。

(二)導生傳習制　婦女教育之推行，素感困難，非家長懷疑阻止入學，即本人以無整潔衣服爲羞。二十年度，曾在馬家莊試用家庭傳習辦法，由表演女平校學生十八人擔任家庭教學；實驗結果，能讀完千字課者二十七人。二十二年度，東建陽村實驗學校，以失學兒童之衆多，致使文盲生生不已，且一般生計艱難或家務忙碌之青年男女，雖設有平校，亦不能按時入學；乃創導生制，由實驗學校學生自設傳習處二十一個，收學生一百四十一人，教讀千字課。二十三年度，東建陽村及小陳村兩處，仍擬同作導生傳習制之研究，欲使導生本身成一堅强的幹部組織；傳習科目，不僅爲文字工具，兼及其他知能；並使各傳習處之學生，均能在導生幹部組織之下互相團結，以增强改造農村之力量。

三、初級平校以上教育之研究與實驗

十七年本會暫定平民教育學制爲：初級男女平民學校——高級男女平民學校——平民職業學校。

十八年一月，改平民職業學校爲平民育才學校，以訓練農村領袖人才爲目標，並設實驗男女校各一。

十九年七月，又因平民育才學校程度與高級平校不相銜接，乃改爲青年補習學校，設實驗男女校各一所。同時設實驗高級平校二所，以實驗新編制之教材與課程。

晏阳初在文章中介绍导生传习制。

晏阳初对导生传习制寄有厚望，认定它是在一个一穷二白的国度中推行平民识字教育的重要方法。当然，此制亦有严重不足之处，这就是难以保证质量，难以保证不以讹传讹；而且保持热望如初的天生的导生更是凤毛麟角。这样，导生传习制在平民识字教育上的效果就会大打折扣。

农民科学化

通过科学技术改造落后的乡村，这是乡村建设的重要手段。乡村之所以积贫积弱，原因固然很多，但现代科学和技术与农民阶级之间存在着巨大的鸿沟，这不能不说是一个重大原因。乡村建设就是要利用科学技术来缩短二者间的距离，填补这个鸿沟。晏阳初指出："农民面临着的问题很多，但可以简化成四个基本问题，即贫困、无知、疾病和自私。因此，我们必须利用农业科学、工业科学去摆脱贫困，用社会科学去克服无知，用医药卫生科学去战胜疾病，用政治科学去克服自私思想。"晏阳初所言的科学技术，包括工农业科学、医药卫生科学以及社会科学、政治科学。他要求把科学研究的成果带到民间去，与农民发生关系，养成农民运用科学的习惯，使农民生活科学化，将他们从封建迷信的迷雾和流沙中解救出来。晏阳初坚信，四万万人都有科学头脑之日，也就是乡村建设成功之时。

设立生计巡回训练实验学校

中华平民教育促进会总会定县实验的推进方式，是设立生计巡回训练实验学校。生计巡回训练实验学校的重要任务是对农民进行生计训练，使农民科学化、科学简单化，以其科学种田的成果表证农家。晏阳初强调，平教会设立生计巡回训练实验学校，是为

平教同仁们与生计巡回学校学生在一起。

了以此校作为领导农民生计训练的教材、教具与整套应用学术、经费制度等问题的研究机构。晏阳初在《中华平民教育促进会定县实验工作报告》中介绍说，该学校的着眼点，“在使农民在农村中取得应用于农村当前实际需要的训练，以生活的秩序，为教育的秩序，顺一年时序之先后，旋以适合的教育，授以切实的技术”。

生计巡回训练实验学校根据农作物生长的周期、畜牧业及副业特点安排农民的科学训练。

第一期在春季三个月，主要内容为植物生产训练。

第二期在夏季八九月，主要内容为动物生产训练。

第三期在冬季十一月、十二月、一月、二月，主要内容是进行农村工艺及经济合作训练。

晏阳初将定县分为若干巡回学区，生计巡回训练实验学校分别规定农家实施表证设计，由原来训练人员负起视导检查之责。对成绩较好的农民，足为其他农民的模范者，认定为表证农家。

定县农民生计训练的科目有四类：植物生产、动物生产、农村经济、农村工艺。

第一为植物生产类。对农民进行土壤肥料、小麦选种、玉蜀黍选种、高粱选种、谷子选种、大豆选种、棉花选种培训，介绍作物改良种、果树改良种、棉花改良种、梨树整枝、防除棉花蚜虫等知识和技术。

第二为动物生产类。选择鸡种，改良鸡舍；选择猪种，改良猪舍。介绍家畜疾病的预防及治疗方法，并介绍新法养蜂及蜜蜂的新品种。

第三是农村经济类。讲授家庭记账、农场管理和农产市场、合作社等知识。

第四是家庭工艺。主要传授棉花纺织技术。

晏阳初要求生计巡回训练实验学校根据各农户的成绩，选择表证农家。其工作大要为："凡本部交动物予其表证，同时给予各种表格，教其使用方法，彼等须将表证经过情形，随时照实填写；并将经验或心得教授其他农民。"

棉花种植实验

平教总会定县城内约有80亩的农场供作园艺之用，高头村有620亩的农场专供作物研究之用。从1927年开始，平教总会即在翟城村农场从事棉花改良实验。1932年，平教总会推出了"一一四号中棉"和"平教棉"两种成果。其中"平教棉"种子是从定县本地美棉棉田选出的。1931年、1932年曾给各省试种，"平教棉"在江苏盐垦区一带取得骄人的成绩，具有抵抗当地危害最烈的卷叶虫侵害的能力，栽种面积逐年增大。

美国康乃尔大学乡村教育博士、平教总会乡村教育部主任傅葆琛。

1933年春，晏阳初与金陵大学农学院合作研究，输入金陵大学育成的"脱字棉"种50多斤，以一些作为试验之用，另一些作为繁殖之用，取得了很好的成绩。1934年除继续扩大"脱字棉"的试验和扩大繁殖面积外，还从平民学校毕业同学中挑选出曾经受过严格生计训练的青年农民10家，做"脱字棉"种植的表证实验。10个表证农家各于本户土地中选择地力均匀、平坦的田地，划分为以五分到一亩为标准的均等的四小块，作"田"字形，对角的两区种"脱字棉”，另一对角的两区种农家自留的美棉。当年的结果显示，“脱字棉”较本地棉平均每亩增收61斤。周边农民目睹这一结果，均垂涎三尺，争相购买“脱字棉”种。但农场因试验年份不足，而且繁殖的种子无法满足需要，不得不完全谢绝。1935年增加表证农家到18户，分布在10个庄，平均增产16.3%。

在试验结果面前，定县农民确信“脱字棉”是较好的棉种，信心大增。晏阳初决定从1936年起正式推广。这一年，定县共26村11743亩种“脱字棉”，当年棉产量增加，全县农民多收入132万元。“脱字棉”在定县声名鹊起，不胫而走。可惜的是，1937年定县沦陷，“脱字棉”等农作物遭到破坏。

在实验推广“脱字棉”时，平教总会还向美国购买“斯字四号”美棉纯种，经过四年的实验，结果比“脱字棉”更为优良。1936年，平教总会农场繁殖面积达650亩，还由表证农家协会代觅得城内两村农民合作繁殖350亩，表证农家收入共增加10600元。次年，平教总会计划定县唐河以北的东不落岗村一带17村为“斯字四号”美棉推广区，预定推广1万亩，唐河以南为“脱字棉”推广区。并计划1938年以孟良河为界，将定县划分为南北两部分，北部推广“斯字四号”美棉，南部推广“脱字棉”，准备1938年推广“斯字四号”美棉15万亩；1939年再推广30万亩，预计农民的收入可增加910余万元。此计划亦因日本侵华战争爆发而搁置。

小麦种植和园艺工作实验

定县妇女平民学校成绩展览。

平教总会从1927年起先后进行小麦、稻谷、高粱等农作物的育种和种植实验。小麦进行了五杆行、十杆行和高级行三种试验。不同品种的小麦实验略有不同，72号白皮麦产量较普通农家增产20%；38号红皮麦增产18%。晏阳初在《中华平民教育促进会定县实验工作报告》中介绍说，因为以前选穗较狭，未得本地的佳良品种，故实验结果殊不满意。1934年平教总会从华北各试验场征来46种小麦，另加平教会总会实验农场的20品系，共66品系，又设法征来70品系，加上定县城内实验场的168品系，共作10杆行试验，标准则选最佳的有芒小麦，共7000多行，获得满意的小麦品系。

从1930年开始，定县园艺工作改进也开始起步。平教会总会对白菜栽培种植进行了实验研究，在农民同样管理的条件下，白菜改良种比普通品种每亩增产25%。病害统计如下：改良种白菜占16%株，普通种占25.35%株。这一成绩使得定县农民啧啧称叹。1930年度，平教总会实验农场有66品系实验，实验区域较上年度有所扩大，家数也有增加，实验数据肯定更加可靠。

梨树也是定县农民经济来源之一。鉴于梨树对于农民收入的较大影响，晏阳初进行了梨树整枝设计实验，试图通过梨树发育的调剂，既提高果实产量，还可改良果实品质；同时，整齐树枝也便于管理采收以及病虫害的防治。梨树整枝设计实验的结果也比较理想，“已整枝梨树”比对照区“未整枝梨树”增加产量24.3%；品质比较表证区平均一斤个数占4.52个，对照区平均一斤个数占5.64个。

动物生产改进

养猪和养鸡是定县农民家庭重要收入来源之一。晏阳初和平教会总会同仁来到定县后，随即着手进行华北各地猪种比较试验和鸡种繁殖等设计，改进动物生产，提高农民收入。

定县猪种改良实验分成两个方面，一是猪种的改良，二是华北各地猪种比较试验。

关于猪种的改良，生计教育部主任冯锐由北平燕京大学购得波支猪（Poland China）一批，以波支猪公猪与本地母猪杂

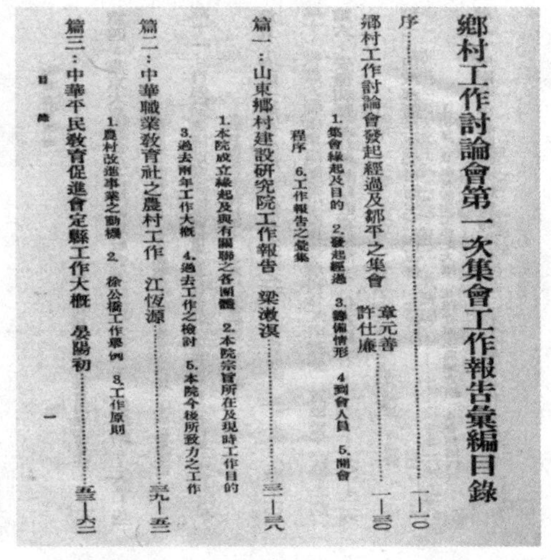
鄉村工作討論會第一次集會工作報告彙編目錄

目錄 一

晏阳初介绍定县实验工作的文章。

交。晏阳初在《中华平民教育促进会定县实验工作报告》中介绍说，这一实验从1928年开始进行，试用波支猪种用纯系繁殖法，尽量繁殖，将波支猪与定县猪及第一代改良猪实行饲养比较，并实行猪种五代改良研究。第一代波支改良猪在同一饲养与管理条件下，比本地猪多产肉18%，颇得农民信任。1934年加大了推广力度，农民饲养了改良猪13743头，以资表证。

华北各地猪种比较试验从1930年开始进行。平教总会开始进行极简单的饲喂试验，借以比较波支猪、定县猪及第一代杂种猪的生长率。试验结果是每头第一代杂交猪在同一饲养条件下，比定县猪一年多产肉32.25斤。

1932年又进行规模较大、方法有所改良的试验。当年5月28日，从定县蔡家庄购得定县公猪6头，并从西平朱谷村侯洛然处购得第一代杂种公猪5头、母猪1头。波支猪则从该农场选取公猪6头。每种试验猪皆为同一窝之小猪，并旋于同日阉割之。三组猪的生日都仅相隔一天。在试验期中每日登记各猪的饲量、给水量、产粪量及有无疾病等情形，每月底称各猪的体重，测量各猪的身高、身长、身宽、胸围、肚围、前足高度及后足高度等。试验一年的结果见下表：

项目	波支猪	定县猪	第一代杂种猪
1．开始试验时平均每猪体重磅数	16.50	13.80	12.50
2．试验完结时平均每猪体重磅数	175.00	136.83	158.66
3．试验期中平均每猪增加体重磅数	158.50	123.75	146.08
4．平均每日每猪增加体重磅数	0.434	0.339	0.400
5．生长率之百分比	128.02%	100%	117.99%
6．每100磅饲料增加体重磅数	15.29	11.94	14.10
7．每增加100磅体重需料磅数	654	837	709

一年试验期满，第一代杂种猪的生长率较定县猪优越18%。

从表中可以看出，第一代杂种猪较定县猪所需饲料为少，但体重增加则要优越。定县猪每增加100磅需饲料837磅，而第一代杂种猪只需饲料709磅。

1934年，平教总会已经搜集到河北行唐、河北大名、河南项城、河北白宝镇、山东曹州、山西太原等地所产优良种猪，继续进行实验，以期得到中国良种猪。

平教总会有红洛岛鸡和力行鸡，准备供推广之用。1934年春，平教总会共孵鸡雏384只，除留下100只外，其余全部作表证之用。据晏阳初统计，表证力行鸡1930年有528只，1931年有581只，1933年有134只。到1934年，改良鸡舍者有54家，产孵记录者有43家。晏阳初计划鸡种改良工作期为6年，但因抗日战争爆发，鸡种改良工作不得不中途停止。

表证推广农业科学成果

“表证”是平教总会推行农作物品种、种植办法及其他制度、新事物的一项必须经过的准备工作，比人们习用的“示范”二字更具有积极意义。农民习惯于千百年来的生产方式，对新的事物、新的农业成果不敢贸然仿行。晏阳初通过表证农家，由农民领导农民自动实行，当众表演证明新生事物、新农民成就和新的制度、措施及方法，让农民亲眼看到科学的功用，并下决心模仿学习。

张世文在《民间》半月刊第一卷第20期发表《定县猪种改良的实验》的文章，指出：“平教会农场之各种试验皆有一重要原则，即农场中试验所得之结果须在老张、老王、老李等农家经过表证。换句话说，全部试验之结果，农场中仅能完成一部分，还有一部分要由一般农家去完成。”譬如，第一代猪在农场试验的结果，虽然非常满意，但在普通农户饲养和管理之下，能否得出与平教总会农场同样满意的结果，实实在在要画上一个大大的问号。正因为如此，平教总会在1933年选择定县高头村的四个农家担任第一代杂种猪与定县猪饲养比较研究表证试验工作。这四个农户的表证试验到1934年3月1日完成。实验证明第一代猪适应农家环境及经济增益成绩特佳。这种表证试验除了要证明第一代猪在农家同一饲养、管理条件下是否较定县猪更优越外，还有一种将事实表证给农民，使他们亲眼看到，“耳听为真，眼见为实”，坚信

负责推广农业科学成果的张世文。

不疑。表证农家得到的结论，比给农户发材料宣传、作报告劝说效果更好，使农友们深信第一代猪实属优种，饲养第一代猪能够获得更大的收益，从而大大提高了定县农民饲养第一代猪的积极性。

平教总会小麦品种改良实验取得良好结果后，为了将这一成果在定县大面积推广，以提高农民的收入，改善农民的生活，晏阳初确定了300户表证农家，其中刘玉田一户的工作和成功经验，最足说明平教总会生计训练、表证、推广的成效，也最能说明表证农家是农业科学确能普及深入民间最妥善的制度。刘玉田是牛村一名40岁左右的壮年农民，世代务农，家道小康。1930年，平教总会举办表证农家训练，他便到生计巡回训练学校接受培训，选修了“作物选种”等课程。后在生产实践中，对传统的农作物选种办法进行重新审视，认为过去只是选择农作物颗粒大的做种子的办法，实在没有科学根据。他认为，小麦选种应当有一定的标准，到田里去选种，才能选出真正优良的种子。他还提出，到田间小麦生长期中观察小麦抵抗病虫害和耐旱耐寒抗风能力，这样才能选出优良的种子。从这一认识出发，刘玉田决定实行大面积混合选种办法。

1931年夏，刘玉田按科学方法在20多亩田里挑选没有病虫、产量高、成熟早、不怕风寒的无芒小麦共计5000单穗。秋季便播种到一亩地中。第二年春夏，这一亩小麦出现了奇迹：麦禾整齐壮实，极少病虫害。风灾过后，刘玉田又将合于标准的未被风吹倒的小麦挑选出500穗，秋季播种下去。1933年，他种的小麦高矮一致，颜色一律，绝少病虫害，引起邻人惊奇，当时就有6户农家要求换种。1934年，平教总会生计教育部又在牛村举办生计巡回训练学校。刘玉田担任义务校长，召集村中青年农民接受培训。这年夏季，河北省北部小麦黄疸病非常严重，但刘玉田的小麦病势非常微弱，麦秆也不干。这一消息不胫而走，许多农友远道前来参观，请刘玉田介绍选种和种植经验。当年收获时，刘玉田的麦田比一般农家每亩多收大斗二斗半。还有人将他种的麦子磨成面粉，品质比他人更好。1935年，定县小麦病虫害及风害严重，而刘玉田的小麦“一枝独秀”，因而产量也明显高出其他农家。

1935—1936年，平教总会特将刘玉田小麦与“七十二号白麦”作比较实验统计，刘玉田小麦还优于“七十二号白麦”。平教总会遂将刘玉田收获的小麦如数收购，由平教总会农场作繁殖观察之用。还因金陵大学“小麦试验合作”各地试验场之需，分发到各地播种，成果极好，遂将这种小麦命名为“定县刘玉田号”。中央农业实验所经严密化验的结果告知人们，“定县刘玉田号”是华北小麦珍贵品种。

刘玉田是数户表证农家工作成功者之一。台湾学者韦政通在《儒家与现代中国·农村改造的实践者：晏阳初》一文中对晏阳初农民科学化试验给予了很高评价："希望把现代农业科技，在最简单最经济的推广制度下普及到民间，这样既可增加农民收入，又可逐渐培养农民科学种田的头脑。不论是定县的育才院，或是后来成立的国际乡村改造学院，都以'科学与农民的桥梁'自任，就是要用教育的传授制度，打通科学技术与农村居民的隔阂。'科学简单化'即沟通两方面距离的方法，也就是将专家了解的技术知识转变为农民知晓怎样做的实用方法。因农民的时间金钱都有限，一切设想必须适合农民能力，所以'简单'、'实用'、'经济'是将科学技术传授农民必须严格遵守的三大原则。"

卫生教育：预防重于治疗

农民生活的拮据，很多是由于疾病所致。而农民的疾病缠身，又多是不懂卫生科学所致。平教总会在定县推行卫生教育，实行预防和治疗并举，但重点放在预防上。晏阳初在《中华平民教育促进会定县实验区》中阐述卫生教育方针与原则说："卫生教育之意义，在普及卫生知识，训练卫生习惯，用公共的力量谋公共的卫生，以提高其健康生活，使人人为强健的国民。使平民了解健康之重要，与保持健康的知识与习惯，以培养其强健力。在卫生工作上则注重预防，然亦不废治疗。"

夏季赤裸裸的乡村儿童。

乡村儿童在场院游玩。

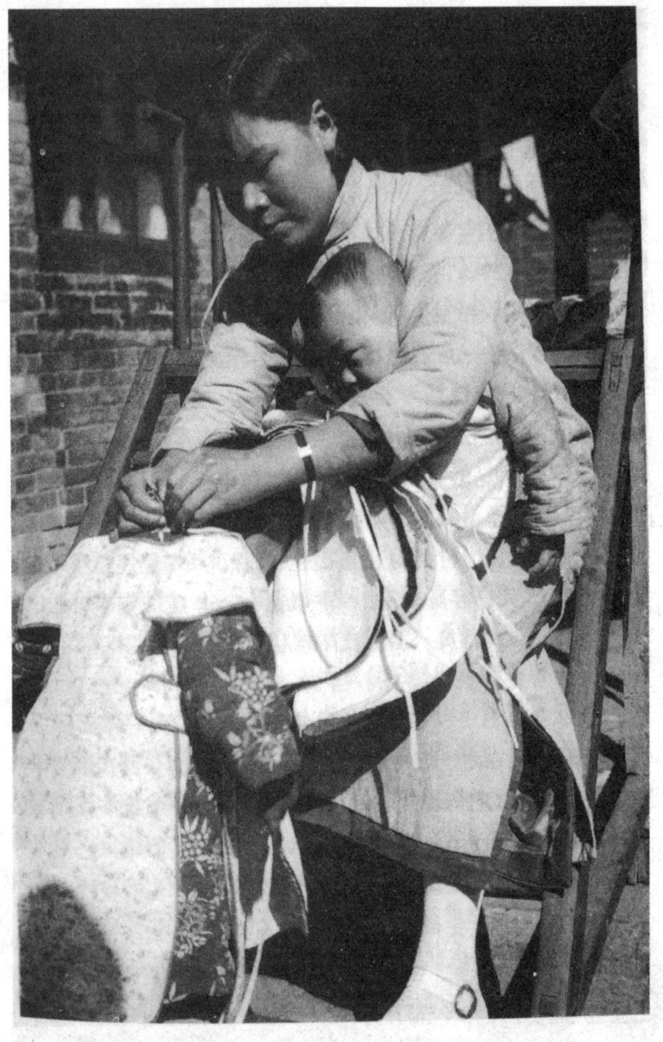
卫生教育从娃娃抓起。

晏阳初认为，要在定县农民间推行卫生教育，前提是要建立预防和治疗的组织系统。平教总会于1932年春在定县50个村试验设立保健员，通过平民学校毕业同学会，营建各村强健的社会保健组织。保健员由这些组织选出，自然是这些社会组织信得过的保健员，他们与农民们的感情也很融洽。保健员的技术由平教总会医师指导。每一位保健员配一保健箱，箱上粘贴着“保健员注意事项”：1．凡对于病症稍有疑惑时，即须用介绍书送病人到保健所；2．肚子痛与疟疾是保健所医师才能治疗得当的病，不可亲自用药；3．用药前，必须将两手清洗干净，手指甲也须保持短洁。

1929年12月18日，定县城区诊所正式开放，每日门诊病人20～40人不等。1931年5月1日，高头村保健站开放，引起了农民对现代新医药的注意。

平教总会还成立巡回医疗队于冬季农闲时赴各乡村宣传卫生常识，使农民们认识现代医药的重要性，同时为农民治病，营造有利于卫生保健教育的气氛。医疗队上午在各乡村为青年识字男女及平民学校学生讲授卫生保健知识课程，下午为诊疗时间，晚上则邀集各村长老、教师、家长茶话并举行保健会谈。

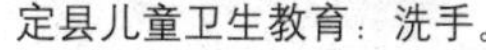
定县儿童卫生教育：洗手。

定县儿童卫生教育：刷牙。

1931年，定县24所国民小学和24所平民学校学生2000多人接受身体健康检查。医生护士分别对患有眼病、皮肤病的学生进行治疗，如有传染病即加以控制。同时，医生和护士们改良学校环境，消除脏乱，对教师传授急救知识和技能。

据平教总会卫生教育部统计，从1929年9月1日到次年6月底，向定县民众演讲卫生知识304次，听众共约42000人；举办保健讲习班153次、保健会40次、家庭访问345次、个人谈话1300余次、分送卫生教育图片或小册子19种6万多份。这些活动在以后也从没有间断。平教总会从事卫生教育有良多感慨，深感推行卫生教育比生计教育要困难得多，主要是因为农民迷信旧俗不易打破，预防医学知识难于接受，如普遍种牛痘就花费了7年时间。而卫生调查数据显示：定县农民应用旧式医药人数占总人口66.9%，不能求医人数占28.2%，用新医药人数不过4.3%。足见卫生教育在定县推行举步维艰。

布种牛痘工作的艰难推进

布种牛痘是定县预防疾病的重要措施之一。定县布种牛痘工作是从1930年开始的，前后经历了三个阶段：第一阶段是1930年，是布种牛痘初试阶段，并没有有组织地向全县推广；第二阶段是1931—1933年，是布种牛痘的调查研究阶段，卫生教育部调查定县民众的天花免疫情况和研究区单位普种牛痘的方法；第三阶段是1934—1936年，是自区单位扩大到县单位的普遍种痘推广期。

定县儿童在接种牛痘。

然而，布种牛痘工作在定县推进并不是一帆风顺的。尽管平教总会卫生教育部保健制度推行经费中开支种牛痘经费，但是由于迷信旧俗的影响，农民并不以为接种牛痘是一件好事。有的认为种不种牛痘无所谓，因而不与种痘人员合作；妇女们更受旧俗的影响，不愿被陌生男子种痘；有的认为种痘会引起灾疫，以为不种牛痘就不会导致“天灾”盛行，等等。

每每遇到困难，平教总会同仁就耐心地给他们讲授种牛痘的好处，告诉他们并无任何不良影响。经过七年的艰苦努力，农民慢慢地对种痘的重要性有了认识，纠正了过去的偏见，种痘工作逐渐在定县得到推广。下面是定县逐年种痘情况表。

年份	1930	1931	1932	1933	1934	1935	1936
区域	研究区	研究区	研究区	研究区	全县	全县	全县
种痘人数	2630	3216	4914	13939	31785	37746	47168
妇女被种人数	531	971	1863	5575	10377	12564	17365
初种人数			1018	3124	9148	11378	14648

平教总会辛勤的劳动，终于使得接种牛痘工作在定县推展开来。1933年，研究区只有15%的民众未种牛痘。社会中最有组织的8～14岁小学学生已经全部接种牛痘。1935年，学龄前儿童，尤其是1～2岁婴儿，也都接种了牛痘。从1930年开始，种痘区域开始扩大，自研究区20余村推广到全县430多村，工作逐渐趋于顺利。1934年，全国天花流行，大量人口死于天花，有的地方“万户萧疏鬼唱歌”，但定县仅数人死于天花。1936年俞焕文在《民间》第三卷第15期上发表《定县种痘七年经过》中介绍了定县种痘的成就：“现在如遇到农村中六个月以上的婴儿，询其父母，什九均答：‘已经种痘’，种痘工作的普及可见一斑，无怪乎定县天花已经绝迹。”

对妇婴卫生的高度关注

平教总会对定县妇婴卫生教育问题予以高度关注。定县农村旧俗，轻视妇女及女婴，致使定县1000名妇女生产中有12名产妇殒于产褥热。10万人中，有300名以上初生婴儿殇于初生儿破伤风。妇女生产的卫生条件极为恶劣，大多数妇女生产是请一位邻居老太婆来帮忙。通常这位老太婆的年龄在50岁以上，老眼昏花，看不太清楚，手指头也颤动不停，10个手指甲藏满了污垢，她自己生过几个孩子，觉得接生有相当把握似的，随便摸索探取。小孩呱呱落地，她用一把锈迹斑斑的脏剪子把脐带剪断。若是脐带出血，就用点灰土把它塞住。若是胎盘不下来，就用手去抓拿。生产过后，大人发热发寒、婴儿抽风丧命，都是司空见惯的事。

为了尽快且彻底改变妇婴恶劣卫生状况，平教总会卫生教育部成立后便把推行现代科学助产方法提到议事日程上来。晏阳初开始聘请一名有经验的妇产科医师主持，不料产妇们对这位25岁的助产士不予信任，门诊部竟无人问津，妇婴卫生工作一筹莫展，这位妇产科医师终日无所事事。平教总会积极探索解决这一问题的办法，终于彻底改变工作方式，由聘请助产师转为对旧式“产婆”进行培训。晏阳初聘请一位曾经受过良好训练并有助产经验的助产士担任培训工作。这一工作方式看上去似乎可以改变传统的妇女接生方式，但实施起来也不是一件十分容易的事情。单是要求担任“产婆”的老太婆们接生前要用肥皂洗手，剪短指甲，剪刀要用火烧消毒等，她们也很难做到，加之交通落后，住得十分分散，很难对她们进行行之有效的指导和监督。因此，平教总会不得不再一次改弦易辙，另觅良方。卫生教育部遂由对旧式产婆培训易为对她们有戚谊关系的青年女子，如产婆的女儿或儿媳。年轻一代虽然不会像旧式产婆

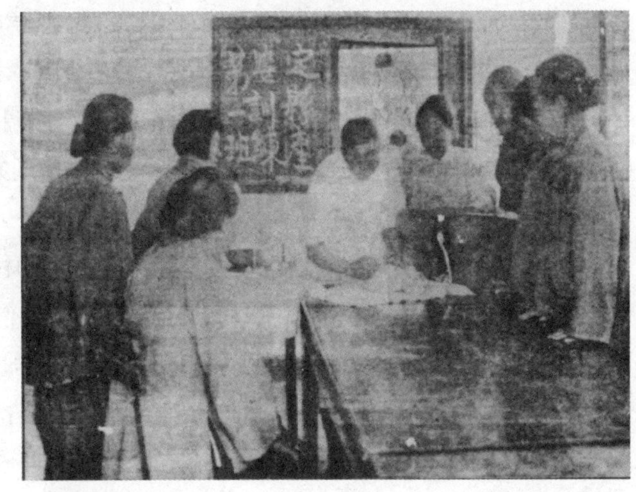

老年产婆在接受培训。

那样难于接受新的接生方法和卫生习惯，但交通困难和不易及时予以指导与监督的问题仍然存在。经过反复试验，卫生教育部最终于1934年开始从表证着手，有步骤地推广新式接生方法。

1936年平教总会卫生教育部统计，定县保健院经过训练的40名老年产婆，只有3人不须特别监督而能诚实地做好接生工作。3人中仅一人非常热诚，一年内接生45次。青年女子接受完全训练及实习的4人中，一人接生13次，另3人仅接生1～2次。这个数据足以说明农民对年轻助产士的成见根深蒂固，要推行新的接生方法还有待时日。

节制生育运动的推行

受传统生育观的影响，定县农民普遍存在着漫无节制的生育状况。据调查，定县已婚妇女平均每人生育子女6人左右。由于经济落后，加之子女太多的拖累，更使得本来就一贫如洗的农户雪上加霜。平教总会认识到，进行乡村建设，消除贫困，节制生育很有必要。

如何在定县推进节制生育运动呢？晏阳初意识到，如果平教总会同仁直接到农民中去介绍各种新奇的节制生育之法，肯定无法扣开农友们节制生育的门庭。最好的办法是在村单位保健员训练课程中增加节制生育课程；区单位保健所的医生和护士有较多机会接近妇女，可伺机劝告节育，并授以节育的方法；县单位保健院里有节育用品与负责指导的人员。1933年，平教总会开始向平民学校毕业同学会讲解节制生育问题，很受学生的关注。当年年底，平教总会在县保健院设立生育节制特别展览室，陈列各种节育器材、药品及应用方法图解，还专设一室接待有兴趣者前来讨论或咨询。

在具体的推行方法上，平教总会还是有赖于定县三级保健制度。1933年冬，定县10村的青年农民表示愿意接受劝告，接受节育方法。50村农民愿意推迟结婚时期。1934年，卫生教育特派员分别在15村访问835户农家，向他们宣传节育的重要意义，其中108家需要采取措施实行节育的农户中，有34家接受了劝告。

定县节制生育运动的推行，虽然想方设法宣传与推动，效果还是差强人意。传统观念从中作祟，器材、药品的价格甚高，也使得定县农民望而却步，其推行效果可以想见。平教总会卫生教育部主任陈志潜1935年在《民间》第1卷第17期发表《由人口问题说到节育的困难》的文章，认为定县节制生育运动的推行告诉人们："科学在中国非走进农村不能生根，非实用在一般老农生活里，不能提高我们的文化。今日眼看人口问题的急迫，与推行生育方法的重要，然而在推行科学普及的问题上，我们没有得到满意的答复。"节制生育要行之有效，如下四个方面的问题必须解决：第一是节育方法的改进；第二是对人民生活的了解；第三是宣传机器的作用；第四是人员经费的确定。

推行節制生育運動（一九三三）

農村經濟困竭，人口衆多，教養都很艱苦，是愚弱窮私的根本原因。節制生育，非常必要，祇因「多子多孫」觀念普遍於民間，節育器材藥品的安全性及簡單廉價標準尚未達滿意程度，故推行不易。一九三三年，「平教總會」開始向平校畢業同學會講説節育工作，很引起注意。十一月，縣保健院設立一生育節制特別展覽室，陳列各種節育器材藥品及應用方法圖説，並另闢專室供有興趣人士前來討論實際問題。是年多，十村的青年農民都曾接受勸告，並願試用這些節育方法，五十村農民願意遲婚且積極節育。一九三四年，衛生教育部特派員分別在十五村訪問八三五農家，説明節育重要性，其中一〇八家需要實行節育，三四家接受勸告。

農村家庭節制生育工作，已開始起步，但傳統觀念及器材藥品的價格甚高，仍是最大障礙㊺。

「平教總會」在定縣實驗研究農村衛生保健教育五六年間成績斐然：㈠創造保健制度，並編著「定縣保健制度三年經驗報告」，供給國內舉辦農村衛生的基本參考書。並在實地爲各省縣訓練所需要的工作人員。㈡減除天花流行病的技術，以最經濟最有效的組織方法完成，每次種痘平均用費每人不過洋三分。㈢治療砂眼與皮膚病，應用保健員與小學教育，已普及推行。㈣藉保健員爲農村生命統計員，既經濟且可靠，是當時國內僅有的有效方法㊻。

陈志潜关于节制生育的文章。

他认为，提倡节育运动如不顾及这四个方面的问题，"终不免涉于空谈"。定县乃至全国"经济落后达于极点的农民，是真正需要节制生育的"，南京中央研究院、北平协和医学院等医疗研究及人才培养机构，如能尽一部分力量在实际生活问题，如节育方法上做一些试验，将实际工作推到农村去，真正与中国一般人民的生活发生直接关系，对社会的贡献更为远大，将更能造福于数亿贫苦的农民。

施四大教育

中华平民教育会总会成立后，平教同仁充分讨论，认定以后平民教育的总目标应该是教育农民。1924年冬即就近先在华北作第一期的实际提倡。当时京兆尹薛笃弼邀请平教总会合作，在辖区普遍提倡平民教育。在各县乡村普遍应用平民千字课教学时，他们又编印“平民常识”一册，分发各县民家。晏阳初亦无不期待这一实验如期完成，将京兆推行平民教育的经验与成绩示范全国。但由于内战影响，北京多事，平民教育工作不得不中途停止。

就在京兆府推行平教的同时，直隶保定道江县于1924年11月开始加大力度提倡乡村教育，晏阳初和傅葆琛前往保定向教师训练班讲述千字课教授法。接着又马不停蹄地到宛平、巨鹿等县作“集中的提倡”。晏阳初和傅葆琛步行走过保定、宛平的许多村庄。深入到乡村社会，使他们确切地肯定：“乡村的精神和物资都是今日中国的主干，也是中国未来的基础。”他们将乡村与城市推行平民教育加以比较，得出的结论是乡村较城市有更多便利。因受五四平民教育思潮的推动以及几年来推行平教的感触，晏阳初认识到中国素来以农立国，85%以上的人口生活在乡间，不顾及农民的平民教育算不上整个的平民教育。因此他决定把平教总会由城市“搬到乡间去”。碰巧的是，河北省省长于学忠得知晏阳初有意到乡村去办平民教育，愿意把直隶省定县作为他实现“平民教育”的试验区，而且不附加任何条件。二人一拍即合，晏阳初遂做出决定，将定县作为华北平民教育实验中心，以此为实验区探索中国乡村改造的理论和方法。

1926年夏，平教总会开始进行定县社会调查。1928年6月，晏阳初在平教总会设立统计调查处，着手在定县进行“以县单位作实验对象”的计划的实地调查。这是中国历史上首次用现代社会学科学方法以县为单位的社会实地调查。在实地调查的基础上，晏阳初提出了在定县实验文艺、生计、卫生、公民四大教育。

“国民性”的基本估计

对国民性的分析，是实施教育和社会改造的出发点。因此，中国近现代教育家无不对国民性孜孜不倦地探索。严复很早就提出民智太愚、文化落后的基本估计，由此提出了“今日之政，统于三端：一曰鼓民力；二曰开民智；三曰新民法”的救亡主张。梁启超对国民劣根性的鞭挞更不遗余力，认为中国“所以不能维持之大原”，就在于“国民之文化程度太低”。其具体表现在六个方面：一曰奴性；二曰愚性；三曰为我；四曰好伪；五曰怯懦；六曰无动。还表现在：一是爱国心之薄弱；二是独立性之脆弱；三是公共心之缺乏；四是自治力之欠缺。梁启超声明寻找国民劣根性的目的：“余为《新民说》，欲以探求我国民腐败堕落之根源；而以他国所以发达进步者比较之，使国民知受病所在，以自警厉、自策进。”他明确地提出要“新国”，必先“新民”，新民为当务之急。

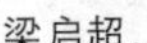
梁启超。

鲁迅。

胡适。

鲁迅对国民劣根性也分析得入木三分。譬如，他在《药》等作品中，通过艺术形象将其劣根性生动地展现出来。《药》中的革命先驱者，所以不能为群众所理解，群众所以对革命冷淡、麻木、隔膜，固然与革命者缺乏对群众的启蒙、宣传有关，也与国民的劣根性相关。他们“不但‘不为戎首’，‘不为祸始’，甚至于‘不为福先’”；他们“既是‘不为最先’，自然也不敢‘不耻最后’，所以虽是一大堆群众，略见危机，便‘纷纷作鸟兽散’了”。“见胜兆则纷纷聚集，见败兆则纷纷逃亡”。他认为国民的病根已化为强大的习惯势力，是改革的阻力。

与晏阳初的“四病”相关的还有胡适的“五鬼论”。胡适说：“我们要铲除打倒的是什么?我们的答案是，我们要打倒五个大仇敌：第一大敌是贫穷；第二大敌是疾病；第三大敌是愚昧；第四大敌是贪污；第五大敌是扰乱。”“五鬼”也好，“四病”也好，都是从不同角度对国民劣根性的不同概括。从严复到晏阳初，分析国民劣根性，并不是丑化中国人，也不是哗众取宠，当然也不是家丑外扬，而是为诊断中国病寻觅病根病源。其间荡漾着澎湃的爱国主义热情，燃烧着炽热的爱国主义烈焰。晏阳初以“四大教育”攻四大病症，便是一明证。晏阳初在开展平民识字教育、继续教育时，对国民的劣根性已有一些认识，如国家观念淡薄、私心重等。随着定县调查和实验的深入，认识逐渐系统、全面。他曾说：“我们觉得要创办一种人民生活的教育，非先了解人民生活的实况不可。因此，我们就跑到乡下，从人民的实际生活去找。结果，觉得一般人民最感困难的四个问题：一是愚，二是穷，三是弱，四是私。”后来，他在《中华平民教育促进会定县工作大概》中，明确认为这是“农村建设四大问题”。他指出：“在定县，我们研究的结果，认为农村问题是千头万绪。从这些问题中，我们又认定了四种问题，是比较基本的。这四大基本问题，可以用四个字来代表它，所谓愚、穷、弱、私。”晏阳初对这四大问题做了逐一解释：

（1）愚。中国最大多数平民，不但缺乏知识，他们简直目不识丁，中国人民有80%的文盲。他们除日出而作日入而息的生活之外，什么都不知道。此状“在海禁未开闭关自守的时候，或者还可以苟安一时，但在现在知识竞争如此剧烈的时代，则万万不成”。晏阳初认为“第一这愚非攻不可”。

（2）穷。晏阳初指出，中国最大多数人民的生活，简直是在生死的夹缝里挣扎着，根本谈不到什么生活程度、生活水平线。中国农民的穷，一言难尽。他强调“对于这班连最低限度的生活都无法维持的穷人，应赶快设法才行”。

（3）弱。中国最大多数人民是毋庸置疑的病夫。中国人的身体，确实赶不上西洋人。“东亚病夫”的绰号，受之无愧。人民生命的存亡，简直付诸天命，所谓科学治疗、公共卫生，根本谈不到。对农民的悲惨生活，他寄予了极大同情：“病是那样地多，农村中更不知凡几。一年之中，不该死而死的人，仅就经济的损失，就要好几千万。三十几岁的人，正当年富力强。四五十岁的人，正当老成练达，在这正可为国效劳的时候，却动不动便夭折，这是何等重大的损失。”

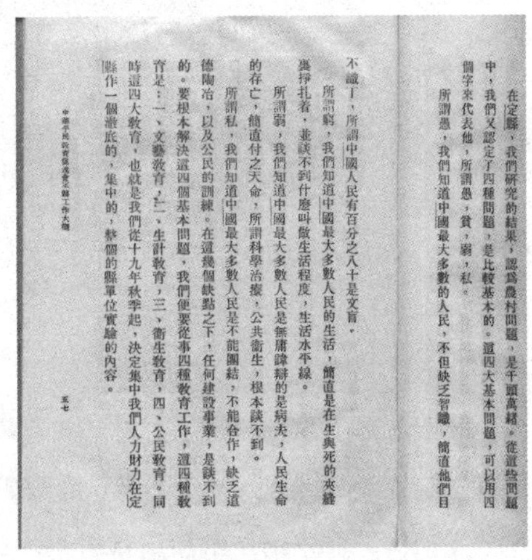

在定縣，我們研究的結果，認爲農村問題，是千頭萬緒。從這些問題中，我們又認定了四種問題，是比較基本的。這四大基本問題，可以用四個字來代表他，所謂愚，貧，弱，私。

所謂愚，我們知道中國最大多數的人民，不但缺乏智識，簡直他們目不識丁，所謂中國人民有百分之八十是文盲。

所謂窮，我們知道中國最大多數人民的生活，簡直是在生與死的夾縫裏掙扎着，並談不到什麼叫做生活程度，生活水平線。

所謂弱，我們知道中國最大多數人民是無庸諱辯的是病夫，人民生命的存亡，簡直付之天命，所謂科學治療，公共衛生，根本談不到。

所謂私，我們知道中國最大多數人民是不能團結，不能合作，缺乏道德陶冶，以及公民的訓練。在這幾個缺點之下，任何建設事業，是談不到的。要根本解決這四個基本問題，我們便要從事四種教育工作，這四種教育是：一、文藝教育，二、生計教育，三、衛生教育，四、公民教育。同時這四大教育，也就是我們從十九年秋季起，決定集中我們人力財力在定縣作一個澈底的，集中的，整個的縣單位實驗的內容。

五七

晏阳初在文章中介绍平民“愚穷弱私”四大问题。

（4）私。晏阳初说，“私”也可以说是“散”，中国四万万人，简直是一盘散沙，各顾各的。他们中最大多数人不团结、不合作，毫无团体生活，毫无团结力量；他们中绝大多数人缺乏道德陶冶和公民训练。他认为，这对于国家而言，“是最危险不过的事”。

晏阳初的定县平民教育实验计划，是根据平教总会组织的农村调查结果制订的。他认定中国的社会有“愚”、“穷”、“弱”、“私”四大痼疾，开出了“四大教育”的处方，即以文艺教育攻“愚”，以生计教育攻“穷”，以卫生教育攻“弱”，以公民教育攻“私”。晏阳初提出的“四大教育”，针对的是国民“最困难的四个问题”，设计出了四种解决困难的方法。他认定这四种方法是“救国救民的唯一方法，并非一切头痛医头脚痛医脚贴膏药式的方法可比。因为在全国人民没有知识力、生产力、强健力和团结力以前，随你用什么主义来号召，都是不成的。所以只有平教才是根本，其余都是枝节”。

以文艺教育攻“愚”

平教总会下设平民文学部，由瞿菊农担任主任。他是江苏省武进县人，在美国哈佛大学学习哲学。后来，瞿菊农任平教总会秘书长，孙伏园继任主任。孙伏园是浙江省绍兴县人，在法国学文学。晏阳初倡导的文艺教育，内容分为三大部分，即平民文学、艺术教育和农村戏剧。在《中华教育促进会工作的演进》一文中，他提纲挈领地将文艺

当年平教会识字班的学员王振禄（90岁）。

教育分为识字读书、平民文学、无线电、戏剧、图画五大类。

平民文学的主要工作是编辑“千字课”和《平民读物》。晏阳初在《中华平民教育促进会定县实验工作报告》中，将平民文学分为许多项目，包括文字、平民文学课本、平民科学等。文字研究工作的目的，是要知道中国文字中“何种字对于平民生活为必要，何种字为次要，何种字为不必要”。晏阳初强调平民文学研究工作，要从中得到平民已用的文法构造、描绘技术和篇章组织，并把握其内容所反映的思想和环境。平教会采集定县民间最流行的一种戏曲——秧歌，又采集男女老幼喜闻乐见的鼓词。请盲人诗人一边唱，一边记录，删改印成平民读物《小姑贤》、《苏梅山卖妻》等。平教总会编辑课本，在平教运动初几乎占了工作的全部。所编的课本有“千字课”三种（市民、农民、士兵）；“自修用本”三种（农民、市民、士兵“千字课”自修用本）和文艺课本两种（市民高级文艺课本、农民高级文艺课本）。

平教读物有二，一为平民读物；二为《农民》周报。晏阳初将1000册平民读物划定700册为常识，余300册为文艺。文艺包含三部分：“一部分是采集得来的或经删改的民

定县儿童在上课。

定县儿童在识字。

间文艺，一部分是删改选录的流行民间的旧小说，又一部分是现代人的创作。这三部分是按程度的深浅排列的：先是民间文艺，次是旧小说，又次是新创作。凡是常识，因为内容的不熟悉，一定得放在文艺以后读。”《农民》周报是为了随时报告给农民一些合时的常识，也是为了农民有抒发意见之园地，并提供发展天才的机会。

定县妇女也读书识字。

定县男女青年在学习。

平教科学在定县实验中占有极重要位置。晏阳初说：“文艺教育以治愚为事，治愚则以科学为最便。”所以，平民读物中70%为常识，自然科学、社会科学、应用科学各占三分之一。科学常识必须附带实验，故在平民读物之中，实验工作已然成了独立的一部分。

艺术教育是定县“四大教育”中文艺教育的重要内容。分图画、音乐、广播无线电三个部分。图画利用民间传统习俗进行宣传。晏阳初将图画教育分为四个步骤，第一，搜集民间实用、艺术绘画，“以为绘制培养美感兴趣，提高图画知识与技能之教材根据”。第二，编辑工作。第三，绘制工作。绘制插图、历史图说、挂图和幻灯片，及夜灯识字图画与文字；另一大绘制工作是完成了辅助“四大教育”进展之布置挂图100余幅，培养社会美感兴趣方面的展览会应用画160幅、壁画16幅。第四，实施，分家庭、学校、社会三方面实施。如家庭，运用挂图代替年画；运用历史图说，代替通俗小说。

定县平民学校在露天上课。

在音乐教育方面，分作三步：其一是制造乐器，如风琴、木棒琴、笛子、留声机唱头等。其二为研究工作，“注重民间歌曲、乐器及乐谱之搜集，及实用歌谱之编选”。其三为教育工作，通过唱歌比赛推动小学唱歌改良。

广播无线电是普及社会教育的良好途径，“效力极宏”。晏阳初根据这一技术手段特长，根据教育学、心理学的理论，打算为广播无线电提供更广阔的用武之地。他说：“我们的办法，是以四大教育为内容，制定节目，按时广播，就农民好奇的心理，无形中使之受到所需的教育。现在准备完成四大教育讲演材料，及选编唱片故事，并研究利用此等工具。”

以生计教育攻“穷”

晏阳初提出生计教育，是“要谋解决穷的问题”，平教总会的人又叫它为“重点教

定县农民的住屋。

育”。平教总会设生计教育部，由冯梯霞任主任，后由曾在美国学农的山西人姚石庵继任主任。中国农民的穷，穷到无法设想的境地。他们的穷顿之因，的确是千头万绪，无从描绘。谋求拯救，一定不可采用施舍加恩的方式，而发放一些稻米、钱财的救济方法，不可能从根本上治愈农民的穷，只能是扬汤止沸的权宜之策。生计教育的目标，晏阳初曾经作过简单的概括，即“农村的经济建设”。他说：“生计教育的目标，要训练农民生计上的现代知识和技术，以增加其生产；要创设农村合作经营组织；要养成国民经济意识与控制经济环境的能力。换言之，要从生计教育入手，以实现农村的经济建设。”

这是一个宏伟远大的目标，以晏阳初与平教会之力，的确难以胜任。这一点，晏阳初是心中有数的。所以，他强调在“攻穷”战中，要尽量与各方合作，“对于农村经济组织之改进，仍致力于合作社之组织与活动之研究、训练，但本会能力有限，人才、设备，两感不足，更以生计研究，须赖学术团体之合作；经济建设，须赖金融机关之协助”。否则，农村经济建设将一筹莫展。

晏阳初攻穷的大致思路是从农业生产、农村经济、农村工艺三个方面着手。他在《中华平民教育促进会定县工作大概》中作了大致擘划：在农业生产方面，注意到选种、园艺、畜牧各部分工作。应用农业科学，提高生产，使农民在农事方面，能接收最低限度的农业科学；在农村经济方面，利用合作方式教育农民，组织合作社、自助社等，使农民在破产的农村经济状况下，能得到相当的补救办法；在农村工艺方面，除改良农民手工业外，并提倡其他副业，以充裕其经济生产能力。

平民教育能否收到实效，全寄望于生计教育；能否取得定县平民的信任和协助支持，亦无不寄望于兹。在攻穷战揭幕之前，平教总会对定县农民生计状况进行了周密的调查。李景汉写出了《定县农村经济现状》等一系列报告。调查发现农业方面主要经济作物是棉花，但品种不算好，对选种工作不讲究。定县农民还同其他农民一样，深受高利贷剥削之苦。李景汉曾指出：“农民虽知其害，却少有能逃脱的。定县农村向来也是受着它的压迫，直至上年平教会提倡合作教育以后才有新的转变，高利贷已逐渐减少。信用合作社与自助社已纷纷组织起来，从此农民可以渐渐地从这种多年的恶势力中被解放出来。”可见农民的

搂柴火的定县儿童。

开集的菜市。

赶集的定县农民。

穷与高利贷亦颇有关联。平教会还对农村手工业情况进行了调查摸底，发现几乎村村有手工业，但带不动沉重而落后的农业经济。

根据调查情况，晏阳初采取了一系列脱贫措施：

其一，农民生计训练。平教会设置生计巡回训练实验学校，开展领导农民生计训练的教材、教具与整套应用学术、经费制度等问题的研究。该学校的着眼点，“在使农民在农村中取得应用于农村当前实际需要的训练，以生活的秩序，为教育的秩序，顺一年时序之先后，旋以适合的教育，授以切实的技术。”生计训练的科目分植物生产、动物生产、农村经济、农村工艺四类，植物生产分别授以小麦、高粱、谷子、大豆、棉花、蔬菜等选种技能。动物生产类帮农民选择鸡种，改良鸡舍；选择猪种，改良猪舍；家畜疾病的预防及疗治等。农村经济讲授家庭记账、农场管理和农产市场等。家庭工艺主要讲授棉花纺织。平教会选择了表

妇女平民学校工艺品展览。

证农家，其工作大要为："凡本部交动物予其表证，同时给予各种表格，教其使用方法，彼等须将表证经过情形，随时照实填写；并将经验或心得教授其他农民。"

平教会又实施推广训练。晏阳初强调，此种训练，乃用表证农家，将其在生计部指导下所获得之知识与技能、表证经验及结果传授给一般农民，"使农民对于作物，了解如何选种，如何栽培，推动全村接受各项设计的农民实际从事建设"。

定县拥挤的集市。

定县的市街。

其二，合作组织制度。农民有时有良好的致富之方，惜无资金，高利贷难以承受，很多点子只有胎死腹中。生计教育部遂建立以县为单位的合作组织制度。这种制度有三种形式：一是自助社。晏阳初指出："在合作训练未能完成，合作社尚未组织之前，先组织自助社。自助社之性质，实为合作社之准备，社员不必缴纳股金。成立之后，可以用自助社之名义，向仓库抵押棉麦等农产品，通融资金。"二是合作社。此组织"仍注意以农民受合作教育之训练为基础"，"采取兼营方式，按农民之需要，逐渐经营信用、购买、生产、运销四方面的经济活动"。晏阳初强调，推行合作社制度，首先应注意业务之视导，以指导社会之进行，审核其会计，并继续授以合作教育之训练。三是合作社联合会。此会分购买、运销、信用、生产四部分，为合作社必赖之后援。

其三，植物生产改进和动物生产改进。晏阳初把科学作为治穷的根本方法。这一方法可以凝缩为一句格言，即"科学简单化，农民科学化"。平教会以此为准则，传授农民选种、整枝技术，葡萄栽培技术及病虫害防治技术。畜牧工作主要有猪种改良和鸡种改良。农民家家户户养了家禽家畜，如能在猪鸡改良方面取得令人信服的成绩，农民的生计必定有大幅度提高。生计教育部将波支猪与定县猪配种，及与第一代改良猪实行饲养比较，结果比本地猪多产肉18%。养鸡场亦进行鸡种改良实验，备红洛岛鸡和力行鸡，以供推广之用。

使农民有一技之长，是解决生计问题的办法之一。平教会在定县县城考棚内设了铁厂，还有印刷厂、造纸厂等。据学徒工刘鹤岭回忆说，他15岁被介绍到平教会铁厂学艺，教师是平教会的职员，他们不仅自己有过硬的本领，教学也十分得法。铁厂的烟筒、水壶，甚至是铁炉子也都由学徒自己做，一来受到了锻炼，二来节省了开支。有一次，刘鹤岭将白铁板剪错了尺寸，浪费了原材料。师傅没有批评他，而是耐心地教育他基本知识，并说遇事不要急，做不好不要紧，关键是要用心。还说，用心不光是眼睛和脑子里有活，而且更重要的是学文化，掌握了文化，知道了下料的准确尺寸，就能做到心手一致。以后，刘鹤岭参加了平教会铁厂的扫盲班，学《平民千字课》，不仅学会了一些字，还学会了算术的加减法和简单的乘除法。

以卫生教育攻“弱”

当年平教总会卫生教育部主任陈志潜。

卫生教育是要培养人民的强健力。平教总会设卫生教育部，由曾在美国学医的四川人陈志潜任主任。为了保证定县卫生教育收到实效，平教总会设立保健院，亦由陈志潜兼任院长。保健院里设有内科、外科、牙科和妇产科四科，还聘有中医配合治病。定县还设有兽医。

定县是中国农村的一个窗口，其卫生状况是全国农村的一个缩影。平教会陈志潜来到定县乡村后，发现卫生状况之差不堪想象。他记述道：“一个村子四面具有多数的死水坑，村里的粪便没有适当的处置，不问而知夏天传病的蚊蝇一定是很多的。又水井与厕所接近，且井口低洼，周围无圈，不问而知夏天肠胃传染病一定流行。”人们缺乏清洁的习惯，正如陈志潜在《教育与民众》第四卷第8期上发表的《如何敲击农民的健康问题》所言：“一般小孩平常在街中游戏，耳鼻两手往往都带许多灰土。洗澡是一种稀奇事，洗脸最多不过每日一次。许多小孩在冬季鼻涕流在嘴唇上，把上唇都烂破了，还没洗下去。头上长虱子，皮肤上长脓疮的也随地可以发现。”他指出，稍微利用一点科学医药的知识，不必进一步调查，就可以从上列五项的情形得以下五项断语，即“清洁习惯不良”、“环境卫生不良”、“医药状况不良”、“妇婴卫生不良”和“传染病处置不良”。

农民的穷与卫生环境、医疗条件有至关重大的关系。农民中青年或中年而夭，或血气方刚的青年便百病缠身，人们体弱多病，弱不禁风，这样的社会不予改造是不可能脱贫致富的。平教会进入定县后，经过卫生调查，决定将卫生教育作为乡村改造与重构的大事来抓。晏阳初阐述卫生教育的目的说：“本会卫生教育的目的，就是要根据农村医药卫生的实际状况，顾到农村的人才经济与可能组织；一方面实施卫生教育，使人人为健康的国民以培养其身心强健的力量；一方面要创建农村医药卫生的制度，以保障农民的健康；要改善卫生的设施，以造成卫生的环境。”

晏阳初认为，定县卫生教育应“注重大众卫生与健康及科学医药之设施，使农民在他们的经济状况之下，有得到科学治疗的机会，能保持他们最低限度的健康”。他反复强调说，首先应从确立一个乡村保健制度入手，由村到区再到县成立一个有系统的、整个的县单位保健组织。他要求每村有一个保健员。“保健员就是平民学校毕业生同学会会员，受过短期训练的。他们带着保健箱子，到村里各家去施诊，使各村农民，都有受得科学医药治疗的机会。”

平教总会根据晏阳初的这一设想，在定县各村设保健员“担任村单位的卫生工作”，所营的事业，是“要最经济、最简单、最有基础的”，也就是农民所“急迫需要的”，

定县一些农民生病不求医问药，径直来乞求白果树下供奉的白果大仙。

农民以到庙里烧香替代到保健所。

并且“要保健员所能胜任的”。其工作范围如下：(1) 宣传卫生常识；(2) 报告出生死亡；(3) 普遍种痘；(4) 改良水井建筑；(5) 简单急救医疗。以村为单位的保健工作，必须隶属于一中心组织，“掌握训练指导之责，以求工作上一致的发展”。这个中心组织，晏阳初管它叫“保健所”。保健所工作范围有四个方面：(1) 保健员之训练与监督；(2) 逐日治疗；(3) 卫生教育；(4) 预防急性传染病。晏阳初要求在县城内设立保健院一处，为县单位卫生行政最高之组织。主要执掌四方面的工作：(1) 卫生行政事项；(2) 住院治疗；(3) 研究工作；(4) 训练工作等。

在中国农村实验卫生教育，主要障碍有三：一是卫生基础过于薄弱；二是农民在生死夹缝中生活，无钱顾及卫生；三是国人文化水平太低，医药卫生的技术人才缺乏，这使得许多教育家灰心丧气，望而却步。但晏阳初也看到定县卫生教育的优势。他在1933年2月7日给E．C．卡特的信中说：定县卫生工作的目的是为了在目前条件下找到一个解决乡村地区医疗救济和卫生保健问题的办法，“做这项工作，我们有两大优势：(A) 我们没有沉重的陈规陋习需要克服。在处女地上耕耘，我们可以不受羁绊，制定出适应本国需要的计划。(B) 我们有西方经验借鉴，失败的我们避免，成功的我们吸取。这是典型的敝会研究中国问题方法。我们不愿死搬西方的经验，也不想依附本国的传统，不是两者的折中，而是吸取两者精华，制定出适应当前国情的建设计划。”

在贫困不堪的农村开展卫生教育，一个很现实的问题摆在晏阳初的面前：这就是中国农民生活贫苦，一遇到医药卫生问题，就牵连到经济问题。这迫使晏阳初将定县农民卫生教育的重点放到“不花钱”的工作上。他在《平民教育运动的回顾与前瞻》中说过：“在我们现在的情形下，必须有一套简单、经济、普遍的办法，我们要注意大多

1985年9月晏阳初在当年定县卫生教育示范区李亲顾村访问。

数人的问题，必须求出平民化的办法。”这个办法是什么?这就是积极的预防。他指出：“谈卫生教育，有两方面要大家注意：一就是消极的治疗，二是积极的预防。我所要讲的特别注重在预防。在一般的情形，多注意在消极的治疗，很少有人知道这预防工作。不知要免除疾病，不知预防疾病，保持身体健康的水准，预防实胜于治疗。定县的卫生教育工作，就抓住了这一点。”

卫生教育要收到实效，卫生宣传的作用不容忽视。如何使卫生宣传收到实效？晏阳初认为，卫生宣传要建立在平民学校制度的基础上。这是因为：第一，平民学校便于农民联系，能提高农民整体文化水平，使他们具有配合我们卫生计划的能力；第二，校友会作为一个组织很有价值，卫生计划可以通过校友会向社区传播。

晏阳初还看到，卫生教育能否取得成功，“很大程度取决于教育、经济和社会诸因素，尤其在中国这样人口整体素质差、卫生工作本身毫无头绪情况下”。因此，晏阳初殚精竭虑地要把卫生工作化作农民的第一需要，使之与农民的生活如胶似漆、水乳交融一般，须臾不可分离。故他极为强调“卫生工作是一项相关计划的一部分……不是一项孤立的活动，它是处理人民各方面生活相关计划的一部分”。

以公民教育攻“私”

平教总会推行公民教育，主要是为了解决平民“私”的问题。平教总会下设公民教

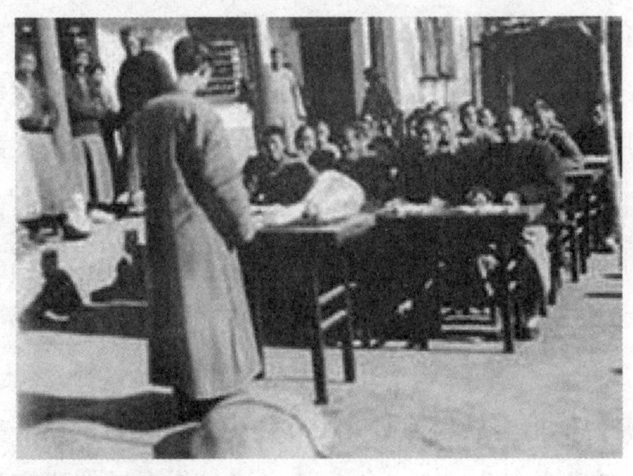

陈筑山在给平民讲课。

陈筑山与平教同仁合编公民教育课本。

育部作为推行机关，由陈筑山担任主任。公民教育部划有定县高头村作为公民教育的实验区，曾经大力提倡“国族精神”，并提出“团结就是力量”、“知识就是力量”等口号。晏阳初在《中华平民教育促进会定县工作大概》中指出，开展公民教育的目的有二：一是养成人民的公共心与合作精神，训练其团结力，提高其道德生活与团结生活；二是唤醒他们的民族意识。他说，实施公民教育是要“激起人民的道德观念，施以良好的公民训练，使他们有公共心、团结力，有最低限度的公民常识、政治道德，以立地方自治的基础。我们办教育，固然要注意文艺、生计、卫生，但是我们不要忘记了根本的根本，就是人与人的问题，大家要都是自私自利，国家就根本不能有办法，就没有复兴的希望。所以我们办公民教育，用家庭方式的教育，在家庭每个分子里，施以公民道德的训练，使每一个分子，了解一个人与社会的关系，以发扬他们公共心的观念”。

晏阳初指出，中国到了生死存亡、亡国灭种的关头，处在困难重重的局面下，公民教育要“注意唤醒人民民族意识，把历代伟大人物、可歌可泣的故事，用通俗的文字写出来，用图画画出来，激励农民的民族意识”。在晏阳初看来，公民教育与其他教育相比有其特异之处，不应崇尚空谈，必须注重实际活动，如农村自治、农民自卫工作等。各村同学会、各村村民组织息讼会、禁赌会，及扫雪、修路、修桥、自卫、植树和抗日活动，都是公民教育的好方式和好内容，有利于培养公民的公共心，训练公民的团结力。

1928年参加平教会工作至1945年8月抗战胜利才离开的堵述初，先后跟随晏阳初达14年之久。他认为：“公民教育，在一定意义上，是平教会的思想教育，是渗透在其他各种教育之中的。但就公民教育的全部内容来说，可以分为两个方面：一为公民道德，重合群，爱祖国，继承发扬中华民族的优秀传统（平教会称为‘国族精神’）；一为公民知识，即作为民主国家的公民所应有的政治知识”。这一见解是符合晏阳初的思想方法的，晏阳初在定县推行的公民教育，实际上渗透到了一切活动之中，在其他三大教育之中，也没有孤立地离开公民教育开展其文艺、生计、卫生教育。吴相湘也认为，平教总会在“四大教育”连环进行原则下，经济的活动、卫生的改进等随时随地都含有公民教育的意义。例如合作社的经营、平民学校同学会的活动、保健员的工作等，都寓有公民训练的效果。但是公民教育作为定县“四大教育”之一，是三大教育的目的，亦不乏其独特之点，并且也独立开展活动。

晏阳初极为重视国族精神的培养。他把国族精神研究工作作为公民教育的第一步，认为国族精神的研究要“以发扬国族精神，选择志士仁人之事迹，作系统的研究为目标。特选历史上志士仁人杀身成仁舍生取义之事迹，制成图说，附以歌曲，以为公民教育之材料”。国族精神的创始研究人陈筑山强调这项研究的重要性说：“一个人不能有不死的身体，却能有不朽的精神。古来有许多志士仁人为国家捐了躯壳，其精神永在天壤之间，使后代人读了他的史事兴歌感泣。上千古、下千古的人心，于此相缠结而成一不可解无物不感无人不动的精灵，为国家为社会一切破坏与建设的原动力，这才是国族精神：是国族各个人的大生命的活动，影响于国家成仁取义的不朽精神。”陈筑山撰述了《国族精神论例浅释》一书，由平教总会刊行。该书以浅显的文字表现自古以来志士仁人言行，以鼓舞中华民族子孙，激励急公好义，为国家社会甚至牺牲其生命的勇气与精神，同时编绘历史人物图说，便于一般人看图理解。

定县公民教育宣传画。

利用“历史图说”是平教总会培养国族精神的重要方法。堵述初特撰《历史的图说》，将国族精神解释为“铸造国家的历史、风俗、学术及一切文化的原动力”。他介绍平教总会历史图说方法说：“将我国历史上某一种人物的一生事迹，分成若干段，每段加以简要的说明；又根据说明，每段绘制一图，分置于说明之上，然后依次排比，类如折页，首页有封面的题字，末页有创作的歌词，以石印出版，每一人物，单独印成一套。这就是中华民族教育促进会编制的历史图说。”

历史图说对人物的采择，除了根据国族精神的标准外，尤其注重合于现代精神这一

定县新年中的狮子会。

定县农民武术团在表演。

点。譬如忠君，在君主专制时代，当然是一种国族精神的表现，但到现代便不合时宜。所以历史图说不采择那些为争夺帝位的承继问题不惜以死相谏的大臣，而独取于死国不死君的晏婴。又如孝，亦为国族精神之一种，但对割股疗亲的行为不予提倡。对汉朝的缇萦，宁愿牺牲自己的一切，追随入京，冒险自陈，以救老父之难，结果竟将肉刑废除了，然后方可为现代孝道的模范。平教总会共采择古今人物47人，诸如岳飞、文天祥、郑成功、林则徐、谭嗣同、史可法等，均列其中。按时代排列，最后一位是胡阿毛。1932年1月，日本侵略者侵犯上海。日军强令一位名叫胡阿毛的汽车司机运载日军，他将一辆满载日军的汽车驰入黄浦江，与日本鬼子同归于尽，“长留天地正气”。

“九一八事变”以后，中华民族处于空前的危急存亡之秋。平教会公民教育部连续编辑了《精忠报国的岳飞》、《杀身成仁的文天祥》、《廉蔺之交》、《荆轲刺秦王》的历史图说20种，并将这些辑为《公民课本》一册，供高级平民学校作教材。

农村自治也是公民教育的内容。晏阳初指出，农村自治研究“以研究农村自治之内容与组织，并训练农村自治基本人才为目标”。公民教育部以高头村为实验点训练自治人才，“指导人民组织自治所自行之事务”。高头村乡公所成立之后，便由村中办公人员共同讨论乡务进行事宜，如修改乡公约、清理债务、修筑道路、成立农民训练班、看管禾苗等。晏阳初认为，公民教育以农村自治为其内容之一，可以“培养民众的团结力、公共心，使他们无论在任何团体，皆能努力为一个忠实而有效率的分子；一方面要在人类普遍共有的良心上，发达国民的判断力，正义心，使他们皆有自决自信、公是公非的主张”。

定县村长佐培训班第一组下课的情形。

公民教育部的重要任务之一是编写公民读物。晏阳初在平教总会下设有公民教材编纂部，由黄齐生和张天放负责。该部前前后后编写了一百多种小册子，印发到各个村子里去。小册子里有文有画，插图是五彩的。抗日战争初期还把剩余的一部分散发到湖南、贵州、四川的实验县里去。公民知识作为民主国家的公民所应有的政治知识的宣传和普及，是公民教育责无旁贷的。晏阳初通过平民学校、社会团体、广播无线电、黑板报等传媒宣传介绍。还组织编辑了公民知识基本材料，已成书的有《公民道德根本义》、《公民道德纲目》、《公民知识纲目》、《国民生活上应改正之点》、《中国伦理之根据》等。他还主持编辑了公民教育应有教材，已成书的有《公民课本》、《公民图说》、《历史》、《地理》、《唱歌》、《三民主义讲稿》、《农村家庭设计》、《模范家庭调查表新设计》、《农村自治研究设计》、《公民讲演图说》等。

定县选举农村办公人员会场。

定县选举农村办公人员投票的场景。

指导公民活动也是公民教育的重要任务。晏阳初强调，“此种工作，乃欲培养村民的公共心与团结力”。他要求指导工作“须随时随地因势利导，如利用节会，加以指导”。公民教育部以高头村为试点村，进行公民教育的实验。晏阳初及平教会成员认为中国社会“私”的观念，有很多是从家庭开始的。俗话所说的“各人自扫门前雪，休管他人瓦上霜”，便生动地说明了这一点。于是，晏阳初设想如果让大家从自己的家庭走出一步，使家庭社会化，面向社会，使家中成员“都能得到相当的教育”，“也是破私立公的一种办法”，遂利用春节等节假日组织活动。这一年公民教育部在高头村组织了一次全村敬老会，将全村一百多户的老人们邀请到村公所来，由平民学校的青年学生给老人们戴上红花，敬茶水；又在老人们面前演唱公民教育部陈筑山特为高头村谱写的《齐上双平山》的歌曲：

我要到天国，我要到西天。

我要到那大同世界。

遍地是荆棘，哪里有路线？
我们村里有路线，有路线。
男男女女，老老幼幼，
携手齐上双平山。
左边一路到天国，右边一路到西天。
大同世界路何在？平平坦坦在中间。
男男女女，老老少少，大家一齐，把手牵。
死死生生同性命，相亲相爱齐往前，齐往前。

《齐上双平山》也叫《高头村歌》，因为歌词中提到的地名是大家熟知的，歌词的内容是大家朝思暮想的，曲谱也是大家十分熟悉的，所以歌一唱出来，一下子把大家的距离拉近了。

堵述初记述平教总会开展这一活动的情形说："当时大家有说有笑，会开得很热闹。原来每个家庭的老人，虽然受到自己家里人的敬重，可一走出家门，就得不到应有的尊重了。开过敬老会以后，这种情况有所改变，平常受到别人冷遇的老人，也被人笑脸相迎了。"

平教会平民文学部主任陈筑山博士长期活动的地方——高头村双平山。

教育的方式

中华平民教育促进会总会在定县实验中提出文艺教育、生计教育、卫生教育、公民教育“四大教育”，并不是停留在理论上，而是要使定县全体民众都能够接受教育。晏阳初认为，过去的教育只着眼于个人，忽略了社会条件和个人所处的生活环境，致使教育与生活严重脱节，社会与教育隔离；同时，定县实施“四大教育”也是为了顾及整个乡村各方面的成员，使人人都能得到受教育的机会，以求实现整个乡村生活的改进。所以，晏阳初根据社会事实和经验，拟订了实施“四大教育”的学校式、社会式、家庭式“三大方式”，要通过这三个实施的手段和途径，使“四大教育”普遍地推行和传播到整个乡村的每一个成员，并将学校、社会、家庭联成一气，形成一股教育合力，形成整个的教育环境。晏阳初在《中华平民教育促进会定县实验区》中概括说：“平民教育是在人民生活的要求之下，以四大教育为内容，用学校式、社会式、家庭式三种方式，

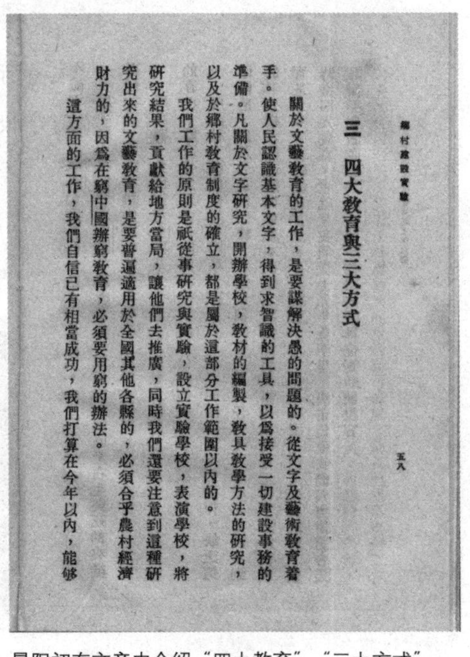
鄉村建設實驗　五八

三　四大教育與三大方式

關於文藝教育的工作，是要謀解決愚的問題的。從文字及藝術教育着手。使人民認識基本文字，得到求智識的工具，以為接受一切建設事務的準備。凡關於文字研究，開辦學校，教材的編製，教具教學方法的研究，以及於鄉村教育制度的確立，都是屬於這部分工作範圍以內的。

我們工作的原則是祇從事研究與實驗，設立實驗學校，表演學校，將研究結果，貢獻給地方當局，讓他們去推廣，同時我們還要注意到這種研究出來的文藝教育，是要普遍適用於全國其他各縣的，必須合乎農村經濟財力的，因為在窮中國辦窮教育，必須要用窮的辦法。

這方面的工作，我們自信已有相當成功，我們打算在今年以內，能够

晏阳初在文章中介绍“四大教育”、“三大方式”。

因时因地分工合作，连锁进行，整个的改进国民生活的教育运动。”“四大教育”是连环滚动进行的，“三大方式”也是连锁进行的。

“三大教育方式”以学校式为主，三者连环进行

平民教育的推行，依着三个方式，即学校式、社会式、家庭式。晏阳初在定县创办的学校指的是初级和高级平民学校、生计巡回训练学校三种。俞庆棠在《民众教育的实验事业》中说：“平民学校实在是最大的中心；社会式的教育，也靠平民学校的毕业同学会去推动的。定县对于学校教育，主张‘先除青年文盲，再创与此衔接的儿童教育及成人教育’。”故“四大教育”能否推行，学校式教育起着举足轻重的作用。

晏阳初认为过去平民教育之所以失败，症结有三：其一，专门化。陈兆庆在《中国农村教育概论》中指出，中国农民虽终日勤苦劳作，但仍不能维持一家人之生活。如果政府强迫其子女入学，反而增加其家庭经济负担，无异于将农民推入火坑。“盖农民知识浅陋，不能享受高贵的清福。是以其生产代价，当然不够其子女的消耗。”因而过于专门化、正规化的学校，农民是不敢怀此奢望的。其二，贵族化。农村尽管偶有一二“学有所成”，但此一二早已养成不会劳动、游手好闲的贵族。杨效春在《乡村教育纲要》中指出：“大家试看目前的乡村学校，谁个是在培养能工作，肯劳动，愿自食其力的人民?大部分的教师，是斯文惯了，不能劳动，甚至鄙视劳动人民。当然他们是不能以身作则，领导学生做实际的劳动工作。”对这种教育，陶行知曾作诗讽刺曰：“自从

定县农村女子平民学校的学生。

家父做老爷，人人呼我阔少爷，谁知我还是自倒洗脸水，远不如进个学堂儿：听差为我铺床又叠被，上课看情书，下课访小姐，不高兴，闹个风潮儿，直要教员怕我如同儿子怕爹爹。”这种官僚化的教育、游民式的教育，实际上是妨害人生的教育，必须予以淘汰。其三，书呆子化。乡村学校以书呆子当教师，只会教书，除此而外，一无所能。所培养的学生是只会读书的书呆子。尽管书本知识是完全合理的，但记忆的方法却不能使平民有真实知识，亦不能使平民应用此种知识以适应实际的生活。晏阳初认为平民学校教育内容，决不可仅限于知识的获得。这是前车之鉴。他在《定县农民教育》中检讨说："我们在国内外受过高等教育的人们，往往有相同的毛病，就是全凭自己的书本知识和空洞的理想去假定这是人民所需要的，那是人民所欢迎的。于是今天在这里大提倡这样，明天又在那里大推行那样。其结果是这样行不通，那样又失败。失败的根本原因是我们只有书本知识和空洞理想，而未去民间与平民生活接触，从平民生活里找问题，找材料，而且求解决方法。”

过去办平民学校者十有八九不成，大多不是碰得焦头烂额，就是难以为继，最终不了了之。原因是所办的平民学校，不是平民欢迎的学校，不是平民所需要的学校。在认识了过去平民教育失败的原因之后，晏阳初想出了“一个补救的初步法门——设平民学校与人民接近去探查一切”。他说，平教会在乡间办平民学校是为了“到民间与平民生活接触；与平民接触为的是要从他们的生活里去找问题，找材料而求解决问题的方法”。根据晏阳初的意思可知，设平民学校就是所谓“探查性质的初步农民教育的工作”，同时，它又是定县十年计划第一期学校式教育的拓荒工作。晏阳初还认为，设立平民学校“是我们实行到民间锻炼自己的人格，求得真实的学问和培养适用的技能的预备工作”。晏阳初在平教专科学校开学典礼上阐述设立平民学校目的说："我们不愿办学校来训练人才，也不愿标榜某某主义，自命为青年的领袖。这是我们和普通的学校或团体不同的地方。但是现在我们为什么办学校呢?这是因为工作的需要，并不是为办学校而办学校的。而且我们的教法，也和普通学校不同。因为在这个穷乡僻壤之中，既无名教授，也无丰富的图书馆，只有四十万人民，这四十万人民，就等于四十万册的活书。这种活书的读法，就是要攒入人民的生活里，先了解他们的困难，再想出解决这些困难的办法。”平教会虽有导师，但不注重传授知识，“只是引导诸位去做这种工作”，它所注重的是“教育的生活化和实际化”。

“三大教育”方式虽然以学校式为主，但三者必须联成一体，形成整个的教育环境。晏阳初在《中华平民教育促进会定县实验区》一文中明确指出，“三大方式”是环环相扣的，是连锁进行的：“四大教育的主要实施方式有三种：一是学校式，一是社会式，一是家庭式。从前的看法以为学校课堂的教授是教育的全部，从平民教育的立场看，学校的方式只是一种方式。学校式的实施以文字教育为主，注重于工具知识之传授与基本训练，注重个人的教学。社会式的实施以讲解表演及其他直观与直感教育的方法为主，注重团体的共同教学。家庭式的教育或为中国特殊的而又是必需的一种方式。家庭在中国社会结构上，占有特殊的地位，欲改善中国的生活方式，必须从家庭做起。”所以“三大方式”不能有一个弱项，不能有一个短板，而是齐头并进、缺一不可的。

初高级平民学校

初级与高级平民学校的教育实验，是晏阳初改造乡村希望之所寄。这些学生的年龄为14～25岁，这是与当时法规以16～50岁的失学者为民众学生的规定的不同之处。六年计划实施前，定县有平民学校440余所，学生15000余人。六年计划实施后，除研究区及三个实施区仍由平教会直接办理表证学校外，各区平民学校均已交地方自办了。

初级和高级平民学校学制四个月。初级平民学校的实验为增强读、写、说的流畅通顺。根据晏阳初的意见，改进了课本和教学法：简体字的书法教学并将常用字体系统化；采用由两个以上的字组成的“合成词”的教学，而非孤立的一个字一个字的教学，并将合成词一齐印刷出来。试验的结果，识字教学时间缩短一个月，识字数由1300上升到1700。晏阳初指出，“这项实验的另一目的是，通过班级活动，使学员为组织和管理毕业同学会做好准备”。

定县一所平民学校的音乐会。

高级平民学校为毕业于初级平民学校的一部分青年农民所设立，目的是为了满足这些青年农民的要求，进一步传授更具体的关于“四大教育”的知识作为主要内容。晏阳初在《定县的乡村建设实验》中说：“高级平民学校实验的目的是为了培养执行建设计划的村长，特别是同学会会长”；对于妇女，因为在乡村难以寻觅正规女教师，故应“特别着重培养她们从事初级平校的教学和管理工作”。因为时力所限，教学必须具体、有实际效用。

定县女子平民学校学生在练习唱歌。

高级平民学校的课程分四种，即中华民国（社会与政治科学）、合作社（经济学）、农业科学、农村卫生。这些课程非常切合农民的生活和需要。

平民学校的形式多种多样，具有不同的功能。表证平民学校，是运用表证方法创办的平民学校。1928年，曾设立表证平民学校24所。1929年，再设表证平民学校14所。数十所表演平民学校都有向附近各村推行平民教育的责任，故平民学校发展很快，1929年达162所。1930年，平教总会对表证平民学校再度改进，分区设立表证平民学校15所。

平教总会办理平民学校取得了初步的经验，一方面注重教材、教具、教学、师资、测验等的科学研究，同时还重视在实地试验中进行应用学术及具体单位农民教育行政及制度的研究。对于农民教育本身的学术研究也分两方面，一是社会方面，重视教材的编制及教育内容的分析；一是心理方面，重视心理测验方面的研究。应用教育测验方法检测平民学校的学生毕业成绩，考核文字教育的效率。譬如，平教总会请曾肄业于美国、修习心理学的清华大学教授周先庚主持，将1927—1933年的教育测验统计，整理成《定县平民教育测验统计报告》一书。周先庚对36179人的成绩进行分析统计，得出了两点颇值得重视的结论：第一，成绩与性别的关系，男女完全相同，并不存在阳盛阴衰之说。第二，从16岁至31岁的15年间，是学习能力最强时期。对于这一结果，平教总会研究委员会主席瞿菊农告知同仁：“从中国现在的时代需要上说，农民的教育是不能不注意的事。再从我们实际上推行农民（青年与成人）教育的经验上说，我们确实知道农民有无限教育的可能。测验的结果，更使我们的信仰与认识得到一种科学的根据。”

周先庚还主持了平民学校毕业生再测验的工作。为了掌握一般定县民众在比较短的时间里，获得相当的文字教育后形成的能力的状况，他利用1933年度定县各村初高级平民学校毕业生，在毕业后一年半以上，再用和毕业测验一样的方法和材料测验一次。这次测验共进行了四个半月，共测验了57个村，测验人数为705人，大约占年度原有平民学校毕业生的48%。受测验者与毕业时间间距，初级平民学校毕业生为一年11个月27天，高级平民学校毕业生为一年10个月17天。测得的结果为：初级平民学校毕业生再测验平均成绩等于毕业测验成绩的81%，高级平民学校为77%。这个结果说明，平民学校四个月训练，时间虽然不长，但足以使普通青年成人脱离文盲境遇，更何况这些接受再测验的青年成人中，还有23%的人比受教育时文字知识更丰富了。

生计巡回训练学校

生计巡回训练学校教育的对象是平民学校毕业生及有同等学力的直接从事农业生产的优秀农民。平教总会设立生计巡回训练学校的着眼点，是为了“使农民在农村中取得应用于农村当前实际需要的训练，以生活的秩序为教育的秩序。顺一年中时序的先后，在研究区内分区轮流巡回训练，传授切实的技术”。生计巡回训练学校有两大特点：一是将现代农业科学送到农民家里；一是在他们实际生活中施行教育，专为训练领袖农民——表证农家而设。基于这两个特点，平教总会设立生计巡回训练学校的旨趣不同于初级、高级平民学校，是为了训练领袖农民，普及农业科学知识，提高生产技能。

生计巡回训练学校按照农作物、畜牧业生长的特点安排训练时间，巡回各村教学及实际指导。第一期在春季三、四两月，进行植物生产的训练。第二期在夏季八、九两月，进行动物生产训练。第三期在冬季十一、十二、一、二这四个月，进行农村工艺及合作训练。晏阳初要求训练后，每一位学生务必完成实施设计任务，训练人员认真负责视导检查。实施成绩较好的农民，即约定为对其他农民的“表证农家”。

具体训练分为设计讲讨、实施作业和家庭设计三个段落。家庭设计是在授课后回到自己家里，或是在自己的田地里实地工作，由学校予以指导和督察。节期训练以农家实际活动与设计施行的季节相适为标准。教授时间在白天、午间或夜晚。时间长短根据设计性质决定。训练的课程分为33个单元：普通栽培方面4个单元，园艺方面6个单元，作物方面5个单元，畜牧方面5个单元，经济方面7个单元，农村工艺6个单元。

生计巡回训练学校承担着推广训练的任务。对经过表证农家表证，有确实可靠的成绩，同时认为有推广必要的，对一般农民给予最低限度的知识之传授、技术的表演、方法的指导督察。平教总会规定，每一村庄、每一表证农家，担任30户普通农家的领导责任。表证农家对所管辖的30户农民，负有技术的指导、方法的传授与训练、工作的督察考核等责任。

为使农民在生计方面能够得到实惠，生计巡回训练学校对定县训练学区进行划分。划分办法为选出中心村庄，集合中心村庄距离三四里之村庄，6村至10村为一学区。5学区为一巡回区。定县除实验的第一巡回区外，全县共分8个巡回区，34个学区，389个村。

1929年11月中旬，平教总会在定县城区举行卫生教育宣传活动。当年12月及翌年1月，又会同生计巡回训练学校分别到各村展览、演讲和放映电影，当场作预防疾病和注射、诊疗示范，引起各村农民的高度关注。城乡居民饮水用井建筑简陋，各种污水很容易流入水井，使饮用水遭到污染，这是肠胃病及传染病流行的主要原因，对此生计巡回训练学校提醒农民们注意。平教总会同仁们抽取26口井水样品送北平协和医学院检验，发现病菌，遂立即指导居民改良饮用井的构筑，清洁饮用井的卫生环境，增加井盖及加高井口的围圈，并按时撒放适当的消毒灭菌药剂，以减少病源。

民国时期的电影放映机。

开办景慧学校纪念熊朱其慧

平教同仁们拖家带口来到定县，为了解决平教同仁孩子们的求学问题，在平教总会总部的考棚院内创办了一所平教子弟学校，名曰“景慧学校”， 意即景仰熊朱其慧女士为平教运动劳苦奔波、不遑宁处的精神。

景慧学校学生除平教同仁的子弟外，还有一些当地穷苦人家的孩子，他们因为家庭困难的原因读不起书，每到夏季，街面上到处可见流着鼻涕光着屁股的孩子；到了深秋，街头巷尾随处可见衣不遮体的孩子在瑟瑟的秋风中发抖。现在有些穷孩子进了景慧学校，他们虽然衣衫褴褛，成绩却很好。放学后，除了要帮助家庭拾柴做饭外，还有很多家务要做。

景慧学校师资水平很高，教育质量也很高，注重学生的全面发展，也注重对学生个性的培养。使用的教材有平教会自编的《历史图说》等，著名学者黄齐生上历史课，他胸前飘着胡须，栩栩如生地讲述着历史上的爱国故事，大家都历久不忘。陈筑山的女儿陈菊元回忆说，景慧学校很重视与实践相结合，老师给他们做纸盒盛水煮沸的实验，做奇妙的化学反应实验，同学们都惊叹不已。

课余时间同学们还带上自己的借书证进图书馆看书。景慧学校的图书馆无人管理，借书证和书的大小一样，写上自己借的书名，把借书证放在书的位置上，就可把书取下

定县儿童开始接受现代教育。

来看。还书时取下借书证，把书放还原处。同学们对自借自取的办法非常有兴趣，也十分自重。图书馆从来没有丢失一本图书。

同学们在景慧学校受到了严格的艺术训练。音乐教师既作曲，又教学，还指挥同学们齐唱、轮唱、合唱。他还能自制风琴、维修钢琴。美术教师对同学们要求很严，从透视画、实物素描教起，每个学生认真地眯着一只眼，用铅笔杆远远地度量实物比例。最受同学们欢迎的当然还是体育活动了。大家不仅积极参加田径运动，还掌握了小单杠、小双杠和小吊环的动作要领；不仅能打乒乓球，还能打小棒球。

景慧学校是一个小集体，但又融入了平教会的大集体之中。同学们不仅阅读平教会编的读物，观看平教会的戏剧，接受平教会的预防保健措施训练，还时常参观平教会的生产基地，在平教会大环境中受到细心呵护，得以健康地成长。

定县农村儿童在做游戏。

成立平民学校毕业同学会

定县社会式教育肇端于1931年，是年社会式教育委员会始告成立。1933年改为社会式教育部。其中心组织是平民学校毕业同学会（简称同学会）。晏阳初在《中华平民教育促进会定县实验工作报告》中详尽地阐述了成立同学会的意义："平校或民校的学生，毕业之后，苦无适当学校可入，如置之不理，则所学本已无多，日久必致荒废，前功尽弃，宁不可惜！本会有鉴于此，乃有同学会之组织，为接受继续教育之团体。但同学会却并非纯为使一般会员继续接受'四大教育'，而更要使其参加'四大教育'的活动，推动或介绍'四大教育'到乡村民众，同时，更有一个重要的意义，便是养成青年农民求知的欲望与团体的力量，成为农村建设的中坚分子。"

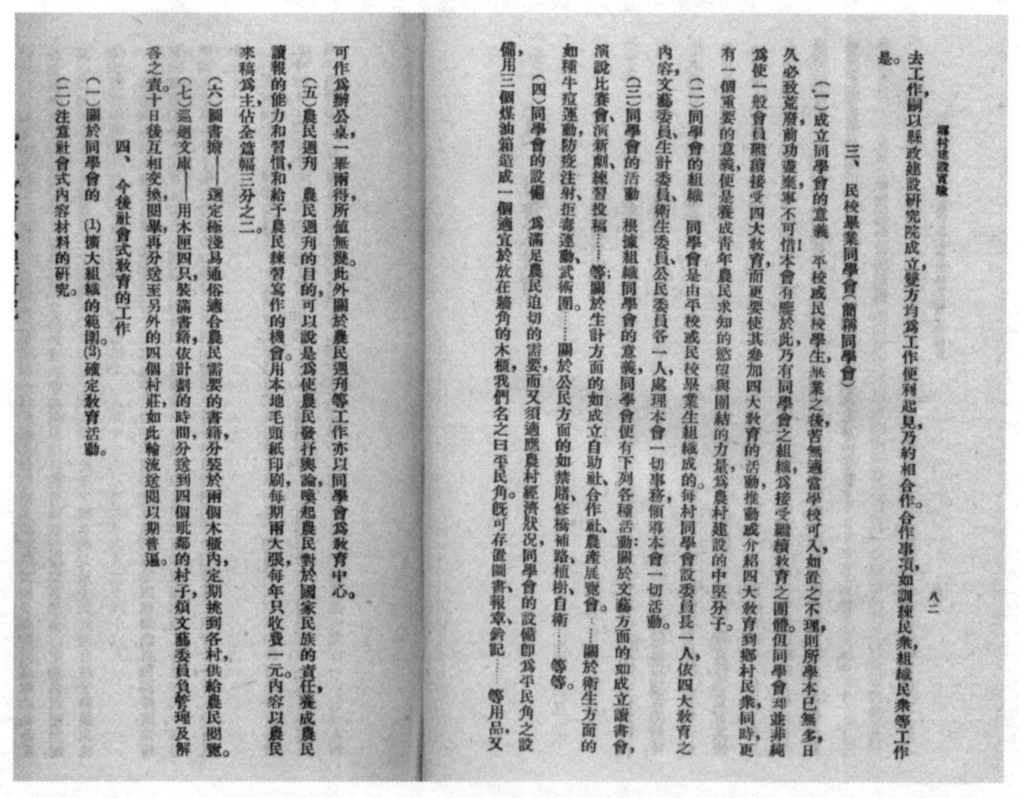

鄉村建設實驗　　八二

去工作，嗣以縣政建設研究院成立，雙方均爲工作便利起見，乃約相合作。合作事項，如訓練民衆，組織民衆等工作是。

三、民校畢業同學會(簡稱同學會)

(一)成立同學會的意義　平校或民校學生，畢業之後，苦無適當學校可入，如置之不理，則所學本已無多，日久必致荒廢，前功盡棄，寧不可惜！本會有鑒於此，乃有同學會之組織，爲接受繼續教育之團體。但同學會却並非純爲使一般會員繼續接受四大教育，而更要使其參加四大教育的活動，推動或介紹四大教育到鄉村民衆，同時，更有一個重要的意義，便是養成青年農民求知的慾望與團結的力量，爲農村建設的中堅分子。

(二)同學會的組織　同學會是由平校或民校畢業生組織成的。每村同學會設委員長一人，依四大教育之內容，文藝委員、生計委員、衛生委員、公民委員各一人，處理本會一切事務，領導本會一切活動。

(三)同學會的活動　根據組織同學會的意義，同學會便有下列各種活動：關於文藝方面的如成立讀書會，演說比賽會、演新劇、練習投稿……等；關於生計方面的如成立自助社、合作社、農產展覽會……關於衛生方面的如種牛痘運動，防疫注射、拒毒運動、武術團……關於公民方面的如禁賭、修橋補路、植樹、自衛……等等。

(四)同學會的設備　爲滿足農民迫切的需要，而又須適應農村經濟狀況，同學會的設備即爲平民角之設備，用三個煤油箱造成一個適宜於放在牆角的木櫃，我們名之曰平民角。既可存置圖書、報章、鈐記……等用品，又可作爲辦公桌，一舉兩得，所值無幾。此外關於農民週刊等工作亦以同學會爲教育中心。

(五)農民週刊　農民週刊的目的，可以說是爲使農民發抒輿論，喚起農民對於國家民族的責任，養成農民讀報的能力和習慣，和給予農民練習寫作的機會。用本地毛頭紙印刷，每期兩大張，每年只收費一元。內容以農民來稿爲主，佔全篇幅三分之二。

(六)圖書擔——選定極淺易通俗適合農民需要的書籍，分裝於兩個木櫃內，定期挑到各村，供給農民閱覽。

(七)巡廻文庫——用木匣四只，裝滿書籍，依計劃的時間，分送到四個毗鄰的村子，煩文藝委員負管理及解答之責。十日後互相交換，閱畢，再分送至另外的四個村莊，如此輪流送閱以期普遍。

四、今後社會式教育的工作

(一)關於同學會的　(1)擴大組織的範圍。(2)確定教育活動。

(二)注意社會式內容材料的研究。

晏阳初在文章中介绍民校毕业同学会。

平教总会社会式教育部设定平民学校同学会的目标是："（一）继续不断的求知识；（二）团结起来改造乡村。"原是一个学校的同学，已有相当的友谊与合作的训练。"在村单位社会中是唯一的有组织、有团结的分子"。在一个村里，男女青年有了组织，没有不在村里发生力量的。定县有400多村，如每村一个同学会，力量岂可限量?他企望将同学会的同学像种子一般撒向大地，由近及远，由亲及疏，由一村而联村，进至乡联合会。1932年，同学会作为社会式教育的中心组织，逐渐扩展，比较健全的男女同学会有72处，乡联合会亦有4处，对培养"大我"的团体观念与精神大有裨益。

平民学校毕业同学会是由平民学校或平民学校毕业生组织而成的。每村同学会设委员长一人，委员根据"四大教育"设置，即设文艺委员、生计委员、卫生委员、公民委员各一人，处理村同学会一切事务，领导村同学会一切活动。为了满足农民们的迫切需要，且须适应农村经济状况，同学会设置了一些必不可少的设备——平民角，既可存置图书、报章等用品，又可作为办公桌，一举两得。

各村同学会主要开展四个方面的活动：

（1）文艺教育：读书会、演说比赛、习字比赛、家庭教学、灯笼识字、演新剧、练习投稿等。

（2）生计教育：自助社、合作社、推广波支猪、推广改良种子、生计巡回学校、农产展览会、自助社。

（3）卫生教育：保健员、种牛痘、防疫注射、拒毒运动、武术团、越野赛跑。

（4）公民教育：息讼会、禁赌会、扫雪运动、修路、修桥、自卫、抗日运动、植树。

其他方面的活动有：农业展览、拒毒运动（反对吸毒品）、拒赌运动等。当选的会员参加农民学会并任农业表证员，协助成立合作社，推行种痘运动，每村培养一位保健员。总之，校友会会员要为共同利益学会共同工作。由于同学会的组织分子年龄多在14～25岁，有勇气和进取心，又具备一定的知识与技能，对实际工作的确有切实的推动。

定县平民学校毕业同学会推进"四大教育"的主要方法有四种：

（1）开展文艺活动。如成立读书会、演说比赛会、演新剧、练习投稿等。

（2）编辑《农民周刊》和《农民通讯》。目的为使农民发抒舆论，唤起农民对于国家民族的责任，养成农民读报的能力和习惯，给予农民练习写作的机会。《农民》周刊用本地毛头纸印刷，每期两大张，每年只收费一元。内容以农民来稿为主，占全篇幅的三分之二。《农民通讯》主要在联络同学感情，锻炼写作能力。

流动于各村的农村图书担。

（3）图书担。选定极浅易通俗适合农民需要的书籍，分装于两个木柜内，定期挑到各村，供给农民阅览。

（4）巡回文库。目的为解决轮回文盲问题，使民校毕业生随时有阅读书籍、习用文字之机会，以期在知识方面能继续提高。用4个木匣装书籍，每个木匣高8.7寸，长12.3寸，宽6.2寸，质料为杨木，外涂以赭色油漆，上面设有方便提携运送的铜环，正面匣板上写着“定县同学会巡回文库”的字样。巡回文库出借的图书主要有平教总会编印的《平民读物》和其他书局出版的通俗读物《公民训练讲话丛书》、《大众文库》、《我的丛书》、《新生活丛书》等，还有各种“应用工具”书籍，如书籍目录表、看书登记表、每日阅览统计表、《注音字典》、《国语字典》等。依据计划的时间，将书籍分送到4个毗邻的村子，由村同学会文艺委员负责管理和解答相关问题。10天后互相交换，然后再分送到另外4个村庄。使有限的图书流动起来，由这一村流动到那一村，这一户农家流动到另一户农家，一直处于流通阅览状态，提高图书的浏览量。

据报告，定县同学会巡回文库在巡回过程中，最使平教总会同仁满意的有两点：第一，农民们培养起了浓厚的阅读兴趣；第二，同学会文艺委员管理图书十分热心。有一次，巡回文库巡回了3个多月，巡回了138个村庄，共有10368人次阅读过巡回文库的书籍，平均每个村庄有86人阅读。在管理方面，绝大多数文艺委员均能忠于职守，按规定的时间取送文库，填写表格。图书在巡回过程中，只有少数村遗失了几册，其余各村都能如数收回，这也是平教总会同仁们十分欣慰的。

建立合作社组织

中国农村贫穷落后也与他们自私自利、一盘散沙有至关重大的关系，乡村建设正是要借携手工作之机，治愈农民小国寡民的“鸡犬之声相闻、老死不相往来”的痼疾。晏阳初曾指出：“我们虽说有四万万同胞，但是一盘散沙。所以，我们还要讲团结力……像这五个指头，每个指头单独没有多大力量，拿筷子都拿不起来，但是综合了就是个拳头，就有力量了。”外国人讥笑中国人说：“一个中国人是天下最聪明的人，两个中国人在一起，就是天下最愚笨的人。”在晏阳初看来，如果乡村建设轰轰烈烈开展起来，农民一盘散沙之状依然故我，那么，乡村建设永无成功之望。因此，晏阳初要求乡村建设应从合作入手。他断言：“如果中国四万万人都有科学头脑，都能运用农业技术及合作精神，我敢说，就能百战百胜，要世界和平，世界决不得不和平。”

但是，应如何合作呢?晏阳初在定县实验了合作社制度。平教会在定县建立起了村、区、县三级合作社。每村只能设一个同样性质的合作社，小村联合成立一社。他在《定县实验区工作概略》中对这一组织系统作了简单明了的阐释：“其所以如此主张者，一方面因村中领袖缺乏组织，不宜过于复杂；一方面藉可促进村人之团结力量，并集中人才资金，以谋事业之发展也。”

村合作社为最基本的组织，大抵以信用合作为主。县区组织为工作便利起见，在距城较近之村镇，设立县联合社区办事处，用以联络村与县之关系。为使合作社真正发挥作用，农民彼此精诚合作，使新型的合作社组织取信于民，他要求每区置主任一人、指导员若干人，“分任巡回指导工作，同时并谋合作事业之发展”。晏阳初认为，在合作社提倡之期，“合作事业基础未固，指导组织异常重要”。他还强调，开办乡村合作社，要纠正一个偏向，明确办合作社的真正意图，“决不是仅仅为借钱而已，而是养成农民合作的观念、习惯和技能”。农民合作的观念、习惯、技能与精神培养起来了，是乡村建设取得重大进步的标志，又是乡村建设的巨大推动力量。

1932年初，平教总会选择高头、尧方头等数十村组织信用合作社先行做实验，这是定县合作事业的开始。当年12月，平教总会指导高头村消费合作社扩大为信用兼营购买业务，并以高头村为中心，划出周围60村为研究区，在尧方头等13村成立合作社，作为实验研究对象。经过半年的设计准备和半年的研究实验，晏阳初建构定县合作社制度系统提出了七个原则：第一，合作事业为农民自动的，切忌以“条件允许”、“越俎代庖”为提倡手段。第二，应注意这是多数平民的组织，勿使少数人以慈善心理与官场手腕一手包办，尤须屏绝不良分子参加。第三，对于无产的良好生产者多加注意，勿专为小资产信用者打算。第四，村单位合作的经济活动，应统一组织，连锁进行，以信用为中心。第五，会计制度应有严密周详的规定。第六，实事求是，不论新旧事业的进行，都须具有经济上的稳妥性。第七，勉励参加的农民努力自强与互助，勿稍存竞争牟利观念，避免外来攻击。

定县农村一消费合作社执行委员。

为了使合作运动在定县得到健康有序发展，晏阳初制定了一套发展合作运动的程序和方法。首先是进行初步的教育。平教总会与村中领袖商洽，定期召集村民举行讲演会，借助挂图等宣传工具说明合作的重要意义，从而使村民了解合作社的大意及成立进行办法，提高对合作社作用的认识，坚定合作社必定成功的信念，掌握合作社运作的技术。其次是进行专门教育。召集村中积极分子以及合作社社员，给他们讲授合作社经营与运作的专门技术，如合作簿记、经营方法、经营常识等，并根据合作的类别和性质，分别训练。再次是继续教育。通过定期训练或互相参观，使合作社社员的常识得到不断的培养和提高。

合作社组织系统初分为三级，即以村为单位成立合作社，然后联络各村合作社成立区联合社，在此基础上成立县联合社。但很快发现区联合社实无必要，于是改为两级。村合作社是基础组织，较小的村子可联合其他小村子合立一社，过大之村镇可以成立两社，但仍以成立一社为原则。县联合社具有数种职能：一是执行全县合作行政及合作教育；二是经理全县各社的运销购买事宜；三是办理各村社的储蓄借款事项。

晏阳初强调合作社运动应当是农民自动自愿的行动，平教总会只做宣传教育引导的工作。1933年河北县政建设研究院成立，平教总会与之合作，为推进合作运动计，他们先办自助社，以此为合作社的基础。同时与金城、河北等银行商定活动金融办法，并在各大区镇设立仓库，办理抵押放贷业务，自助社社员可以用自助社名义，向仓库抵押麦棉等农产品，以融通资金。农友们尝到了自助社的甜头，纷纷成立自助社。在短短的一年里，定县300多个村成立了自助社，占全县村庄总数的四分之三，社员达8000多人。在自助社的基础上，农民们提出了成立合作社的更高要求。平教总会遂因势利导，于1934年初以合作社为主题举行大规模的宣传活动，合作社数量成倍增长。到1935年底，全县成立了130多个合作社。此前的1933年9月，定县就成立了县联合社。1936年初，定县召开县联合社第四届代表大会，决定“组织合作银行”，先以合作社认股作基础，向社会公开招募股金，等合作社资金充裕时，相机改组为纯粹的合作银行。1937年2月，南京国民政府实业部农本局决定资助8万元，定县各合作社认股2万元，共计10万元。有了这些开办资金，定县合作银行正式成立。这在一定程度上为各村合作社运营提供了资金保障。

家庭式教育的研究实验

家庭是社会的细胞，在中国农村社会结构中占有极其重要的地位。学校式教育和社会式教育更多的是关注青年农民，他们之外的诸如家庭主妇、老人和儿童，则较少受到关注。为了推动整个社会来改进农村生活，就要使定县男女老少都参与到定县平民教育、乡村建设运动中来，形成一股强大的合力，众擎易举，才能收到理想的效果。有鉴于此，晏阳初对家庭式教育的研究与实验十分重视。

晏阳初在《中华平民教育促进会定县实验工作报告》中指出：“家庭式教育或为中

定县一个12口之家。

在过新年中的儿童。

国的特殊教育方式。家庭在中国社会尤其是农村社会里，占极重要地位。家庭式教育是联合各个家庭中地位相同的分子施以相当的训练。一方面是要使家庭社会化，一方面是教育必须以全民为对象，要使在家庭中的老少男女，都能得到相当的教育。”晏阳初认为，家庭式教育有双重目的，这就是帮助解决家庭与学校之间的矛盾，扩大家庭责任感，使“家庭社会化”。在接触家庭年长的妇女时，帮助她们减少对青年妇女和儿童教育的阻挠或反对，使他们的教育更有效益。

家庭式教育欲收到良好的效果，平教总会及平民学校同仁要给予指导。因为各个家庭及各家内成员年龄、兴趣、责任和文化程度等各不尽同，欲改造乡村社会，必依家庭成员不同的地位，进行不同的指导。晏阳初认为这种指导，一方面家庭中各个成员应该有在家庭中各自所需的教育；一方面家庭生活应有改进的必要。

晏阳初指出，家庭式教育不能限定在家庭范围内进行，不能就家庭教育而谈家庭教育，否则独木难撑、孤掌难鸣。家庭式教育“在实施方面，多与社会式、学校式联络进行”。所以，平教会在协调“统一的村学”过程中，进行了家庭式教育实验，实验的目的是试图发现一种方式，如何把学校课程的一部分，例如培养卫生习惯的部分，交由家庭来承担并使家庭关心社区的利益，乐于承担社会责任。家庭式教育要研究与实验家庭最迫切的诸如儿童教育、家庭管理之类的问题，旨在为“一种适合中国国情的新‘家政学’提供基础”。晏阳初强调：“这种新家政学应对于中学和女子高等教育以及统一的村学发生影响。”

平教总会在家庭式教育的研究与实验中取得的一项重要成果是创造了“家庭会”的组织形式。家庭会是将全村大多数家庭联合起来，各家成员依年龄与角色分别组成五种集会，即家主会、主妇会、少年会、闺女会、幼童会。五种集会各有执行委员7人，分别担任该集会的公共职务。每种集会每月至少集会1～4次。集会沟通的内容是儿童教育、家庭经济、家庭卫生、家庭道德、家庭和乡村关系问题、家庭和国家关系问题、家庭和世界关系问题等。

1931年5月，平教总会开始在高头村从事成立家庭会的研究和实验工作，在不到一

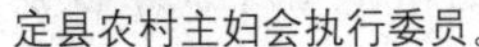
定县农村主妇会执行委员。

定县农村一闺女会执行委员。

年的时间里，高头村的大多数家庭都参加了家庭会。家庭会的各种活动，促使高头村出现两大变化：一是“妇女解放的敏速”，一是“造成新习惯的容易”。达到了平教总会家庭式教育研究与实验预定目标：(1) 要将各个独立自私自利的家庭，变化为各家联合互助的社会生活。(2) 要将各家天真热烈狭小的血族的生命爱，扩大为乡族为国家的生命爱。(3) 要使农民从家庭的集会之中，得到共同生活共同集会的练习。(4) 要从家庭会的组织达到全村男女老幼都同受“四大教育”。以前让女子进学校受教育比登天还难，平教会以家庭式教育给女子耳濡目染，感化了她们的花岗岩头脑，她们都认识到了读书识字的重要性，社会和家庭的种种偏见和障碍也减小了许多，出现了很多丈夫支持妻子、婆婆支持儿媳入平民学校读书的故事。全村男女均能出来“扫他人门前雪，管他人瓦上霜”，从事本村的公益活动，给全村带来翻天覆地的变化，人们的精神面貌焕然一新。

陈衡哲在《独立评论》第51号上发表《定县农村中见到的平教会事业》一文，记述了她在定县的见闻。关于家庭式教育，她记述说：“高头村是平教会实验区城中心点之一，公民教育主任陈筑山先生，和他的新夫人及两位女公子住在此地。他们所办的事业，大多是偏重家庭式教育，而非注重读书的。他们有家长、主妇、青年、闺女及儿童的五种聚会。他们靠着这些聚会，把做人、治家的常识，合作的方法与精神，灌输到了村民的脑中。又帮助他们发展手工艺术，改良纺织技能与机器，引进了从前未有的羊毛织业。他们教本村的闺女去学习，教育儿童，使他们一方面能得到合作的意义，一方面能‘学养子而后嫁’。”

陈衡哲还记述了她在高头村主妇、闺女联合会聚会时的情况：“我们到高头村的时候，正当她们开着主妇、闺女联合会，赵夫人正在给她们讲卫生常识。我进去之后，也

陈衡哲女士。

为她们说了几句话，随后我便问：‘你们还缠足吗？’此次在乡村二十五小时，不曾看见一个缠足的闺女，一位面孔圆圆、头发灰白、很大方的中年妇人回答说：‘不缠了，自己吃够了苦，还让自己闺女们吃吗？’后来才知道，她原来是主妇会的主席。我又问：‘你们能写信吗？我很愿意给你们通信。’那些闺女们听到我这句话，脸上立刻发出了奇异的光彩，眼睛中闪出了欢乐。有两青年女子，曾在平民学校读过四个月书的，主动给我写了两封信（当场），我现在一字不移地抄下一封来……”写这封信的就是高头村闺女会的会长。

陈衡哲在定县所见，正好说明定县家庭式教育的研究与实验已经取得了可观的成绩。

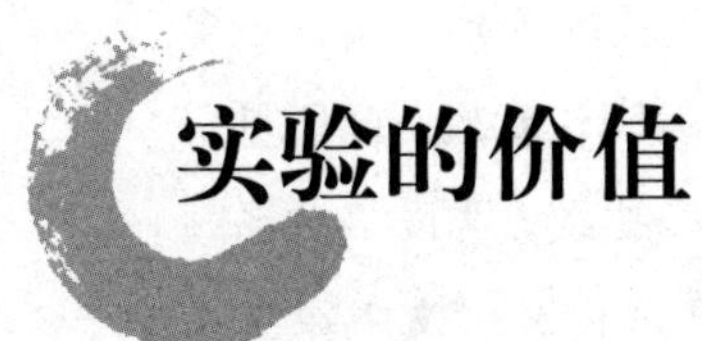

实验的价值

定县实验是一个创举。晏阳初主持的平民教育促进会为研究乡村改造的实际有效方案，于1929年开始进行定县实验。实验工作肇始之初，晏阳初及平教总会同仁都以无比信心苦干、巧干、硬干、实干，认定将来取得的成果不仅对中国三亿多农民大有裨益，而且对世界其他各国，尤其是比较贫穷落后的国家农民生活的改进，必将有积极贡献。半个多世纪以来的事实证明，定县实验对中国及世界提供了积极贡献和诸多借鉴，这是有目共睹的。

定县实验是晏阳初毕生教育实践的最兴旺时期，是晏阳初平民教育思想的实验园地。晏阳初曾十分形象地说，定县是一个社会学的实验室。他是立足定县，胸怀全国，放眼世界；他不是为定县而研究实验，而是为全国、全世界的社会改造、乡村建设、文化重组而研究实验。定县实验因日寇大举进攻华北而被迫停止，历时不到十年，并未收到如期效果，但是，在国内与在世界都产生了重要影响。

定县实验时期划分

定县作为实验的实体，从实验的准备到平教总会南迁，前后经历了近十年的风风雨雨，大致可划分为准备期、实验期及南迁期。

第一，定县实验的准备期。定县实验的进行，是国内第一流人才，创第一等计划，做第一等工作。定县实验同仁，深信晏阳初所倡导的平民教育确实为救国建国的根本途径。他们为了有贡献于社会，使乡村建设、乡村改造不致盲人瞎马，在集中实验之前进行了将近三年的准备。

美国著名教育家杜威。

1．定县实验的萌念。定县实验的开始，实在是多因一果。其重要原因之一，是平教同仁欧战所闻所见所感。蔚成遍及全国的平教实验这一史绩，与欧战关系颇密。俞庆棠在《中国民众教育之演讲》一文中指出：晏阳初及傅葆琛等留美学生在法国北部白朗为5000余华工服务，与之朝夕相处，深感华工因不识字，“知识甚低，习惯不良”，以致“在欧屡肇事端”，遂自编课本，实施教育。“未数月，华工竟可以写简单家书，读军营通告。晏氏等就此想到国内大多数的文盲民众，遂决心回国从事平民教育，做‘除文盲，作新民’的工作”。原因之二是杜威来华及杜威教育思想、民主思想的宣传。五四运动以及民治主义思潮在中国社会引起轩然大波。适逢此时，欧战告终时的山东问题，使学界更感大多数民众未受教育，对于国家内政外交无从知晓，遂有义务学校、平民学校之遍立。几乎与此同时，杜威来华演讲，民治主义、实验主义更加大扩散的声浪，轰传全国。受这种思潮鼓动的，不仅有晏阳初，还有陶行知、黄炎培等一大批教育家。原因之三是政府及诸政派要员的影响。1926年国民党第二次全国代表大会“青年运动报告决议案”提出了“在教育方面，应使其革命化与平民化”的主张。其时吴稚晖所著《二百兆平民大问题》一书，亦警醒世人注意平民教育问题。1927年大学院有中央民众教育委员会组织大纲的拟订，自为各地实验开展提供了政策法规依据。

2．定县实验的植根。五四运动以后，平民教育鼓吹不遗余力，平教声浪因之高唱入云。1924年以后，因受平民教育运动影响，始有人下乡兴办乡村社会教育。其时的教育多局限于识字，正如郭人全在《乡村民众教育》一书中所言：“因为国内民众既不感觉识字之需要，而地方环境及职业性别之不同，各界工作时间亦不一定，而生计压迫又为各方面同感之苦痛。要使民众教育见效，实在是一件很不容易的事。”这一困苦境地，“促进平民教育运动者转变为局部的实验与研究，从实验与研究中求得推行的方向”。所以，晏阳初等遂于1926年选定河北定县为试验区，开展实验。

促使晏阳初变思想认识为实践的，是1927年的国民革命。卢绍稷在《中国现代教育》中说：“十六年以后，因受‘国民革命’之影响，国内教育学者，有一种新觉悟，即认清民族唯一之路是改造乡村。谓中国社会大多数是乡村，必先使乡村兴盛，然后整个社会始能兴盛。如乡村无新生命，则中国亦不能有新生命。吾人只能从乡村之新生命中求中国之新生命。于是有所谓‘乡村改进’之实验。”因而，1927年国民革命是晏阳初定县实验植根的契机。

3．定县实验肇端。古楳在《乡村教育》中，将乡村教育运动的进展分三个时期。第一个时期是萌芽时期的乡教运动；第二是实验时期的乡村教育；第三为发展时期的乡教运动。他将晏阳初定县实验准备归入第二时期。他说：“在这一时期的运动，完全脱了旧的教育形态，而向新的境地去实验。”其理由是：“平教总会虽然在十三年（1924年）秋设立了乡村教育部，拟定许多工作计划，但至十五年冬才决定在定县设大规模的乡村平民教育实验，十六年春才实行下乡运动。”其实，此时定县的实验并未开始，而是正在紧锣密鼓地做实验的准备工作。晏阳初自己说过：“我们在定县的工作，可分为两个段落。一个是准备时期，一个是集中实验时期。从民国十五年冬到十九年秋，算是准备时期。”平教总会工作程序为：调查—研究—实验—表证—推行。调查是准备工作的第一步。晏阳初在准备实验的四年中，主要做了三方面的准备工作，即农业教育研究、农民教育研究和农村调查。关于前两项工作，他说“偏重普及农业科学的工作”。这在前两章和下文中均有论及。关于第三项准备工作，即农村调查，是晏阳初极为重视的工作，

我們在定縣的工作，可分爲兩個段落。一個是準備時期，一個是集中實驗時期。從民國十五年冬到十九年秋，算是準備時期，在這時期裏，我們的工作，可分爲農業教育：農民研究，和農村調查三方面。教育方面，專注重平民學校的實驗與推廣。生計教育方面，偏重普及農業科學的工作。社會調查分普通調查，農業調查，及農業經濟調查，尤注重在一般的考察。前兩年的工作，同人的飲食起居，定縣人民不能充分了解，頗感困難。但這正是準備時期應有的情形，及工作上必經的階段，後來因同人的工作精神，感動農民，才逐漸地取得人民的信仰，同時地方政府與士紳也都了解到平校的重要，所以準備時期的工作，才能比較的順利進行。

經過這四年準備時期，我們決定大家都到定縣去，對着全縣去工作。我們覺得中國的一個縣分，實在是一個社會生活的單位，不僅是行政區域的單位。中國的國家，是由一千九百多個縣分構成的。一縣就是一個廣義

中華平民教育促進會定縣工作大概　五五

晏阳初在文章中介绍平教运动分期情况。

认为它决定着定县实验能否取得科学结果。

晏阳初极为重视农村调查，认为它是定县工作的起始，是一切工作的基础，是教育工作与社会建设必不可少的依据。社会调查的内容十分广泛，涉及历史、地理、风俗习惯、政府组织、交通、人口、教育、娱乐、信仰、兵灾、农业等各个方面。定县调查准备工作非常细致，设计非常周密，数据资料非常翔实。

调查之后接踵而来的是研究实验。1928年以后，因国民革命的进展、唤起民众运动的扩大，加之经济恐慌的袭击、水旱灾的损失、乡村崩溃的加剧，使乡村建设和农村复兴运动相继扩大而且不断深入。就在这一背景下，定县教育进入集中实验期。

第二，定县实验期。定县是一个大的活动的研究室，又是一个实验室。实验的目的是“要每种问题，实际参加人民生活，并不是用政治力量，来建设所谓模范县；也不是如慈善机关来定县施舍教育，是来在人民生活上研究实验，将以研究的得失经验，得出一个方案，贡献于国家社会”。为了便于推而广之，及于全国，晏阳初强调这个活动的实验室必须切合四个条件：（1）经济；（2）简易；（3）切合实际；（4）有基础。他认为，具备“此四条件，方易普遍推行，才能对于广大之民众有益”。

部分乡村教育同仁在定县合影。

晏阳初十分重视“实验室”的建设，认为这是解决平民根本问题必不可少的机构。他说：“化学家有他们的化学实验室，物理学家有他们的物理实验室，所以，作为旨在研究平民、研究他们的问题和特质的我们，也必须有我们自己的实验室。定县就成了我们的‘社会实验室’。”这个实验室是露天的，只有疆界而没有围墙。以前一直生活在象牙塔之中的学者和教育家们携家带口，搬出大都市，来到道路泥泞、灰尘飞扬的定县农村安家落户。这就是晏阳初为开展实验，发出“茫茫海宇寻同志”的呼声而形成的一场“博士下乡运动”。当时北京的一家主要报纸评论说：“这是迄今为止中国历史上最宏大的一次知识分子迁往乡村运动，帝制科举出身持有者、中国大学教授、学院院长和国家机构退休工作人员，以及许多美国重点大学的博士和硕士们，纷纷离开城里的职位和舒适的家，来到偏僻的定县农村，寻找复兴古老落后的人民生活的方法和途径，从根本上实现民主。”

定县调查研究有一个大特点，这就是“不仅是学术化，而且还制度化”。调查研究是为了得出科学结果而推广之，所以要进一步研究如何才能推行研究所得，用什么样的制度才能推广。经分析研究，晏阳初主张在推广之前，为使农民能接受，便于农民操作，得其要领，要求在推广前进行表证——表演验证。以前中国有许多学问，研究确有成效，可是未能形成制度，以致失传的很多很多，“这是民族经验的大损失”。有鉴于此，“定县研究，时时顾到怎样推行到民间去”，“成为老农老圃自己的建设”。所以晏阳初强调，平教同仁们深入定县研究问题，每有所得，必使之系统化、组织化，成为一种制度，然后交付给青年后生，打破了“不传之秘”的习俗。我们是自己辟生路，不是不劳而获。我们不要今天抄美国的一套，明天抄德国的一套，后一天再换一套法国的，平教总会要自己一拳一腿、一滴一点地去开辟，去创造。

第三，平教总会南迁期。定县实验从准备起到南迁止，历时十年时间。“九一八事变”后，北方局势日趋紧张，平教总会在定县面临着灭顶之灾。因而，晏阳初在民国二十四学年度第五次行政会议上谈到了时势及工作设想。他说，打算将广西、广东、湖南与定县作为本年要经营的四个地方，但因广西“全省国民基础教育研究院、民众教育、职业教育、小学教育与青年教育均在我们范围之内”，所以本年度“主要的工作当为广西”。广东的工作主要有三：(1) 应付军政当局，维持友谊；(2) 将定县与广西研究所得材料供给广东；(3) 省单位的工作维持而不扩大，但不大作。湖南方面：(1) 设立实验县；(2) 如政治条件够，研究实验的工作要放那里。定县方面：(1) 河山一天不变色，绝不放弃定县；(2) 河山如果变色，自己能继续做下去，还要照旧做下去；自己不能做，则组织合作委员会管理。

此时，晏阳初对于定县实验尽管在功败垂成之际放弃自不甘心，但残酷的现实不得不叫他作出两种安排，一旦“河山变色”，使定县对中国乡村建设的探索不致中途停辍。1937年5月，“七七事变”前夕，平教会在定县仍推广脱字棉8.3万亩、斯字棉1.3万亩。9月24日，定县沦陷，实验工作被迫停顿。同仁一部分参加敌后工作，一部分陆续迁往湖南。事实确如晏阳初“河山一天不变色，绝不放弃定县”的誓言。

一场救国运动

中华平民教育促进会总会在定县进行的实验，是一场伟大的救国运动。晏阳初在《九十自述》中阐述了读政治系的原因。他说：“香港的环境和个人的经历，使我深体国弱民贫的悲哀。如何育民、富民以为强国之本，这大问题往往萦绕我的脑际。这问题牵涉很广，国民经济和政治组织是其中的大端。要想负起改造中国的责任，必须具有政治和经济学的基本知识。一向相信事在人为，而且基督教的战斗精神和积极的人生观深入我心。所以，‘邦无道则隐’之说，我是不以为然的。如果人人都去隐居，独善其身，无道者更横行无忌，邦国每况愈下，那更不堪设想。‘国家兴亡，匹夫有责。’救国与救世，都是义不容辞的事。因有此心，所以探索寻求方法，这是我读政治系的基本原因。”

晏阳初生活的时代，正值中国遭遇到亡国灭种危险之时。他怀着爱国救国的伟大情感与理想，向西方寻求真理，探索救国的道路和方法。他认为，国家要强盛必须根基稳定，中国的根基在哪里？他在《农村建设要义》中说：“构成国家的三要素是土地、主权和人民。如果有人问：这三要素比较起来哪一个最重要？我的回答是‘人民’。”没有人，土地何所用？主权何所寄？中国人口号称四万万，农民居80%以上，故雄厚的基础、巨大的力量均在农村。中国积贫积弱，主要原因是“忘本”，忘了“民为邦本”之“本”。救国离了此本，必定是枝枝节节，不得要领。晏阳初反复强调说：“现在唯一的办法是强固基础，坚固根本，‘本固’然后‘邦宁’。农村建设就是固本工作。中国今日唯一出路是要把广大人力开发起来，把这衰老的民族振作起来，把这散漫的民众组

平教同仁与定县农民、儿童在一起活动。

织起来，把这无知无识的人民教育起来，方可成为一个现代有力的新国家。所以复兴民族，首当建设农村，首当建设农村的人。”晏阳初在《中华平民教育促进会工作的演进》一文中批评一些谈政治、谈教育的人，把国家推到了亡国的边缘，说：“人民委实是国家的根本。讲政治，讲教育，都须要顾到根本，顾到人民……现在国家所以弄到如此，便由于一班谈政治、谈教育的人没有落到人民身上。四万万人的国家要四万万人去治它，决不是少数人可以使这个国家有办法的。”“固本”的工作，是救国的根本，其他都是枝枝节节的。

晏阳初是一位深沉的爱国主义者。他的一言一行，一举一动，流离颠沛，都是为了国家的富强，都是为了人民的福祉。他曾经说，为什么一个有四亿人口的国家竟让蕞尔小国日本任意宰割，任意践踏，任意蹂躏，在中国如入无人之境？中国“虽有四万万人，而只是四万万生物的人，只是些动物，而没有国民”！之所以说没有国民，是因为许多国人都没有国家观念。国民的国家观念就是铜墙铁壁，就是钢铁长城！他指责当局救国不知从树立国民观念的基础工作做起，只知“总动员”，买飞机大炮是愚不可及之举。他指出：“中国有三亿以上的人不识中国文字，没有受过教育，这是中国的莫大耻辱，是国防上莫大的危险。文字是什么?是受教育求知识的工具。人类文明和野蛮的区别，民族的兴亡盛衰，根本就在知识之有无、高低。文明人识字，有求知识的工具，野蛮人没有；所以文明人的生存力、自卫力，超越了野蛮人或是无知识的人。中国现在有三亿以上的人，连最起码的求知识工具都没有，过着类乎猿人时代的生活，大家想一想，在这知识竞争的今日，危险不危险？”晏阳初发起的平民教育运动，旨在叫三亿以上不识字的人们读书明理，构筑起固若金汤的国防。

抗日战争时期，晏阳初虽然没有直接上战场与日寇厮杀，但他是在培养抗日“最基本的生力军”。他仍以农民为教育对象，从救国实际出发，强调培养民力。他警醒人们注意：“我们要抓住的不是老头子，也不是儿童，而是青年……不是学校里少数的青年，而是广大的民众中间的青年。这些民众，不在广州，不在上海，不在天津，也不在北平，而在农村里。我们不谈大众则已，要谈大众便在农村。所以，要救国便得抓住这班可以继往开来的七千万的青年农民，这班人才是救国的主力军。建国工作要靠儿童，救国工作要靠青年。我们要去教育他们，锻炼他们，发展他们，运用他们，如此国家才可以有办法。”

一场革命的运动

定县实验是中国历史上开天辟地第一次以县为单位的以教育为主要手段的综合实验，它一开始就具有深刻的革命性质。

平教总会在人类历史上第一次发起“博士下乡”运动。长期以来，那些学得屠龙之技的博士们，谁都是踌躇满志，要在象牙塔里精心做“学术”研究，要发明发现真理和理论。但是，平教总会将他们请出象牙塔，离开繁华喧嚣的城市，来到偏僻穷困尘土飞扬的乡村，所从事的不是他们过去朝思暮想的“学术研究”，而是教授最下层的平民百姓读书明理，是改造乡民们困顿的生活，这是开天辟地头一回。由陈筑山所作的《平教同志歌》，词曰：“茫茫宇海寻同志，历尽了风尘，结合了同仁。共事业励精神，并肩作长城。力恶不出己，一心为平民。奋斗与牺牲，务把文盲除尽，男男女女，老老少少，一齐见光明。一齐见光明，青天无片云，愈努力，愈起劲，勇往向前程。飞渡了黄河，踏过了昆仑，唤醒旧邦人。大家起作新民，意诚、心正、身修、家齐、国治、天下平。”这一场革命，丝毫不亚于历史上任何一场革命。这一场革命的意义，绝不仅限于定县范围，而是具有全世界意义的革命。

平教总会在定县所兴所革，都具有划时代的意义。他们以定县作为审视对象，对定县农牧业进行品种改良，对定县乡民医疗卫生进行改良，兴办各种主题的经济合作组织，诸如经济合作社、合作银行等等。一言以蔽之曰：晏阳初在定县推行的“四大教育”和“三大教育方式”，都是具有革命意义的。正如晏阳初膺选为“现代世界具有革命性贡献伟人”的文件中所指出的：“在哥白尼那个时代，他是革命者，并取得具革命性意义的成就；在我们的时代，在我们的同辈人中，也有少数出类拔萃的人，他们在处理问题的思想和方法上已作出或正在作出具革命意义的贡献。”

晏阳初正是在平民教育的思想和方法上已经作出和正在作出具有革命性贡献的世界

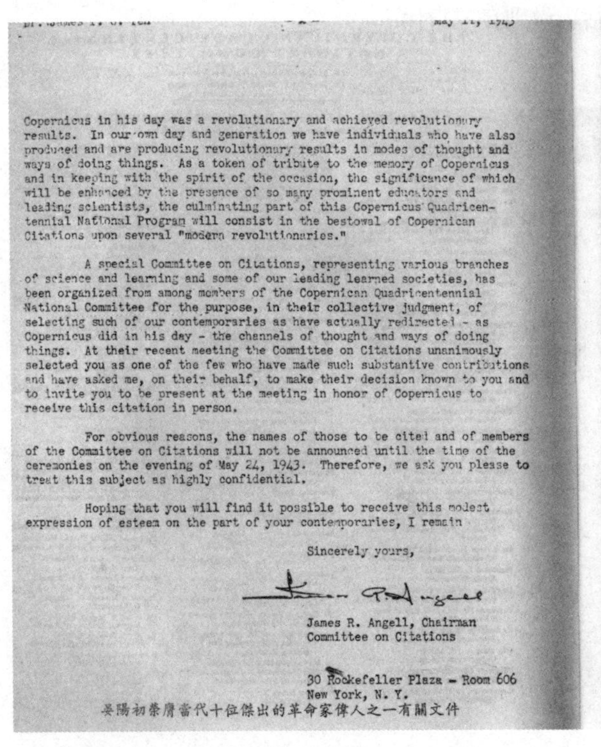

Copernicus in his day was a revolutionary and achieved revolutionary results. In our own day and generation we have individuals who have also produced and are producing revolutionary results in modes of thought and ways of doing things. As a token of tribute to the memory of Copernicus and in keeping with the spirit of the occasion, the significance of which will be enhanced by the presence of so many prominent educators and leading scientists, the culminating part of this Copernicus Quadricentennial National Program will consist in the bestowal of Copernican Citations upon several "modern revolutionaries."

A special Committee on Citations, representing various branches of science and learning and some of our leading learned societies, has been organized from among members of the Copernican Quadricentennial National Committee for the purpose, in their collective judgment, of selecting such of our contemporaries as have actually redirected - as Copernicus did in his day - the channels of thought and ways of doing things. At their recent meeting the Committee on Citations unanimously selected you as one of the few who have made such substantive contributions and have asked me, on their behalf, to make their decision known to you and to invite you to be present at the meeting in honor of Copernicus to receive this citation in person.

For obvious reasons, the names of those to be cited and of members of the Committee on Citations will not be announced until the time of the ceremonies on the evening of May 24, 1943. Therefore, we ask you please to treat this subject as highly confidential.

Hoping that you will find it possible to receive this modest expression of esteem on the part of your contemporaries, I remain

Sincerely yours,

James R. Angell, Chairman
Committee on Citations

30 Rockefeller Plaza - Room 606
New York, N. Y.

晏陽初榮膺當代十位傑出的革命家偉人之一有關文件

THE COPERNICAN QUADRICENTENNIAL NATIONAL COMMITTEE

DR. HARLOW SHAPLEY, *National Chairman*
Harvard College Observatory
Cambridge, Mass.

STEPHEN P. MIZWA, *National Secretary*
149 East 67th Street
New York, N. Y.

May 11, 1943

Dr. James Y. C. Yen
c/o Chinese Embassy
3225 Woodley Road, N. W.
Washington, D. C.

Dear Dr. Yen:

As you undoubtedly already know, on May 24, 1943 the civilized world - or whatever remains of it - will commemorate the four hundredth anniversary of the death of Copernicus and of the publication of his great work, "De Revolutionibus," which not only revolutionized man's outlook upon the universe but in certain ways marked the birth of modern science. The commemoration of this anniversary is being sponsored by the Kosciuszko Foundation of New York City, of which Dr. Henry Noble MacCracken, President of Vassar College, is the President, and by the Copernican Quadricentennial National Committee, of which Dr. Harlow Shapley, Director of the Harvard College Observatory, is National Chairman.

In this western hemisphere - in the United States, Canada, Mexico and South America - several hundred higher institutions of learning, technical institutes and learned societies are making definite plans to recognize this anniversary in some appropriate manner. Several State legislatures, including those of New York, New Jersey and Pennsylvania, have already enacted measures to proclaim Monday, May 24, 1943, as Copernicus Day. I understand that similar measures are contemplated in other states. But in order to give this event a truly national aspect and a central focus, a national meeting in tribute to Copernicus will be held in Carnegie Hall in New York on the evening of May 24 under the auspices of the Copernican Quadricentennial National Committee composed of about one hundred-eighty leading educators and distinguished scientists. The President has promised a message appropriate to the occasion and Sir Henry Hallett Dale, President of the British Royal Society, will broadcast greetings on behalf of the British scholars.

With these introductory remarks as a background for your orientation, I come to a question at hand which relates Copernicus to our own times.

晏阳初荣膺世界十大革命性伟人的文件。

伟人。定县实验正是在社会改造的思想和方法上作出了具有“革命意义”的贡献，它的目标、思路、手段等，都是全新的，决不因循旧轨。

一场教育运动

平教总会迁到定县前，米氏父子在定县开展过昙花一现的实验，尽管米氏父子的实验能够给晏阳初进行平民教育实验以某些启发，在局部也取得了某些值得肯定的成绩，在实践举措上也有一些可圈可点的措施，但这并不是教育运动。晏阳初的定县实验，则是全方位以教育为其主要特征的实验，正如他所言：“今日中国，危亡已迫于眉睫，今日所应施之教育为最低限度最基本必不可少之救亡图存之教育。”他认为这种教育包括三方面：其一培养知识力——养成农民的民族意识与国家观念；其二，培养科学的生产力——更换老农老圃的旧习惯、旧技术，养成自给自养的能力；其三，培养组织的能力——克服自私散漫，养成纪律生活，做到自卫自保。

定县平民教育工作者合影。

晏阳初又认为，农村问题千头万绪，归根结底可用四个字概括，这就是“愚”、“穷”、“弱”、“私”。尽管以此四字概括国民劣根性，可能会导致一些学者的批评与愤怒，如胡适在《我们走那条路》中提出的“五鬼闹中华”，即认为中国发展过程中有“五个大仇敌”，“第一大敌是贫穷；第二大敌是疾病；第三大敌是愚昧；第四大敌是贪污；第五大敌是扰乱”，就给他带来了许多麻烦，但是晏阳初与其他学者不同的是，他并不过于在概念理论上纠缠，他认准了“愚”、“穷”、“弱”、“私”四大国民劣根性后，便集中人力、物力、财力，在定县作一彻底、集中的实验，针对国民四大劣根性推行“四大教育”，借文艺教育以攻“愚”；借生计教育以攻“穷”；借卫生教育以攻“弱”；复以公民教育以攻“私”。他又设计了实施“四大教育”的“三大方式”，即学校式、社会式、家庭式，这些都是晏阳初根据定县平民教育实际提出的教育改革思路与举措。这“四大教育”和“三大方式”都是针对平民教育问题开出的教育处方，凡是到定县来参观考察的专家学者，都给予了极高的评价，认为定县平民教育是一部实践的教育学，一部平民教育的教育学。因此，定县实验不是贴着教育标签的实验，而是一场扎扎实实、深刻的教育运动。

一场科学运动

考察晏阳初思想形成与发展过程可知，他自幼在家庭接受父亲授予的儒学教育，其后到数百里以外的保宁府接受西学教育，然后由香港大学再到耶鲁大学、普林斯顿大学接受西方高等教育，形成了晏阳初思想的儒学、科学、民主、基督四大来源和四大组成部分。尽管这四大部分经过他的内化，已经被水乳交融地整合到他的思想结构之中，已经难以分析出某一行动是某一思想在起支配作用，实际上他的平民教育思想主张，正是这四大部分合力的结果，但是无可否认的是，在这四大部分中，科学占据着举足轻重的地位。

定县实验的性质及其意义，虽然可以从许多方面进行概括，从而得出不同的结论，但无论从哪个方面概括，它是一场科学普及运动却是一个明显的特点，一个极其突出的信号标志。考察分析定县实验的方方面面，不难看出，定县实验是以科学为实验的总体指导原则，每一改革举措都有科学根据。如定县实验方案的制订，就经过了李景汉长达

《乡村建设实验》论文集。

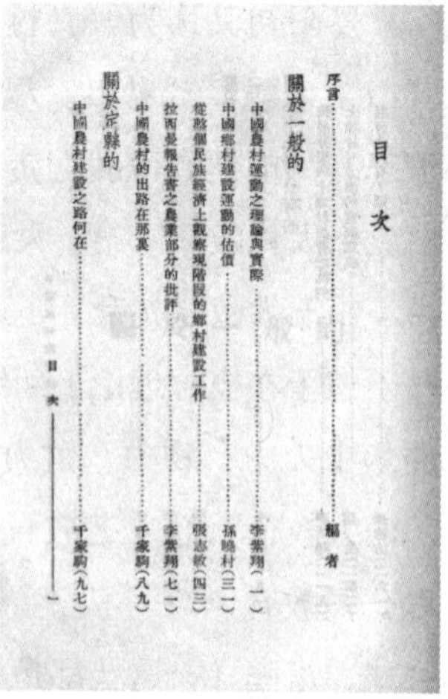

目次

目次 一

《中国乡村建设批判》目次。

数年时间的科学调查，在调查的基础上确定实验的思路与方案。晏阳初在定县推展的“四大教育”，其根本精神与内核便是科学。他认定，科学是消除农民封建愚昧、迷信盲从、缺衣少食的独一无二手段。国民“愚”、“穷”、“弱”、“私”四大劣根性的克星，就是科学，除了科学，没有别的什么灵丹妙药可以根除这四大劣根性。当然，科学包括社会科学和自然科学两部分，定县实验如调查、文学戏剧活动，便将社会科学的功效发挥得淋漓尽致。

晏阳初在定县实验中，总结出了调查研究、实验、表证、训练、推广的五个阶段，为科学进入乡村、专家与农民联袂携手，奠定了制度化的基础。定县实验，最终将科学在农村的应用归纳为“农民科学化，科学简单化”的简易目标。这无异于将科学的源泉与农村接通了管道，将源源不断的科学泉水引入了乡村。

一场民主运动

为了通过定县实验摸索到一条使四万万农民从凋敝崩溃的经济中摆脱出来的道路，晏阳初动员说服了一批学有专长的博士、硕士，从繁华的都市来到尘土飞扬的定县乡村。中国数千年的传统是“礼不下庶人”、“万般皆下品，唯有读书高”。专制君主和卿大夫对于平民，尤其是农民无不认为都是愚蠢粗鲁的，根本就不给他们受教育的机会，剥夺了他们平等享受教育的权利。另一方面读书破万卷的饱学之士，不辨菽麦，关闭于象牙塔之中，不屑一顾十字街头现象，更不必说田畴交错的农村！他们对农民的生活一无所知！如今来到农村，深入民间，了解了农民生活实际，使他们的满腹经纶有了用武之地，知识学问可大派用场，把科学的泉水引到了农村，改变了农民的旧观念、生计状况等，这是从根本上实现民主。这种从“固本”上、从根本上奠定民主根基所进行的民主建设，虽然没有震天响的口号，没有华丽的辞藻，却是农民最需要的。所以，他提出的第五自由——免于愚昧无知的自由，是在风雪严寒中送给农民的破棉袄，是在饥寒交迫中送去的窝窝头，它的意义岂在美国总统罗斯福提出的言论、信仰、免于匮乏、免于恐惧“四大自由”之下！

1931年晏阳初与夫人许雅丽在定县。

五四运动以来，一般知识分子谈民主，多半是着重在观念制度上。无疑，这是重要的。但在经济濒临崩溃的国家，要推行民主显然不只是观念与制度的问题，农民所需的民主也不仅仅是观念制度上的民主。正如晏阳初所言：“今日中国要求安定，要求繁荣，要真正实行民主，都必须从这为人民谋利益的基础上努力。”又说：“尤其实行民主，人民在文化政治经济各方面的基本力量——知识力、生产力、健康力、组织力——未曾发扬出来，如何谈得到真正的民主呢？”

不了解农民的真情实感，绝对不可能对民主产生如此深刻的见解。

一场传“教”布“道”运动

晏阳初曾以“传教士”自况。不过他传的是平民教育之“教”，布的是科学民主之“道”。

晏阳初是一位虔诚的基督徒，他信奉的是新教。他信教不拘泥于做礼拜、洗礼等形式，而是注重以基督精神从事平民教育事业，以“佛不入地狱谁入地狱”的精神进行定县实验。

1985年菲律宾国际乡村建设学院院长会见当年平教会翟城村农场农友张起和米化堂老人。

他自幼受“圣经”的熏陶，常以“科学布道人”、“自由十字军”的精神自勉勉人。韦政通教授在《晏阳初农村改造的思想》一文中说，晏阳初甚至在解释这一运动的意义及从事运动者的条件时，随时都不忘提醒这种精神的重要。他在说明定县实验的六点意义时，其中的第五点就说这是“布道”的运动。他曾经说，从事乡村教育至少要掌握两个东西，第一是要学会技术知识，这“相对说来是比较容易”的；第二是要培养传教士式的热情。认为技术固然极为重要，但必须将技术与宗教精神结合在一起，定县实验工作者必须既要具有科学头脑，又要具有基督精神。他把这种决不向困难低头、决不向矛盾让路的，向贫穷、疾病、无知和自私宣战的，敢于将地狱变作天堂的精神，称作“十字军精神”，将这种战斗者称作“科学传教士”。他甚至认为，世界上许多计划的失败不在于金钱匮乏，而恰恰失败于有钱；还有许多计划的失败，并不在于缺乏科学技术知识，而在于有没有“十字军精神”。因而这是实验能否成功的关键。

一场合作运动

定县实验旨在摸索乡村建设的途径。乡村建设是一项浩大的工程，需要几代人数十年甚至数百年艰苦奋斗才能大功告成。由于工程极为艰巨、极度浩繁，非一人之力、一团体之力及数团体之力可一蹴而就，需要整个社会紧密合作，才能完成。这个合作，包括农民老百姓之间将从来没有拉过的手拉起来，即“养成农民的合作精神，合作习惯，合作技能，以促成民族的新组织、新团结”。

其次，包括社会各界的通力合作。晏阳初指出：“我们对于农村运动，虽然看清楚了它的使命，同时有了实现它的方法和步骤，大家就各自去埋头努力工作，这还是不够。因为农村问题太复杂，方面也很多，非把全国各地从事农村工作的同志们，大家联合一气，共同努力，共同奋斗不可。要知道这种民族再造的运动，包含有改造民族文化、改造民族生活的两方面。它的使命之伟大，绝不是少数人干得了的，也绝不是多数人各干各的能成功的。因为这种工作需要大量的金钱与大批的专家，在今日中国经济破产、人才缺乏的时代，从事农村工作的人们，还不联合起来，前途哪里有许多希望！”

他满怀信心地认为，如果社会各界“站在整个农村的立场上，来看自己方面的工作的性质，各自认清楚各自的特点，联合一个整个的农村运动的计划，彼此分工，彼此合

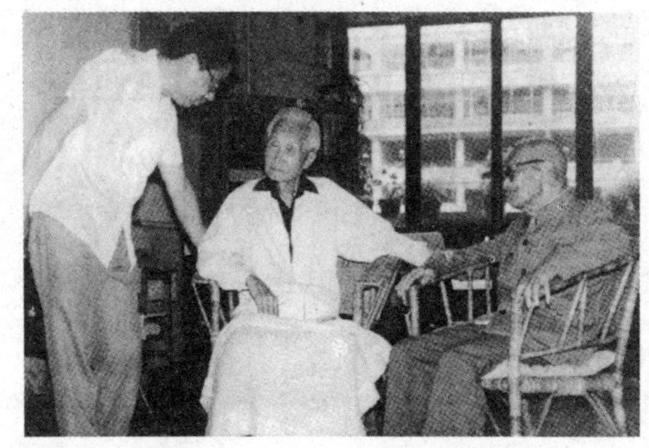

晏阳初和梁漱溟两位60年前的合作者重逢。

晏阳初与世界各地乡村建设志愿者交流。

作，互相辅助，相依为命，我敢断定前途一定有很大的光明”！

再次，还包括平教会内部各部之间的合作。对此，晏阳初的强调不绝于耳。他告诫平教同仁，我们研究实验必先估量某种地方适合某种研究。“我们应全力帮助，促其成功。在通盘筹划下，分工合作，农业从哪几方面做，政治从哪几方面做，大家亦应全力帮助，彼此不分你我。我们要认清在此非常时期，有一天的自由一定要干，所谓做一天和尚撞一天钟，只要有钟可撞。如何研究实验，如何推广，如何训练人才，都需要整个计划的厘定，分工合作，使人力上物力上都经济无浪费，我们乡村工作就应在此下手。”农民兄弟需要携起手来与贫穷作斗争，农村建设需要乡村建设工作者携起手来共同奋斗，否则乡村建设永远没有成功的希望，农民永远没有出头之日。

一场世界性的运动

晏阳初及其平教同仁在定县实验起步初，就以无比的信心苦干巧干，孜孜以求，期其必成。他们之所以能举家迁至穷乡僻壤，风餐露宿，除了他们具有“佛不下地狱谁下地狱”的奉献精神外，还有他们对自己从事的工作意义有了充分的认识。晏阳初对此深信不疑：定县实验成果不仅对中国将大有裨益，对世界其他各国农民生活的改造，也将有积极的贡献。

定县实验虽然是有疆域限制的，但定县实验的影响、经验、思路、举措，是超越定县疆域限制的。就在定县实验进行之时，他们刚刚取得部分阶段性成果，就很快不胫而走，轰传国内外。消息所传之处，纷纷遣员来定县考察。国内邹平乡村建设实验区、江苏无锡民众教育实验区、国民党中央政治学校等乡村建设、平民教育同仁纷纷前来考察取经。国外，特别是亚洲、非洲和拉丁美洲经济欠发达的国家和地区对定县实验也给予了高度关注。

定县实验对中国及世界都有一定的借鉴意义。30年代国内盛极一时的乡村教育、乡村建设、县政改革等思潮与实验，都曾深受定县实验的影响。50年代以后，在世界某些地区贫困国家兴起的乡村改造，也都以定县实验为模式，奉行所谓“定县哲学”。

县政的改革

1931年春，蒋介石邀约晏阳初到南京报告定县实验进展情况，随即复派中央军校教官毛以章等到定县参观考察。毛以章旋即写成近10万字的报告书上呈。蒋介石本来打算在南京附近选择一县进行实验，将来推向全国。但“九一八事变”爆发后，计划搁浅。1932年12月，南京国民政府第二次内政会议召开，议决“县政改革案”。规定采用中华平民教育促进会总会在定县实验中的办法，以县为单位作“四大教育”连环进行的县政改革，并在全国各地推行。至1933年7月，国民政府核定各省实验县办法，令各省筹办。随后相继有500多个县政改革实验县出现，其中较著名的有江苏的江宁县、浙江的兰谿县、山东的邹平县和菏泽县，以及河北的定县等实验区。

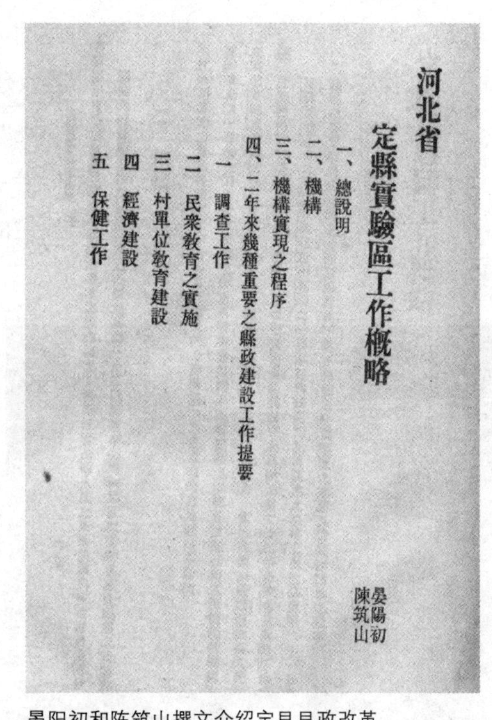

河北省
定縣實驗區工作概略

晏陽初
陳筑山

一、總說明
二、機構
三、機構實現之程序
四、二年來幾種重要之縣政建設工作提要
一 調查工作
二 民衆教育之實施
三 村單位教育建設
四 經濟建設
五 保健工作

晏阳初和陈筑山撰文介绍定县县政改革。

定县县政改革实验区，成立于1933年春东北沦陷与日寇开始进犯热河之时，因为日寇吞并中国的狼子野心已经彰显，使定县县政改革更增添了救亡的动力。实验工作不断有新的推进。直到1937年华北沦陷前夕，才被迫停止。1936年7月，平教总会主持的湖南省衡山县实验区成立，完全以定县实验的经验为蓝本，继续开展县政改革实验。几乎与此同时，在四川省开始了“以省为单位”的行政改革的实验，成立了四川省政府设计委员会，试图探索“全省行政科学化”，并以新都县为全省行政改革的集中试点。

从定县平民教育到定县县政改革，遵循的是晏阳初与平教总会推行平民教育学理上的逻辑，是定县平民教育运动实践上顺理成章的结果，是实行民主政治的必然产物。

政治的基础在县政

“上梁不正下梁歪。”民俗的淳厚或刁顽与政府关系极大。为了实现乡村建设、乡村改造的理想，晏阳初发动平民教育运动，在“固本”、提高国民基本素质方面殚精竭虑，风餐露宿，同时不失时机地进行县政建设，巩固和推广平民教育的成果。

为什么定县实验最终导致县政改革呢？这是因为传统式的腐败且因循守旧的县政，不改革便束缚着实验的继续进行，阻碍着乡村建设的深入。不改革县政，不可能巩固和推广平民教育，反而成为乡村改造与建设的阻碍力量。晏阳初在《三桩基本建设》一文

晏阳初在旧居与定县领导交谈。

晏阳初与定县县长交谈。

中曾经指出，中央政府重要，却不是政治的基础。省政府也重要，但也不是政治的基础。政治的基础在哪里?在县。县才是中国真正的政治基础。中国有两千个县，四万万人休养生息其中。县长治理县政，直接影响人民生活。省政府委员的张来李去，与老百姓无直接痛痒关系；中央政府的纵横改组，与老百姓无直接关系；唯有县长的更替，和老百姓关系最密切。他说："县长好，老百姓沾光；县长坏，老百姓遭殃。县长与老百姓的关系太大了，诸位都是从乡下来，必定听到过家乡父老的话，偶尔碰到一个清官，哪一个不喜出望外!"

晏阳初指出，催科不贪污，听讼不苛索，就是好"父母官"。但这样的县长却凤毛麟角，相反，利用催科、听讼以作发财捷径，则是司空见惯。"上级政府常以税收多少作吏治考成标准，在公的方面，要税款报解得多，在私的方面要对上司孝敬得多，这个县长就是能吏，就可不次擢升，迁调'优缺'"。所谓"优缺"就是肥缺，地方富饶，弄钱容易。这实际上是公开贪污。如此相率成风，不但不蒙制裁，不受惩罚，反而发财与升官呵成一气，谈何乡村建设?欲谋乡村建设，必谋县政改革。

乡村改造、乡村建设是一项系统工程，是县政的一部分。县政改革对于乡村建设有三个方面的意义：第一，县政府从权力和行政机构的观点看来，是合乎逻辑的，而且是从县单位的规模进行实践的唯一有效的机关。第二，县政府实际上直接而极重要地影响乡村生活的各方面。社会建设计划如果不重视地方政府，很可能遭受到阻碍。第三，没有县政府的支持，一些项目的社会调查就不能彻底完成，因为一切社会调查研究都在县政府管辖范围内进行。例如，土地占有、使用和租税、乡村教育制度、司法制度等，无一例外。

内政会议后，国民政府决定乡村建设问题由各省以县为单位进行实验。每省要建立一个"县政建设研究机构"，而且要建立实验区作为实验室。实验区完全受县政研究院直接管理。但是，县政改革是政府的事情，平教总会是私立团体，以局外人的身份参与县政改革多有不便。不过，1933年春成立的河北省县政建设研究院，为了利用平教运动打下的基础及其经验，河北省选定定县为研究院的院址。为了保证两个机构的密切合作，平教总会干事长晏阳初被聘为研究院主席，平教总会其他有经验的人员也都被聘担任了研究院的负责工作，他们都身兼二任，仍然肩负着平教总会的职务。

国防重心之所在

“九一八事变”后，国难日深。晏阳初见日军侵吞中国的野心日趋暴露，认为无论朝野上下哪一个人，都必须站在国难的立场上来思想，来行动，必须全国一致来促成国防建设的伟大工程。他说，国防的工作人人都以为就是军事武器，买飞机，造枪炮，殊不知20世纪的战争，需要整个民族的总动员，需要亢奋民气和充实民力，尤其是中国，军事科学不如人，武器财力不如人，更非赖四万万民众能个个胜任为勇壮强韧百折不挠的斗士不可，否则就不能和兵精粮足的敌人作持久的斗争。他说：“现在谈国防建设，除掉人人所注意的军事准备而外，更须立刻推动国防上最基本最扼要的工作，那便是表面看不出的、无形的武备——民众力量的造成。”

如何才能使民众都能够成为国防的力量呢？晏阳初指出：“和民众发生直接关系，而为培养民力，运动民力的机构者，舍县政莫属！”县政是全国政治的下层基础，中央政府为笼罩全国的中枢，要加强国防，拯救国难，晏阳初更感进行县政改革加固政治基础的重要，而且更强调县政改革是国防的基础。他形象地打了一个比方说，在一不健全的父母卵翼下，休想产出健全的子女；在一腐朽紊乱的家庭，休想培养成强壮聪明的儿童。所以，“如果政治基本结构——县政朽腐无能”，人民不知什么是国防、国难，甚至是国家，要复兴民族，“那真等于缘木求鱼，而且危亡立待”！在他看来，县政改革便是充实国防的重心。他说：“中国目前最紧急的第一步工作，端在确立健全的县政，革新其机构，整饬其官吏，并推进各种建设，使其毋忝为民力培养及运用的完善枢机，庶国防的根本工程予以完固。实验县的设置，便适应这个迫切的需求。实验县岂是若干学者拿来做实验的消遣品?亦岂是执政当局拿来撑门面的粉饰物！它具有极深刻、极严重的意义，负着极严肃、极神圣的使命!它是要开拓和带领着所有基本政治机构，都走上吏治澄清、机轴灵活、建设事业猛力推进的大路；它是替国防工程奠定最根本、最坚实的下层基础；它是要养成民众力量，以捍卫祖国，抗御强敌，重建一簇新的中国与环球!”

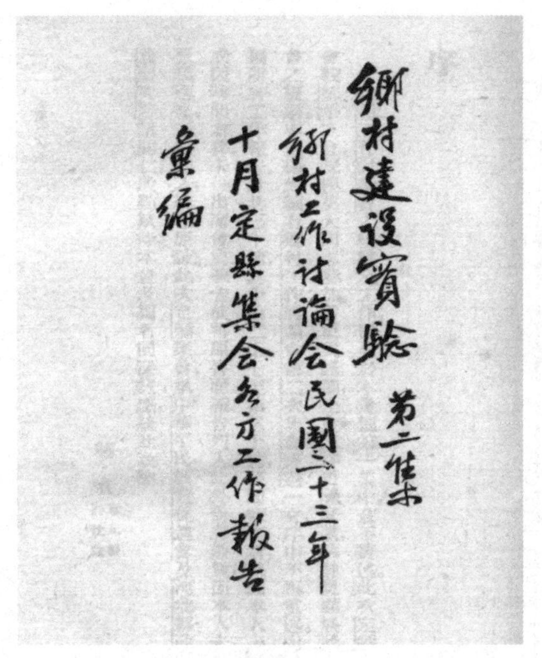

《乡村建设实验》第二集扉页。

《乡村建设实验》编者之一章元善。

县政改革的调查研究

定县平民教育实验进行了数月的调查研究，为定县实验取得预期成果奠定了良好基础。定县为河北省政府辟为县政改革实验县，平教会亦遵循平教实验的路向，开展县政调查研究。

1933年国民政府内政部刚通过“县政改革案”，河北省很快就成立了河北省县政建设研究院。其目标是“调查研究并改进人民的生活，发展全省县单位的建设计划，培训行政和技术人员”。下设调查部、研究部、实验部、训练部四个部。是年7月至1934年6月，调查研究紧锣密鼓推展开来，搜集有助于制订建设计划的经济和社会的情报资料。调查研究工作肇端，标志着定县县政改革的开始。此后在华中、华西的有关县政改革，均有调查研究之举。只因时局等原因，调查研究在时间与方式上有些变化。

调查研究是“县政建设之根本前提”，是“定县县政建设机构及其实验程序”的依据。故晏阳初将调查研究作为县政改革的第一步工作，认为它是构筑县政建设宏伟蓝图的

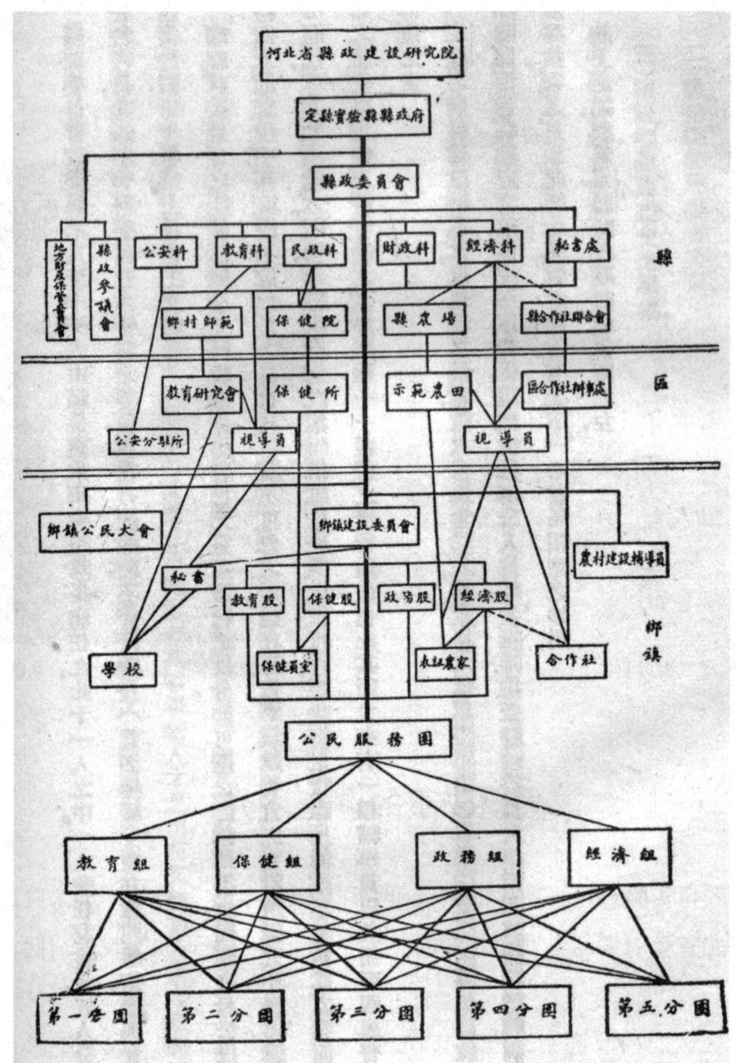

河北省县政建设研究院组织系统图。

基础性工作。陈筑山在《河北省县政建设研究院工作报告》中指出，要想对于河北的县政建设，研究得出可以实行的有效方案，首先要知道河北省一般县地方的实际情形，即关于地理人口、产业交通、政治经济、教育卫生和人民的一切生活习惯礼俗等，都要心中有数，然后才能下手去做实际建设的研究。所以，陈筑山说，“关于河北一般地方的实际情形的调查研究，为研究院主旨之一”，视之为“县政建设的最初步的基本工作”。

定县县政改革，立足实验县，不限于实验县，放眼全省全国。调查研究的范围，“不仅限于实验县，凡河北全省各县，为要真实了解一般县地方的实际情形，都在调查之范围”。

晏阳初强调，调查需要绘制图表，统计数据，表面的问题要调查摸底。他以为最要紧的，是要在调查的事实上，发现地方人民的一切真实疾苦，各方面的生活需要，找到社会表面所不能感觉到的问题和县政建设上直接所需要的材料。这一类的工作很困难：第一，地方人民知识程度不够，不能了解调查的意义，往往有反对或隐讳虚造的情况；第二，调查当事的人往往因为学识经验不足，不能得到真实重要的材料。所以，为使调查为县政改革提供最需要的材料，县政建设研究特立调查部，聘请富有学识经验的专家担任其职。以防止临时聘请雇员，“按表填写，虚应故事”，使调查“毫无实在的效用”。

晏阳初重视调查工作，亦毫不懈怠研究。他认为调查是为研究提供资料，而没有研究，材料便是无线贯穿的零散的珍珠。他在县政建设研究院下设置研究部，便是为了适合一般县地方的社会生活实际的需要与能力，参照实验区的实地经验，本着县政建设的理想标准，运用科学的方法，来研究实际县政建设各种方案。他要求在县政建设的研究上，打破学术与生活分家脱节的积习；在专家聘请上，他强调所聘专家必须是对于社会生活有精深的认识，对于县政富有经验，而且对于学术有研究兴趣的行政人才；然后分门别类地研究，拟定制度，订立方案，制作设计，以便于实施推广。

县政建设人才的训练

训练县政建设所需要的行政人才和技术人才，是县政建设研究院的主旨之一。有理想的设计，如果没有高质量训练有素的工程技术人员施工，理想总是可望而不可即的海市蜃楼。

那么，正在政府供职者难道不能胜任县政建设吗?晏阳初做过分析。他把县政人才来源分作两途：其一为专门大学或中学毕业，经文官考试及格者。此路人才在学校所习与实际隔膜很大。专门研究政治的，乃至特别注重地方行政的，也大半不过是涉猎外国贩来的讲义课本。许多有志青年，在未入专门大学以前，抱着一腔热血，毕业后走向社会，得了一官半职，便觉腾云驾雾，从前所学，虚无实用。以他们举县政建设，难收实效。另一路人才是富有多年县政经验的老吏。他们是由特殊擢拔谋得行政职务的，有的是由前清科举资格的进路来的，有的中途经过短期学校训练，他们较熟悉社会实践情形，应对的能力手段亦较高明巧妙。但因阅历深，对于积习上例行公事，敷衍得很圆滑，欲求其不营私舞弊，作一清廉之官，已经很不容易；如果还要指望他们打起精神干一番事业，还是免开尊口的好。所以陈筑山在《河北省县政建设研究院工作报告》中指出，“要想对于县政建设真正脚踏实地做出一番的成绩来，不能光在计划上、方案上寻求，要在行政人才和技术人才的训练上，同时下一番切切实实的苦功夫”。

晏阳初在定县时要求训练的教材、训练的精神、训练的方法、训练的环境，均要符合县政建设的理想标准及实际需要。全面抗战开始以后，他强调：第一，统一的训练。要在整个的政策下统一训练，不是各干各的。第二，计划的训练。训练要根据事业的需要出发，受训的学员，就是实施计划的人员。第三，政治、训练、学术三方面打成一片。他在《以廉正勇勤精神建设地方政治》的文章中说：“政府行政长官就是学校的导师，也是课程的讲师，校正了通常教育与政治分离的弊病，取得政教密切联系。”第四，学员分发组成队伍。学员分发时，即“由当局将县长及佐治人员、督导员、乡镇长配合成队，结为一群，养成群策群力的精神”。第五，训练在完成“管、教、养、卫”中的自卫工作和灌输政治教育、民族意识，使于军事训练之外，更得一种精神教育，庶可发挥士气，以精神的长城，抗御敌方机械的武器。

县政建设人才还有专门素质要求。1938年4月，晏阳初在湖南省地方行政干部学校“县政督导员”训练班上演讲，对县政督导员班学员提出了专门素质要求。他说这个班的学员，将来的职务均为佐助县长，推行县政。勤求民隐，沟通上下，对于这一方面的问题，自应有精深的研究。他认为，除本地本业的督导外，对于农村建设各方面的问题，也应当有水平线上的知识，而后推行政令，沟通上下，才有把握。例如推广农业，必须了解推广农业的政治机构与技术问题，这些问题如果不认识，实施上遇到障碍，更难解答。这样，也就不能算是一个好的督导员。好的督导员，必须是对于整个农村问题有通盘的认识，了解其相互关系，这样推进工作，才能分别缓急轻重，加以调整，运用圆熟，恰到好处。技术辅导员的工作与农民的生活关系最密切，进行得法，可以立刻改变农村面貌，改善农民生活，“有社会调查、教育、经济、农业、工矿、卫生等不同，无论专攻的是哪一种，在应用他们的专门技术技能的问题，其他有关系的问题，也应该顾

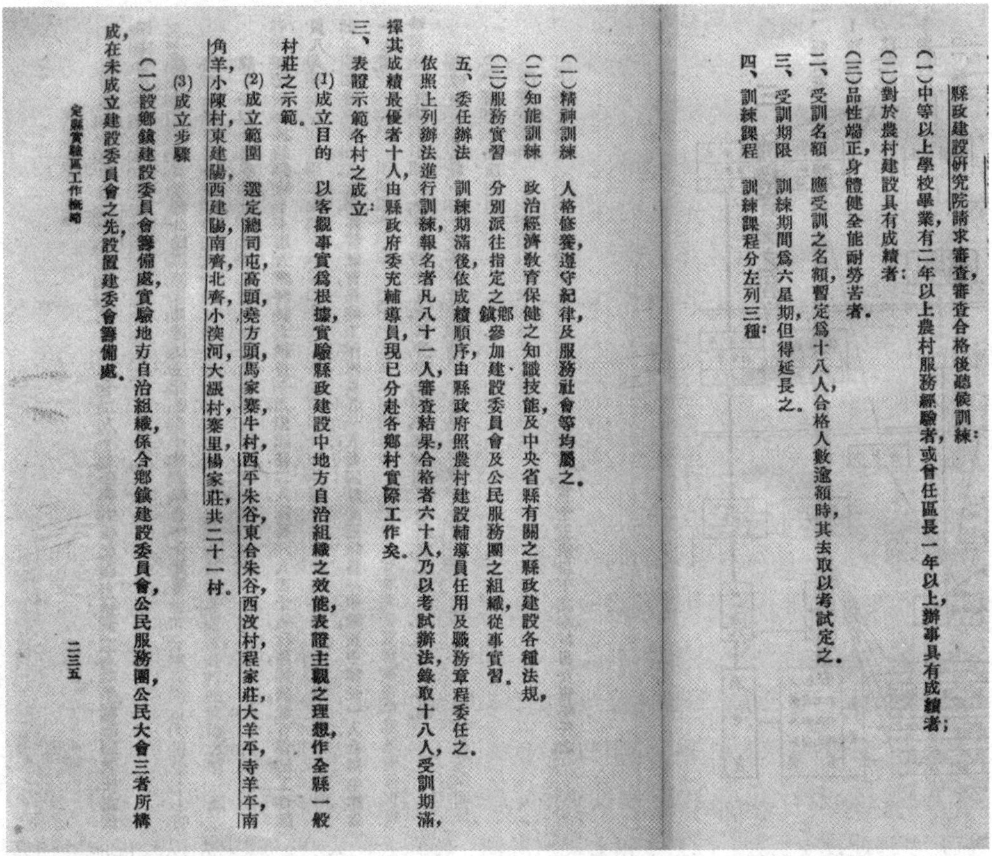

縣政建設研究院請求審查，審查合格後聽候訓練：

(一)中等以上學校畢業，有二年以上農村服務經驗者，或曾任區長一年以上，辦事具有成績者；

(二)對於農村建設具有成績者：

(三)品性端正，身體健全能耐勞苦者。

二、受訓名額　應受訓之名額，暫定為十八人，合格人數逾額時，其去取以考試定之。

三、受訓期限　訓練期間為六星期，但得延長之。

四、訓練課程　訓練課程分左列三種：

(一)精神訓練　人格修養，遵守紀律，及服務社會等均屬之。

(二)知能訓練　政治經濟教育保健之知識技能，及中央省縣有關之縣政建設各種法規，

(三)服務實習　分別派往指定之鄉鎮參加建設委員會及公民服務團之組織，從事實習。

五、委任辦法　訓練期滿後，依成績順序，由縣政府照農村建設輔導員任用及職務章程委任之。

依照上列辦法進行訓練，報名者凡八十一人，審查結果，合格者六十人，乃以考試辦法錄取十八人，受訓期滿，擇其成績最優者十人，由縣政府委充輔導員，現已分赴各鄉村實際工作矣。

三、表證示範各村之成立：

(1)成立目的　以客觀事實為根據，實驗縣政建設中地方自治組織之效能，表證主觀之理想，作全縣一般村莊之示範。

(2)成立範圍　選定總司屯，高頭，堯方頭，馬家寨，牛村，西平朱谷，東合朱谷，西汶村，程家莊，大羊平，寺羊平，南角羊，小陳村，東建陽，西建陽，南齊，北齊，小渙河，大泓村，寨里，楊家莊，共二十一村。

(3)成立步驟

(一)設鄉鎮建設委員會籌備處，實驗地方自治組織，係合鄉鎮建設委員會，公民服務團，公民大會三者所構成，在未成立建設委員會之先，設置建委會籌備處。

定縣實驗區工作概略　　二三五

县政改革研究院人员训练内容。

到”。如卫生工作人员，要明了政治、教育等问题。乡镇长是整个政治系统中的基层公务员，“要真正叫农村建设能够实现，非有一班明了农村建设内容、方法、制度的健全的乡镇长不可”。

县政府机构改革

工欲善其事，必先利其器。机构改革是县政改革极重要一环，晏阳初在《定县实验工作概略》中阐述了机构改革的重要性。他说：“县政建设实验工作，以县政机构之拟制

为其第一步。”他又谈到县政机构应注意之点：“拟制之新县政机构，固不可不注意县政府对于新政治要求之适应，而亦不可不注意全县人民之政治组织与政治动员，盖必须有此一副机构，然后县政建设之内容方有实现之可能也。”改革县政的主要精神“在以县民总动员为基础，而以效率最高之县政府为中枢”。改革的目的是为了使机构运转灵便，提高效率，达到“由分而合，由散而整，由下而上，务使其节节灵通，不能拆开，不能截断”的理想境界。

晏阳初县政改革思想中，极为重视县政改革的研究。全国内政会议通过县政改革案后，河北省政府便与平教会在定县设“河北省县政建设研究院”。两方合作以县为单位开展研究实验。定县县政改革正是遵循着“学术与政治合作”的路向进行的。晏阳初对于这一模式赞许有加，说县政建设研究院“在学术政治化，政治学术化方面，实开政治与学术合作之新纪元”。

1934年秋，县政建设研究院在研究实验过程中，“创获了县政建设之有机的组织”。于是，附加于这个县政建设的总机构之上。一套一套的应用学术，至此综合为一整套，使得县政机构改革灵通而有序推行。县政建设机构，系以深入各县的公民服务团与改造过的县行政组织，得成两位一体之有机的妙用。

定县实验的县政府组织，晏阳初在《定县的实验》中勾画了大意：(1) 设县政委员会；(2) 裁局设科；(3) 设农村建设辅导员。关于定县实验的乡镇自治组织，约分三种：(1) 乡镇建设委员会；(2) 乡镇公民服务团；(3) 公民大会。就中尤以公民服务团之组织，为推动各种建设工作之主力。

县政“最下层之组织”是公民服务团。晏阳初在《定县实验区工作概略》中说：“全县人民之政治活动以公民服务团为基础。全县人民皆为公民服务团团员，依其年龄而分现役、预备、后备之三种。其中以现役为基干，因从其年龄论，皆系少壮分子，既无稚气又敢于有所作为也。更依其在学校（含公民服务训练班在内）之组织与学习之所专而分政务、教育、经济、保健之四组。”服务团的特点有四：(1) 以少壮分子为中坚；(2) 以教育为基础；(3) 以各种建设为工作内容；(4) 以军队纪律为精神之一种政治初步组织。如此组织，目的是为了“培养民力，组织民力，运用民力”。其团员的义务为：第一，团员（在通常时期多为现役团员）有随时辅助各种建设工作进行之义务。第二，团员有随时接受继续教育及特种训练之义务。第三，服务团为有纪律的组织，团员有严守纪律之义务。第四，服务团以本乡镇学校教师为指导员，在设计上技术上接受其指导。第五，各组工作活动分别受该乡镇建设委员会之指挥监督。

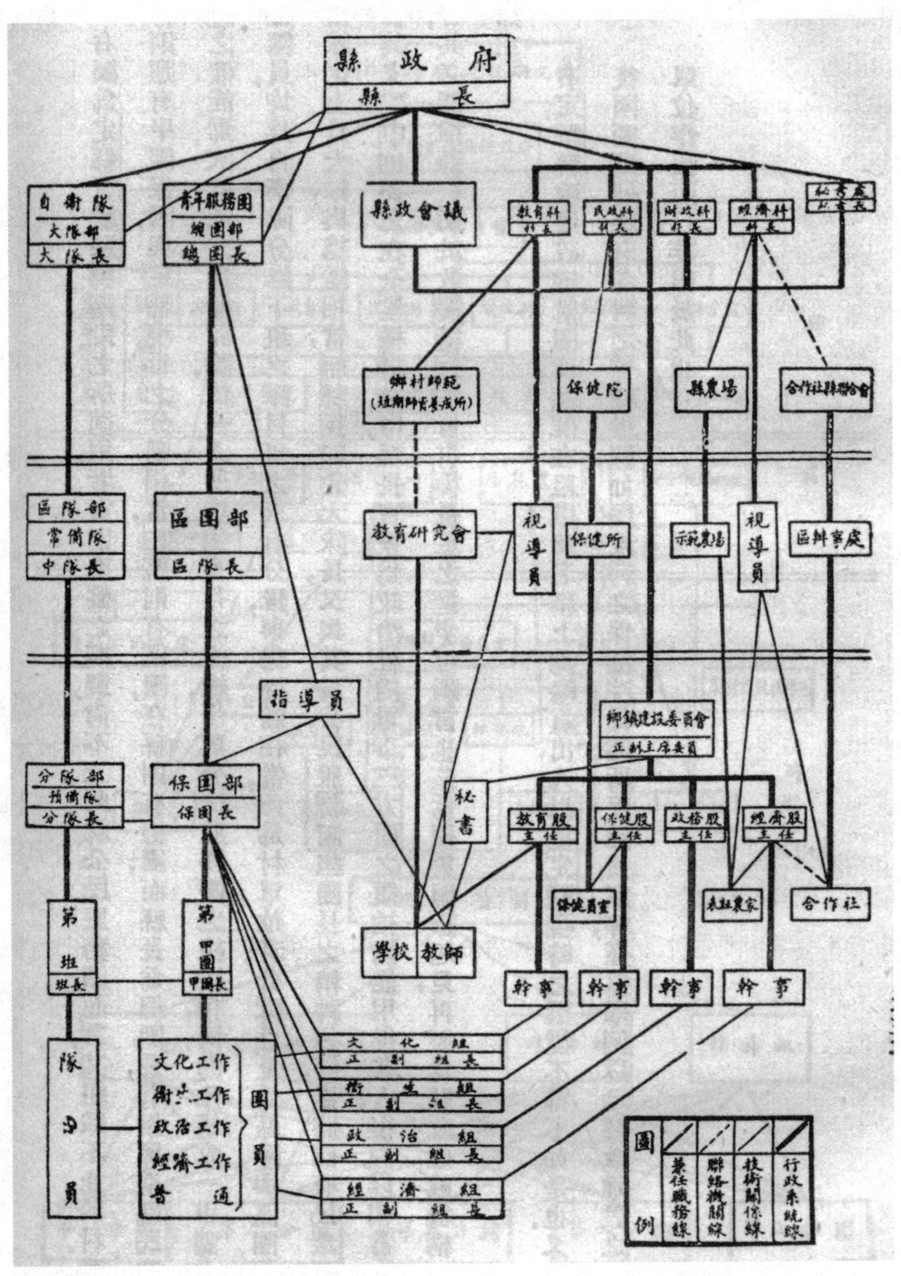

定县政府组织结构图。

其次是乡镇建设委员会。晏阳初指出，“在以公民服务团为基础之县行政机构中，此一机关，上之接受县政府之政令，下之主持服务之工作，其职责尤为重要”。为此，他主张设委员6～12人；委员会下分政务、教育、经济、保健四股，以上公民服务团四组互相照应。为了提高效率，他主张委员中应“容纳当地之有资望阅历者，而以本乡镇之小学教师为当然委员及秘书”。为了防止建委会滥用职权，乡镇设公民大会“尤不可少”，以节制乡镇建委会。

最后是定县本身的组织。晏阳初深刻认识到，“县政府组织之合理化，不仅在裁局改科集中事权而已，尤在能集合实际行政人才与学者专家于一堂以共策进行”。但由于经费拮据，此两类人才难以集合，应采取折中方案，即“县政府设一县政委员会，于秘书长、科长等实际行政人员之外，另罗致一部分名誉职之学者专家，遇有要政兴革特请参与，盖必如是而后县府乃能得有高等学术人才之用，而又无其负担”。

设县政委员会除可罗致学者专家外，还可以容纳相当士绅，使之“足资消除隔阂”。

晏阳初设计的县政委员会十分精干，无一庸员。共设委员7～11人，由县长商承研究院院长聘任。其中1人兼秘书长，5人任各科科长，其余5人为不管科委员。他对全部委员的资格和职掌提出了要求。他强调：“管科之委员，重在行政经验，不管科委员（为名誉职）重在专门学术，参与会议，提供计划，给予学术上技术上之辅助。”

县政委员会组织的独特之处，是设置农村建设辅导员。晏阳初认为乡镇委员会太薄弱，“实际所能究不过传达命令而已”。但是，根据乡镇委员会委员们的知识能力，“断难奉县政府之成案而指导服务团以实行也”。这使得“县政府之实际所能亦不过制成方案而颁布之而已”。定县310个乡镇，县政府很难“亲督之奉行如法”。所以，两级之间尤其应有一种辅导员“以负循环视导督促传达之责”。辅导员亦有资格之限，大抵应为青年中学毕业生曾受辅导员训练者充之。他们可随时传达县政府的政策政令，督促训练农村办公人员；并“随时接受县政委员之学术训练，循环递转，训练农建技术人员”。他认为“如此师生传习之间，方有上下一心首尾相应之妙用”。

政治与经济建设的努力

政治与经济密不可分，将经济搞上去，便是最大的政治；政治建设离开了经济建设亦将是空中楼阁。经济建设为政治建设的基础，这是从哲学理论意义上说的。中国的政治建设的基础在哪里?晏阳初问道，在北平吗?不是；在上海吗?不是；在南京吗?都不是。农村的政治建设是国家政治建设的基础；而农村经济建设又是农村政治建设的基础。晏阳初在《三桩基本建设》中打了一个浅显的比方："俄国在大战时候，前方的兵力，不是不够，枪炮不是不精，只因为后方人民没有面包吃，闹起革命来，使前方军队不能不后退，俄皇不能不去位。"所以他反对一般人谈国防，只顾买飞机大炮，"却忘了要巩固国防的经济基础"。经济基础在日本、英国是工业，在中国却是农业。

一个县的经济建设千头万绪，项目繁多。就定县试行情况看来，不出乎农业改进与合作经济两类之范围，盖前者即所以促进农民之生产技能，后者即所以改良其经营方法与建立全县之经济制度是也。晏阳初认为，在当时抓农村经济建设就应该抓住农业改良推广和合作经济之推进。定县在第一个方面，主要做了如下工作：(1) 22号改良稻谷推广；(2) 棉花改良推广；(3) 小麦、高粱改良推广；(4) 波支猪的推广。在合作经济推广方面，主要有两项工作：其一，推行合作教育，包括初步教育、专门教育、继续教育等；其二，形成村、县、区合作社组织系统。

一县的政治建设，亦是千头万绪，名目繁多，撮其要者有以下诸点：

其一，物色清正廉洁的县长。中央政府、省政府走马灯一般张来李去，与百姓无直接痛痒，县长却不同，与他们的关系太直接了；来了一个清廉县长，人们一传十，十传百，个个喜出望外；来了一个贪官，个个咬牙跺脚。试看各县县太爷，每月薪俸不过二三百元，可是他们哪一个不是洋楼洋房，腰藏万贯的!如此黑暗贪污，谈何政治建设!

其二，改善县的政治机构。自县以下一直到区乡保甲，全国一致的呼声是有改进的必要。晏阳初主张废掉区一级机构，"实行督导制度……还有技术辅导制度的加入，乡镇公所的充实，职权及待遇的提高，区域的扩并"，都应与之配套进行。

其三，设立民意机关。对此，晏阳初认为应"特别注意"。他对所谓"民主政治"颇有微词："我们天天谈民主政治，却没有工具给民众，没有机会给民众，教他运用民权，那就是空谈民主政治，一点没有用处。实现民主政治，一方面固然是知识问题，一方面也是机会问题，有机会给民众锻炼自治能力，民主政治才会实现。"不谈民主政治则已，要谈就不能以这样或那样的借口，"不给他们自治的机会、自治的工具"。按他的设想，"县的民意机关叫县临时参议会，其组织办法是：县参议员由各乡镇议事会、县法团及专员与县长之会商，各推举全额三分之一的三倍人数，由省政府圈定。议事会

2預備團員　受過相當教育而未滿十六歲之本村男女青年任之。

3後備團員　三十五歲以上之本村男女居民任之。

組織辦法：

以保甲爲單位，每甲設一甲團，每甲團設團長一人，又政務，經濟，教育，保健工作團員各一人，餘稱爲普通團員。每保設一保團，設保團長一人，秘書一人。保團甲團之間，得設中團長。

各甲之政務工作團員，須組成一政務組，公推正副組長各一人，兼任建委會政務股幹事。各甲團經濟，教育，保健工作團員同此辦理。

保團長，秘書，各組正副組長，均用選舉方法產生之，因表證示範各村，尚未舉辦保甲，故各村之公民服務團，暫時未按保甲組織，原稱保團長爲團長，甲團長爲分團長，餘仍舊。

四、召集公民大會選舉鄉鎮建設委員會委員

公民大會乃全村公民行使政權之組織，選舉鄉鎮建設委員，自公民大會本身而言，是行使政權之第一聲——選舉權，同時自建設委員會方面視之，爲成立建委會必經之階段，成立建設委員會可分兩個階段：(1)籌備——即設置建委會籌備處。(2)選舉。茲將選舉過程，約言如下：

子、組織公民大會臨時辦事處，籌備一切選舉事宜，如調查公民人數，補行公民宣誓登記，編寫投票人名簿，

定縣實驗區工作概略　　二三七

晏阳初撰文介绍民主选举。

是乡镇中的决议及设计机关，由各乡镇推举正派士绅担任，只有义务，没有权利”。尤其是国难当头，“非集思广益、全民共济不可”。

其四，民主选举。晏阳初认为这是应极重视的问题。民众的事，由民众决定，是理所当然的。独裁政治越俎代庖，老百姓听任摆布，一派死气沉沉，不可能充分利用民众的智慧和力量。晏阳初在定县县政改革过程中，推行民主选举，所出现的一幕幕场景，

使他十分感奋，颇为兴奋与自豪地说："这几天乡间的选举，不但是开了定县的新纪录，恐怕也是全国的新纪录。乡镇公民都真正的自动投票，这情形有谁看到过，看到的是从现在起，老百姓到今天才真正认识了投票的意义。"

重中之重：村单位建设

县政建设亦以村单位建设为重点。以前县政府贪污受贿、搜刮民膏民脂，习以为

三、村單位教育建設

現行村單位之教育建設，當於下年度開始普及全縣，惟刻仍祇在示範村行之。茲計其事項如左：

(一)改進小學　過去因小學教育方法之不善，每教師一人，僅能教學生至多四十名；又以學生年級之不同，實施教學與訓管，每多顧此失彼，毫無效率可言；近年來又因經費拮据，二三百戶之鄉村亦只能聘教師一人，於是兒童失學者日衆；此顯然爲農村中之一嚴重問題。自從各示範村小學改用中華平民教育促進會所實驗之『組織教育』方法以來，教師一人所教學生人數每在一百以上，而學生之精神及其學業進度，亦莫不大異於前。

(二)設傳習處　學齡兒童之入學機會問題既已解決，而失學兒童之補習教育又成問題，於是廣設『傳習處，』以青年服務團團員及小學生之年級較高者爲導生，使自招學生，自任教學，每日授課一小時半。每處平均有學生十人；一村有設至三十處者。每處之開辦及經常費用全年不過五角而已。

(三)設公民服務訓練班　表證示範各村，選擇村中曾在小學或平民學校畢業而又具有領袖才能及特殊資質者，予以政治的，軍事的，及其他建設技術的訓練，在成立公民服務團時即以之爲幹部。此種訓練，於農閒時晚間舉行之，由小學教師負指導之責。

(四)設幼童園　表證示範村初設幼童園一處，附屬於婦女青年服務團。婦女青年服務訓練班有兩種專修科目：一爲導生訓練；一爲保姆訓練。此幼童園即保姆實習場所，其開辦費至多不過十元。都市幼童園之設備，凡藉以吸引學生者，在鄉村中均無此需要。此種幼童園又可稱爲小保姆訓練處，因所收學生資質較好，訓練一年即可

定縣實驗區工作概略　二四五

晏阳初撰文介绍村单位教育建设设想。

常，“政治变成了一个有组织有步骤有计划的剥削机关”。民国以来县制数度改革，改来改去，只是名义之变，换汤不换药。“中央多一个法令，县长就多了一个剥削工具。”比如，村单位的保甲，“从前民众没有编制，县长抓不住他们的辫子，现在有了保甲，县长就多了一条老百姓的辫子可抓了，剥削也就格外容易”。如今改革县政，也须改革村政；搞县政建设，同时亦要搞村政建设。

村单位的建设，出路在于废保甲制度，成立合作社。晏阳初指出，“村合作社为最基本之组织，大约均以信用合作为主”。村单位的卫生建设，纳入县卫生建设系统。村单位建设的重点是教育建设。1935年10月，他和陈筑山为在无锡召开的第三次乡村工作讨论会上提交了《定县实验区工作概略》的书面报告，将“村单位教育建设”列作专题汇报。其内容有六点：

第一，改进小学，以前每位教师教学生至多40名。因学生年级不同，教学与训管多顾此失彼，毫无效率。近又因经济拮据，二三百户之乡村只能聘教师1人，导致失学儿童日众。晏阳初要求小学改为平教会实验的“组织教育”，师生之比提高到1／100。

第二，设传习处。为解决失学儿童之补习教育问题，在村中广设传习处。以小学高年级生为导师，使自招学生，自任教师，每日授课1小时半。

第三，设公民服务训练班。在农闲时夜间举行，由小学教师负指导之责。表证示范各村，宜“选择村中曾在小学或平民学校毕业而又具有领袖才能及特殊资质者，予以政治的、军事的及其他建设技术的训练，在成立公民服务团时即以之为干部。此种训练，于农闲时晚间举行之，由小学教师负指导之责”。

第四，设幼童园，每表证示范村设一园，附属于妇女青年服务团。幼童园又是保姆实习场所，资质较好的学生受训一年即可在堂前院内林间空地设幼童园。晏阳初认为“农民多无暇照顾其子女，此种设置，在农村中实有其必要”。

第五，试办广播无线电教育。

第六，设置报时钟。晏阳初认为，“此种设备为实施乡村教育之所必有；且时间观念之养成，本身亦即教育”。要求利用各村庙的大钟，由小学值时生按时敲击。

抗日战争中

晏阳初的平民教育实验，是以定县为立足点与实验基地，目光是盯着全省、全国的。在定县平民教育如火如荼开展的1935年，他便着手开辟南方基地，向华中、西南推广发展。1936年春，陈筑山等到达广西进行工作。李宗仁等采纳陈筑山的建议，成立了一个“设计委员会”，由省主席兼委员长，陈筑山任主任委员，朱有光博士担任教育研究所所长。几乎就在同时，晏阳初、瞿菊农、彭一湖相约南下抵达湖南，与省主席何键、教育厅长朱经农、财政厅长何浩若等详谈，决定设立“湖南省实验县政委员会”。委员会由省政府委员及四厅长与平教总会代表晏、瞿、彭三人共同组成。省政府决定在县预算经费外另增拨10万元供实验之用，又另拨6000元作乡村人员训练用；24000元作新设立之乡村师范的费用。湖南省政府此举，正中平教总会下怀。晏阳初因势利导，决定在湖南奠立作研究与训练之用的中央实验室的基础。1936年7月1日，经湖南省政府指定的衡山实验县成立，任命平教总会彭

湖南省主席何键。

湖南省教育厅长朱经农。

一湖为县长。本定县模式推行县政改革实验，在教育经费方面实行财政统收统付办法，使各类教育发展得以保证。

推行省政建设靠人才，人才的成长靠训练。故训练“有计划建设”人才的湖南地方行政干部学校着手筹建，1938年4月1日正式开学。晏阳初应湖南省政府之聘，担任教育长。

衡山实验县的机构改革

1936年7月1日，衡山实验县正式成立。在成立大会上，衡山实验县县长彭一湖宣誓就职后，省政府主席何键以行政院代表的身份致词，希望平教总会在衡山实验县推行“四大教育”、政教合一，全县要拧成一股绳，排除一切困难；实验县的设立不仅是湖南70多县3000万人所期盼的，也想让衡山县为全国2000个县树立一个好样板。实验县成立后，便在平教总会直接指导下进行改革和实验工作。

平教总会迁移长沙后的部分同仁合影。

彭一湖就任后，随即成立衡山县地方自治讲习所，召集衡山有志于乡村改革人员进行培训。平教总会专员晏阳初、瞿菊农先后到衡山进行实验方案的设计，并亲自主持实验人员的培训工作。从1937年到1939年，共举办了3期培训班，培训了200多人。培训课程主要有：户籍法要义、现行地方各项法令、地方财政学要义、自治纲要、现行地方自治法规、道路水利及土木行政、教育行政、劝业及公共营业、慈善行政。随后进行县政府机构本身的改革，将各局裁撤，内部改设四科。譬如，第四科掌学校、图书馆、博物馆、民众教育馆、公共体育场、公园及其他文化事业，比旧时的教育局职权范围宽广得多。第三科掌管农矿、工商、森林、渔牧、合作、水利、道路、桥梁工程、劳工、度量衡及公营企业和事业等。这些工作以前是县政府不屑一顾的，或者说是被看作鸡毛蒜皮的琐事不予重视。平教会从这些“琐事”做起，而不是只管公文收收发发，令人耳目一新。各科都加设了专门技术人员，如卫生指导员、农工指导员、合作指导员、教育指导员等。还有统计调查员和编辑员，保证全县统计数据真确。除了四科之外，还设有督导室，掌管宣达政令，推行县政，对实验县下属单位及地方机关及其服务人员负责督促、指导、考核和纠察责任。

衡山实验县决定应兴应革的四大原则：第一，需要的原则，决不做装饰品之用。第二，经济的原则，即使技术上并不难，但如果不合算，不去做它。第三，统一的原则，一切由县政府来主持设计，决不可做各不相谋的事情。第四，自给的原则，如果要借助外力来改造本地的事业，也不动手做它。衡山实验县应兴应革之举，全以这四项原则为标准。合则兴之，不合则革之。

衡山实验县的重大兴革之一是县政府机构改革。实验县原有8区、113个乡镇。实验县成立后，撤除区的建制，将113个乡镇裁去一半，归并为57个，一年后再归并为29个。并一律裁撤村公所，实行县、乡镇两级自治制度。因为归并前乡镇的个数是归并后的4倍，归并后乡镇使用的经费是过去的4倍，实验还开源节流，增加乡镇公所的经费，选择合宜的处所，购置必要的办公设备，使乡镇公所成为全乡镇办事及建设的枢纽，工作效率明显提高。1936年11月，彭一湖召集全县各乡镇长会议，详细阐述了县政施政方针和计划、乡镇长执行职务的方法，并要求及时转告给乡镇居民。当年7月，还招收18～30岁中学毕业生，予以一个月训练后分发各乡镇公所任助理员，协助乡镇长为民众服务，并沟通各方意见。

衡山实验县的乡镇具有多样功能，地方自治系统和保甲系统合一，负担着一乡镇教、养、卫多方面的职责。自治和保甲合一，将自治置于保甲制之中，使保甲组织的自治机能化。两者合二为一后，其职能除过去的自治和自卫外，还增添了教育和建设等工作。显然，这些工作顺利完成，靠过去的保甲机构是难以胜任的。于是，衡山实验县在旧有的自治和自卫系统中注入新的血液，将受过小学教育或短期义务教育或民众学校教育的，从16岁到25岁的青年，再给以青年服务训练，组成青年服务团，使之成为各乡镇改造工作、地方自治和自卫的先驱和骨干。

过去，衡山县各区教育委员和干事的主要职责是经理学租，以及按时向各征收机关领回“田赋区学附加”及屠宰税4成实收数，供区内学校之用。这一制度多不合理，各区之间收入不均，经济基础相去甚远，各区支出是否核实，县政府无从知晓，滋生出种种弊端。衡山实验县建立后，1936年7月底，裁撤各区教育委员，所有收支教育费用，一律由县政府第四科办理。第四科主管全县教育文化工作，设教育委员一人，设督导员任分区督导。保留原有18名教育干事，协助8名督导员构成全县教育视导网络，每学期每校至少可视导3次。各校校长要努力督促适龄儿童入学读书，学生人数由过去的20人增加到34人。教师的工资有了提高。特别是实行各公立小学教员一律由县政府在登记人员名册中直接委派，消除了以往各校长滥用私人的积弊。

在教育方面，1936年8月，衡山县政府考选小学教员600人，地方自治人员70人，并借县立中学进行短期训练。县政府发布文告，限令儿童入学，调整小学班级，设法改善办学设备。次年，制定《实施义务教育暂行办法》，选派教师100名，办41所小学作为示范。1938年，将原有公立小学及短期小学改为乡（镇）、保国民学校，全县在校小学生3.34万人，为1936年前的1.46倍，从民众夜校毕业的学员累计达7万多人。

创办湖南省立乡村师范学校

为了培养乡村建设与改造的干部，晏阳初在湖南创办了湖南省立乡村师范学校。1936年10月1日开学，校长由平教总会干部汪德亮担任。这是一所胸怀平教总会培养改造学校教育及乡村社会理念的新型学校。在该校的招生广告中开宗明义：“本校以培养乡村小学师资及农村改造民众教育实施人才为宗旨。”投考的资格必须是“初中毕业，熟悉乡村情形及农民生活、志愿终身在乡村服务、身体强健能吃苦耐劳者”。

湖南省立乡村师范学校远景。

湖南省乡师后改名为武冈师范学校。

1936年10月，湖南省立乡村师范学校面向全省46县招收两个班学生98人，10月1日正式开学。

汪德亮根据晏阳初的设想，在湖南省立乡村师范学校推行社会化教育。所谓社会化教育就是教育与社会打成一片。他强调学生在求学时代就要参加社会工作，取得整个社会经验，同时在参加社会工作中，随时随地运用教育方法来改造社会。汪德亮在《社会化教育的意义——本校教育的理论》一书中强调说："若不能参加社会工作，怎能改造社会？若不是改造社会，又何必参加社会工作？"根据这一办学目标，汪德亮根据农民生活和农村需要拟定"社会研究"、"军事教育"、"民众教育"、"小学教育"、"农业合作"、"乡村建设"等六个单元，六个单元均贯穿课堂教学与社会实践密切结合的原则。

第一学期学习第一单元，中心课程是社会调查，旨在初步认识旧中国社会性质，培养学生尊重事实、调查研究的习惯和能力。课程主要有中国农村经济概况、农村经济调查、统计学、社会发展史、中国近代史、应用数学等。

第二学期学习第二单元，中心课程为军事训练。除一、二、三、四班由湖南省高中以上学校军训总队集中训练外，其他各班各学期均实习军事管理、军事训练与救护训练。全校编为一个大队，下分两区队，每区队又分为三分队。区队长、分队长都由学生轮流担任。大队长由湖南省高中以上学校军训总队派员轮流担任。这种训练并不限于在操场训练，其实整个学校生活具有浓郁军事化管理的味道。

第三学期学习第三单元，中心课程为民众教育，目的在于培养学生掌握扫除文盲、科学种田和农村工作的各种能力。课程有民众教育、应用文、识字运动、拼音、生理卫生、生物、学校行政和农业等。

第四学期学习第四单元，中心课程为小学教育，目的在于提高学生的教育理论和儿童心理方面的知识水平，具备小学各科教育的能力。旨在培养学生热爱乡村教育事业、热爱儿童的优良品质。课程有小学行政、教育概论、心理学、文学、唱歌、美术等。

第五学期学习第五单元，中心课程为合作经营。

第六学期学习第六单元，中心课程为乡村建设。

为了满足全校青年们的学习要求，汪德亮校长想方设法聘来品学兼优的教师来校任教。教师中有教育家朱晨声、马星五、刘人俊、邹鸿操、周振邦、张世文、陈孝修、解守业、王三一；经济学家叶德光、孟受曾；文学家黎锦明、吴奔星、王西彦、艾青；美术家王建铎、阳太阳；音乐家任致荣、钱维贞、安娥；生物学家蒋名川、胡笃敬等。应邀来学校讲学的社会名流有瞿菊农、孙伏园、向培良、朱经农、何浩若等。他们的讲学，活跃了学生的思想，扩大了学生的视野，收到了良好的效果。

湖南省立乡村师范学校的实习也很有特色。汪德亮明确指出："实习是使学生多方面的与社会民众、儿童接近。"因此，毕业生在校时就都在乡村做过调查、民训、民校、小学等工作。学生的实习分校内和校外两种。校内实习是处处都接受环境的刺激，如纪律组同学要了解很多管训学生的方法；事务组的同学定当掌握厨房工人操作的方

湖南省立乡村师范学校校长汪德亮。

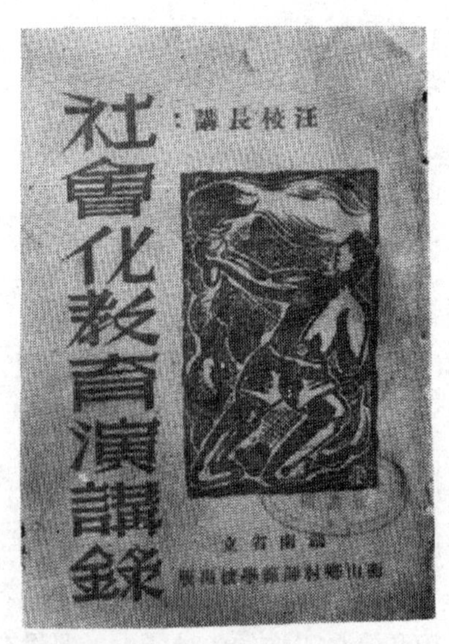

汪校长的著作《社会化教育演讲录》。

法；交际组同学一定要学会体会人情、社会；文书组至少要学会答复上级机关的办法。校外实习一定要从几次实习后最低限度地知道土豪劣绅是什么样的人，知道应当怎样去应付他们，怎样去应付老人和壮丁，怎样对待妇女和儿童，怎样与县政府、乡长、保长等打交道。

汪德亮是晏阳初选定的符合平民教育理念的理想的校长。汪德亮校长在湖南省立乡村师范学校推行社会化教育，他给社会化教育下定义说："所谓社会化教育，简单说来，就是教育与社会打成一片的意思。我们主张学生在求学时代，就要参加社会工作，把整个社会经验都拿到；同时在参加社会工作中，随时随地运用教育方法来改造社会。"他明确说："我并非反对你们念书，只是反对你们整天整年整生念书：只念书，光念书，完全念书。过去教育的毛病，就在读死书，死读书，以至读书死！现在我教你们一面做事，一面读书，读了书又去做事，做了事又去读书。光是读书，不做事，是书呆子；光是做事，不读书，是糊涂虫！"湖南省立乡村师范学校办学指归是为了将学生培养成为农村改造的导师。譬如，衡山县地域较大的乡村都设有一所高级小学，经费和师资甚佳，但所有课程都是为了升入初中而设，而实际上能够考入初中的仅有10%～12%。平教总会将三所高级小学定为实验小学，对课程进行全方位的改造，按组织教育方法实施教育，培养乡村改造的人才。

为了保证湖南省立乡村师范学校的人才培养更符合农村发展的实际需要，平教总会还实施了一项研究计划，将全国各地乡村师范学校选取10～15所学校的课程、行政和布置加以比较研究，分析其优缺点，以作为湖南省立乡村师范学校计划的参考。

就在平教总会工作转入新阶段之际，衡山实验县县长彭一湖因整理财政、办理土地陈报、训练自卫队、扩充初级小学及平民学校、整顿公仓积谷，特别是提高县政府及乡镇公所工作精神与效率等纷繁的工作，使他劳累过度而患上精神分裂症，不得不辞去县长职务。平教总会报请湖南省政府批准孙伏园继任。晏阳初和孙伏园以湖南省立乡村师范学校为基地，利用第二学年课程配合抗战需要，以军事训练、自卫、平民教育、组织为中心，为抗战服务。学生围绕神圣抗战进行教育，宣传抗战，参加抗战。整个学校以宣传抗战为中心，动员全校师生办有关抗战教育的报刊。全校师生有计划地深入到新宁白沙一带山区访问农民，规定每人交一个农民朋友。在访问期间，想方设法为贫苦农民排忧解难。学校设立抗战军人服务委员会，大力支援受伤的伤员，分区包干为伤兵洗衣服、洗被单、写书信，赠送邮票，捐献实物礼品；发动新宁各界人士有组织地识字、唱歌、打球，帮助他们培养文明礼貌风气，鼓励他们关心国家大事，树立坚持抗战、坚持团结、坚持进步“三个坚持”，反对投降、反对分裂、反对倒退“三个反对”。晏阳初推行平民教育“即讲”、“即学”、“即习”、“即能”四原则在湖南省立乡村师范学校的教学中得到了很好的贯彻实施。

“误教”和“无教”

1936年10月16日，晏阳初一行从长沙到衡山视察。次日，他应邀到湖南省立乡村师范学校作《“误教”与“无教”》演讲。他沉痛地指出：今华北告急，全国动摇。人口数十倍于日本的中国为什么沦落到如此地步？根本的原因就是“误教”与“无教”。一方面中国受过教育的人如向曙之星，另一方面受过教育的又多不切实用，所以才有“教育误人”、“教育误国”、“教育杀人”之说，这便是误教。中国人口4亿，却有80%以上的人目不识丁，这就是“无教”。

中国教育为什么堕落到如此田地呢？晏阳初分析说，中国数千年的旧教育，已经完全推翻，而新教育并没有与此同时建立起来。近20余年来所谓“新教育”，并不是什么新产物，实在要么是东洋舶来品，要么是西洋“二手货”，试问中国人在自己的国家办东洋教育或西洋教育，有什么意义?！中国教育亦步亦趋地学日本、学美英，学得非驴非马。这边许多大学生一毕业便失业，那边却闹起了人才匮乏的恐慌。学非所用，用非所学；人找不到事，事找不到人，这就是拉“东洋车”、“西洋车”的恶果，整个教育不破产而何！中国教育沦落到如此状况，如果爆发中外战争，肯定不堪一击。

晏阳初指出，个人读书如不能应时顺变，肯定是不能成功的。必须明了中国的国情，而要了解中国的国情，不是要到南京、上海、天津、北平这样的大都市去调查，而是要深入乡村，因为那里住着四万万人。要想知道他们的疾苦，就要到农村去做调查统计工作。

他还指出，中国教育的基本问题不是在大学和专门学校，而是在小学。如果没有好的小学，哪里会有好的专门学校和好的大学？小学教育的目的是为了教育广大民众，因而十分重要。很多人以为小学教育“小”，不愿意去干。孙中山曾经说：“中国人与西洋人不同的地方，从很小的事情上就可以看得出来。譬如建筑房子，外国人行奠基的时候，非常隆重；中国人却要到上梁的时候，才大行庆贺。从这一点就可以看出中国人只重外表，不重基础。”教育要能够发挥改造社会的功能，必须从基础做起。

晏阳初对湖南省立乡村师范学校寄予了很大的希望。这是很重要的一所乡村师范学校，现在基础已经奠定，希望大家真正负起乡村师范教育的使命来。“师范”二字的意义，是既可为师，又能做范。大家要既能做人的先生，又能做人的模范。以此“师范”精神去教育那广大的平民与农村中大多数的儿童，这种责任是何等的重大！以此立教，何愁不能安邦强国抵御外侮？既然同学们身上承担着重大使命，晏阳初遂对同学们提出了两点希望：“对于学问的追求：学问的重要，是人人都知道的，无论做什么事，都非有学问不可。……对人格的修养：中国能通中西古今有学问的人也不少，可是他们的学问尽管好，若是没有人格，恐怕他们的学问越好，他越能够卖国。”他甚至提出：“学问还在其次，人格却最要紧。”

晏阳初在“七七事变”前夕的对湖南省立乡村师范学校学生的演讲，有感于华北局势恶化，民力不张，警醒大家，“若再不努力，就只有灭亡一途”，“要爱国也无国可爱”了。

湖南地方行政干部训练

“七七事变”爆发后不久，保定、定县相继沦陷。人们从受过平民教育的定县农民七次从日军手中夺回定县城区的战斗中，看到了平民教育和民众的力量。

1937年8月13日，中国对日军的侵略开始进行强有力的反抗，国民政府为博采舆论，团结御侮，一致对外，决定设立国防参议会，聘请社会各界名流16人（后增加到24人）为参议员。晏阳初便是第一批16名参议员之一。他收到南京政府急电后，迅即与陈筑山启程赶赴南京，出席国防参议会。会上，晏阳初与各界人士共商如何动员各界参与民族圣战事宜。以此会为界碑，“平教总会”进入了服务抗战的新阶段。

晏阳初认为，要动员民众在抗战及社会建设上发生真正效率，一定要采取强有力的措施，使地方政府本身确有领导及监督这新组成的民众力量的知能。湖南省政府与晏阳初等讨论后商定，将衡山实验县行之有效的制度普遍推广到全省各县，并设立地方行政干部学校，以培养地方抗战建国的行政人才。

湖南省地方行政干部学校是由湖南省政府主办、晏阳初亲自筹划实际主持的学校。

抗战初湖南省军政要员张治中。

此校的创办，寄托着晏阳初的省政建设理想。

该校的组织采用定县实验和县政改革的大致框架。在校长之下，设校务委员会，主持全校事务，校长由省政府主席张治中兼任；校务委员会设常委三人，由张治中、秘书长陶益生和晏阳初三人担任。在常务委员会之下分别设三部，即教授部、训练班、指导委员会。教授部下设民政、财政、教育、建设四系。训练班均为短期，所训练的人员均为目前急需。指导委员会有两个作用：在训练期间，负训育的责任；在服务期间，负视导的责任。一个受训人员，不但在校时受指导，出校以后仍继续不断地给予指导，把教育与工作连贯起来，不是出了学校，学校就与受训人员断绝声气。其职责不但是指导工作，并且注意到各人实际的服务成绩，拔选领导人才，陆续调回来做进一步的训练，使才能格外充实。

干部学校设置的目的。晏阳初在平教总会第九次周会上所作《开辟培养实用人才的教育新路》的讲话中指出，"设立这学校的目的是为造就全省各市县地方行政人员和建设技术人员。"他将这种人才分作两种："一为训练两种时代所要求的人员。在目前，为适应国家战时的需要，设立种种短期训练班；同时凭实际所得的种种经验，准备今后的长期训练，造就积极为全省谋建设的人才。换一句话说，这个学校分两部分，一方面是为造就改革行政需要的人才，他方面是为培养奠定今后国家建设基础的地方干部人员。"这两种人才都是推行省政建设的应用人才。学校既为全省造就实用人才，"就不能撇开这一省的政治建设计划而空谈训练"。它是完全根据政治建设各方面的需要而开办的，它根据人才培养计划展开训练，民政、建设、教育、财政诸方面需要多少人才，干部学校就训练多少人才，多了造成浪费，少了无济于事。学校要与政府相吻合，"主持全省政治的机关，在省府之内就是四厅，所以教授部分设四系，而四系的主任，就是四厅的厅长。训练和行政扣合，行政方面有什么计划，学校方面就实行什么训练，主持训练的教授就是主持行政的长官，他们知道有某种需要，才有某种训练，这就叫做'计划训练'"。这样，保证"训练出来的人，个个可以派职务，一个钉子一个眼，处处扣合，处处不落空"。

为使受训人才能承担起推行省政建设的重担，晏阳初强调学校设系要与省政府的厅对口，这样做是为了便利于“把受训的人分发派定工作”。另一优长就是“民政系的主任，就是民政厅长，他今日在学校里怎样教，将来就在厅里怎样派”，“直接就行政所得的经验，来训练行政需要的人才”。晏阳初指出，湘省地方干校与普通学校最大的不同，就是它不像普通学校那样“由纯粹的学者主持，只有学理的讨论，没有经验的凭借，这是最大的不同点”。它由有职权有经验的人来训练，目的是为了使训练的结果不落空，不至于让接受了训练的人没有事做。如此“全省的政治经济文化建设等等计划，都可以有适当人才来实现”。

干部学校的精神与特点。晏阳初强调，湖南地方行政干部学校要具备三种精神，这就是：第一，有计划的训练，不是漫无目的地造就人才；第二，实行统一的训练，不是各干各的互不闻问地训练；第三，不仅是为应付目前需要，而更是筹划将来，一方面顾到目前，一方面要奠定今后的一切建设基础。他试图把湖南地方行政干部学校办成与普通学校迥然不同的特色学校。其独特之点有四：（一）设班、招考、授课，均以事实为根据，施行计划的训练；（二）由训练部负责配班训练，施行统一的训练；（三）使政治与学术融为一体，设民、财、建、教各系，“完全针对政府之民、财、建、教四厅施政之需要，就需要而训练人才”；（四）不仅应目前之需，“亦奠定民族复兴之基础而培养各种干部人才”。

湖南省地方行政干部学校结业纪念章。

1938年4月1日，湖南地方行政干部学校开学。晏阳初应邀担任教育长。平教总会派员担任各部门主任。第一期学员2500人，第二期学员1500人，都是经过甄选合格的大学毕业生或县级现职人员。作为教育长，晏阳初每天与学员一同起居作息，在讲授民众工作之余，抽出大量时间与学员个别谈话。在教学方面，晏阳初提醒注意这样四个问题：第一，教什么？即教学内容问题，所有课程，均针对省府所定之施政方案。第二，怎么教？即教学方法问题，可分两方面：一为“知”，学员必具的最低限度之知识，由教师指定书籍，以供学员阅读讨论；一为“行”，注重分组讨论，故小组讨论与授课同样重视，并由各班课程指导员、生活指导员暨训练部同仁，与学员共同生活。第三，谁去教？即师资问题，本校所聘教师均为富有学识经验之专家，必能胜任工作。第四，怎么做？即学生毕业后之做事问题，一县之政治，除县长外，须有健全之佐治人员与健全之各级干部，上下一心，密切联络，庶政令之推行，能够收到实效。

湖南地方行政干部学校学员采用军事化管理，学员须接受“最低限度的军事教育”。所以，“学员分发时，即由当局将县长及佐治人员、督导员、乡镇长配合成队，结为一群，养成群策群力的精神”。学员到达各县工作，晏阳初要求牢记“廉正勇勤”的四字省训，做到廉洁奉公，公正无私，勇敢大胆，勤劳朴实。他指出，第一期学员到各县，对于省训“廉正勇勤”已做到三个字——“廉正勤”，大部分学员能苦干、公正、廉洁，所缺的是勇气；之所以“在办学上有这样那样的顾虑，这样那样的困难，完全是勇气不够的缘故”。

湖南省地方行政干部学校第七区保训班结业证书。

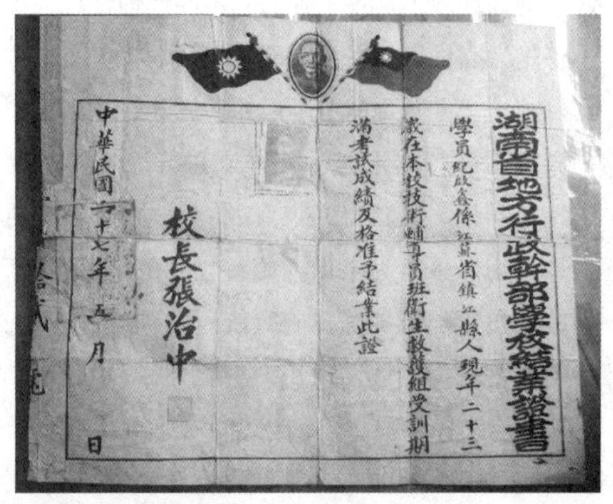

湖南省地方行政幹部學校結業證書

學員紀啟鑫係江蘇省鎮江縣人現年二十三歲在本校技術輔導員班衛生教護組受訓期滿考試成績及格准予結業此證

校長張治中

中華民國二十七年五月 日

湖南省地方行政干部学校结业证书。

当年10月，三期学员毕业，湖南75县的县长及佐治人员大多由他们接任。这是我国历史上第一次省级地方行政制度及人员在短期内大规模地改造和更新。

令晏阳初感到不满的是，干训班学员有些结成帮派、小集团，忘掉了国家大义。1938年7月25日，他在湖南省地方行政干部学校第二期结业礼上作了《以廉正勇勤精神建设地方政治》的讲演，尖锐地批评说：“因为自县长、督导员以至乡镇长，是在同一个学校里训练出来的，在学谊上，全县公务人员几乎都是同学，因此各人都不顾到他的政治地位，行动随便，由私谊而忘掉公务关系，这是一个大错误。县长有县长的职权，督导员有督导员的职权，乡镇长有乡镇长的职权，县长与督导员、乡镇长间的政治关系、地位分别、责任问题，各有分际，决不能用同学关系来溺职。”他进而抨击了党派之争的丑恶现象，愤懑地说：“国家危急到今天这种程度，还有什么党—派—人的权利可争，意气可斗？合力同心去应付强敌还不够，怎么有余心余力在家里向自己人算账？”

平教总会为更大程度地调动民众支援抗战救国的积极性，从1938年9月15日开始，分别在湖南省九个行政督察专员公署所在地训练所属的保长。保长是接触民众的基层行政人员，各级政府的政令贯彻实施的重要人员，直接关系到战时征兵、为抗战服务等工作的成效。“平教总会”协助湖南省政府计划训练全省各县保长四万人，当年年底，四万保长训练的任务完成。同时，湖南省各县地方行政制度及人员革新亦同步完成。这一工作彻底改变了过去行政制度的格局，裁撤了原有的区公所，设立县政督导员，巡回各地指导并监督乡镇保甲长。根据《各乡保民众集体组织办法》，各乡镇设立评议会，按期集会和召开全镇居民大会。保亦需按期举行保务会议和全保民众大会，以讨论决定应兴应革事宜。

“平教总会”训练民众的工作为长沙大捷作出了重要贡献。1939年至1942年，日军三次进攻长沙均遭可耻失败。经过“平教总会”训练的民众按照战区司令长官薛岳上将的撤退战略，民众将各种道路完全破坏，田间也灌水，使日军部队寸步难行。吴相湘在《晏阳初传：为全球乡村改造奋斗六十年》中指出：“谢扶雅教授认为，长沙的三次大捷，是‘平教总会’在湖南训练民众的影响与效果。确有事实根据。”

湖南地方行政干部学校在中国教育史上对人才作有计划的训练，这是开天辟地第一次，堪称开辟了中国教育的新路径，指出了教育改革的新方向。

动员民众抗战杀敌

中国人民的抗日战争开始后，晏阳初决定以平教总会的名义组织一个“农民抗战教育团”，动员民众起来抗战，为中华民族独立自由贡献力量。教育团由口试办法录取的50名大学毕业生组成，而实际上并未限于大学毕业生，也有一些硕士研究生名列其中。1937年10月初，教育团在长沙开始着手训练。第一天清晨升旗礼，晏阳初穿着当年在法国服务华工时的军服，发表了激昂慷慨的讲演。四周训练完毕后，晏阳初将教育团分为六队，均由平教会同仁两人领队。他们“因材施教”，听讲对象是中学生、小学教师的，就向他们阐述教育救国的道理；听讲对象主要是农民的，就向他们讲“四大教育”的内容及其与抗日战争的关系。除了白天口讲与笔写外，晚上编撰宣传抗战的短剧，排练出短小精悍的戏剧等文艺作品，以人们喜闻乐见的方式宣传抗战。他们每队巡回两县，分期分批在湖南全省75县频繁活动。

“农民抗战教育团”不仅对农民和知识青年产生了积极影响，对教育团的成员来说也是极为深刻的国情教育和实际生活的锻炼。

“农民抗战教育团”收到的良好效果，使得湖南省政府也极其重视其功效的发挥，要求与平教总会合作，扩大教育团的规模，以便更大规模地开展活动。“教育团”招考大专学生400人、中学生3000人，女学生400人，还召集300名中学教师一起训练。湖南省政府试图通过平教总会用6个月的时间训练100万民众，其中合格者再进行一定的训练，使之成为地方自卫队成员。这支庞大的队伍，分别到全省各县向民众阐述抗战的意义，训练和组织民众参与抗战。平教总会从“教育团”开始训练到投入工作，编印农民读本30万份、各种传单1200万份，分发到所到之地。还编印了《抗战周报》，给队员们提供讲演宣传信息，同时分发到全省各县职员。

为了宣传中华民族的圣战，动员广大农民支援抗战，上阵杀敌，平教总会提出了新的工作原则：因地制宜，不强求一律。湖南农村到处都有祠堂公房，可以作为平民学校之用，但湖南农民都忌讳说“贫穷”。如芹菜的“芹”，湖南话的发音与“穷”字相近，所以把芹菜叫“富菜”。湖南人多把“平民”当作“贫民”，所以平教总会学校教育部认定，在湖南办的平民学校之名应当改为“民众学校”。晏阳初所开展的抗战救国工作多是以民众学校为依托进行的。

晏阳初经常利用农民抗战教育讲习会集会的机会发表演讲和讲话，动员农民支持抗战。1937年11月23日，晏阳初在长沙广播电台发表《关于我们为何发起农民抗战教育》的广播讲话，强烈谴责日本帝国主义的侵略行径，热情讴歌中国人民的圣战，动员农民起来救亡。晏阳初说：“我们从亡国灭种的危机中开始觉悟了中华民族的整全性和不可分性，生则俱生，死则俱死；存则俱存，亡则俱亡。这是民族自觉史的开端，是真正的新中国国家的序幕。”又说，中国这次战争，不怕败，只怕崩。尽管敌人武器优越，军力强横，我们只要做到全民动员起来，结成最巩固的持久的无限雄浑、无限绵远的长城，无穷无尽地去补充前方的兵员，接济前方的粮饷，使前方永远保持不竭的战斗力，则纵有一地一时的失利，但最后的胜算，一定能操在我们手中。晏阳初认为，这场中日战争，如果不把农民全体武装起来，整个后方崩溃，便是中国民族沦亡而永不可复兴！所以，这次战争的胜败，实系于农民抗战之是否成功，而中华民族生死存亡的险机，亦实取决于农民抗战的有无办法。

在《怎样才能做到农民抗战》的演讲中，晏阳初反复强调，这一场圣战能否胜利，取决于农民的支持和参与程度。他指出："我们开办农民教育，主要是要在发动和倡导全民抗战教育，希望在短时期内，这工作就为全国上下所公认而普遍化，而深刻化，庶几整个的后方诸省皆组成强大雄厚的堡垒，每一个农民都是争先恐后奋起杀敌的生力军，甚至每一个老妪或农儿，都是卫士、保国揭竿抗敌的战士，则不但战争的最后胜利绝对属于我们，而全国量与质皆占最高分数的农民大众，经此番发扬蹈厉的教育——'战'的教育，争得解放，独立、自由、人权的教育而后，整个的民族就立刻焕发着一种蓬勃生动、激扬亢爽的光辉。新中国的宏远基础也便于奠定，太平洋集体和平与人类的伟大进展，也将于此奏出钧天壮穆的歌声！"

晏阳初及其领导的平教总会在湖南利用一切可以利用的机会动员农民支持和参与抗战，为中华民族的圣战最终取得胜利，做出了重要贡献。

组建四川省设计委员会

晏阳初在此时的工作，多头绪交叉进行。就在湖南衡山实验刚刚起步之时，他同时又抽身兼顾四川省政府设计委员会——四川"省单位实验" 的工作同步进行。

早在1935年秋，蒋介石便曾电促晏阳初迅速将平民教育乡村改造在四川推行。同时，四川省主席刘湘也急电请他赴川协助川省建设工作。晏阳初见刘湘确有诚意，尽管刘湘的动机为私与爱国兼而有之，但毕竟在国难当头之时，建设大后方的四川，在全国是有举足轻重地位的，因而，平教总会在湖南短暂"歇脚"后即辗转四川。

四川省主席刘湘。

在晏阳初看来，省政建设很重要的是要有合理化计划。

任何建设必须事先进行周密计划，做到胸有成竹，不可盲人骑盲马。作为以复兴中国为目标的省政建设，更要有计划。计划是人制订的，人依附在省政府机关，故这个机关在省政建设中起着举足轻重的作用。这个机关就是设计机关，设计机关也就是计划机关。晏阳初指出："全省的建设，头绪万端，所要的计划亦纷繁复杂，非有一个调整的机关，应用科学的方法来加以调协的整理，作通盘的打算，按实际的需要，拟精确的方案，势必难免缓急失序，轻重失宜，或互不相关，或重床叠架之弊。省府当局有鉴于此，所以特设一设计机关，以求建设计划之合理化。"

晏阳初省政改革与建设的具体计划是怎样的呢？他在给宋子文的一封信中作了简略表述。他说，"我们主张的基本计划是社会与经济改造的'四个要素'"，即：(1) 通过发挥"平民学校"、"平民文学"、图书馆、展览、期刊、报刊、戏剧、电影、广播的作用解决平民教育问题。(2) 通过发展农业科技、手工业、工业和合作社，解决平民生计问题。(3) 通过实施最基本的健康保健和医疗，解决平民健康问题。(4) 通过振兴基层组织并培养民众参与政治，解决平民自治问题。

这个计划能否如期实现，能否获取成功，有三个基本条件：(1) 在社会与经济改造的各个重要领域中，必须具有受过良好训练、具有献身精神的工作者；(2) 在规划和培训方面，必须拥有经验丰富的、素质高的领导者；(3) 政府必须支持这个计划。

1936年春，晏阳初与陈志潜等入川作进一步的商讨。6月，平教总会南迁长沙，以就近指导湘、川工作。10月2日，四川省政府设计委员会召开成立大会，晏阳初出任副委员长，实际主持工作，委员会要求晏阳初推荐适当人选担任四川省教育厅长。当年夏，四川省着手组建设计委员会，除省政府各委员为当然委员外，又聘请四川、华西、重庆三大学校长任鸿隽、张凌高、胡庶华及平教总会同仁陈筑山、霍六丁、傅葆琛、陈志潜、陈行可、常得仁为委员，又聘请四川社会贤达担任顾问，延聘各方面专家进行各方面的设计。设计委员会按四川省政府要求，积极进行全省行政科学化探索，旨在

四川大学校长任鸿隽。

重庆大学校长胡庶华。

增进效能。规定设计委员会的职权不仅负责设计，并有襄助实施和自行实验的职权。

设计委员会对工作程序进行了慎重而周密的设计，决定将全省社会调查列为全部工作的第一步。设计委员会是由平教总会负责组织，第一步的社会调查遂由平教总会同仁主持。为了方便工作，在成都设立办事处。与此同时，部分平民教育同仁西进参加工作。晏阳初聘请在定县实验中担任重要负责人的傅葆琛担任设计委员会教育专门委员会常务委员，领衔设计可行的、有效的、合理的四川全省教育改进方案。

1936年10月2日，四川省政府设计委员会正式举行成立大会。邓汉祥秘书长代表省主席刘湘致词，致词云："设计委员会今日开成立大会，这可以说是建设新四川的奠基礼，晏先生就是我们建设新四川的总工程师。"晏阳初在成立大会上作了《如何建设新四川》的演讲，指出："今日中国受强敌压迫日进无已之秋，求一足以为最后挣扎民族复兴之地，莫如四川。"因此，设计委员会责任重大，瞄准的是复兴中华民族的共同目标，达此目标要"应用科学的教育方法来加以调协和整理，作通盘的打算，按实际的需要，拟订精确的方案，势必难免缓急失序，轻重失宜，或互不相关，或重床叠架之弊。省府当局有鉴于此，所以特设一设计机关，以求建设计划之合理化"。在讲演中，晏阳初交代了自己担任设计委员会副委员会之职的原因，指出："第一，四川为我自身之家乡，目前又居民族复兴最后之根据地，无论为国为乡，皆不能辞其责。第二，中国向来行政与学术分立不能发生互助的关系。四川省当局认为今后建设有须学术的协助，这是政治进步的新趋势。无论如何困难，不得不促成向这新趋势去求进步，求现代化。"他还提出了设计委员会工作推展计划：第一，设计要根据计划，故设计委员会的工作不得不先从调查入手。第二，建设要从基础上做起，因而设计委员会最初的设计工作，不得不从基层的农村建设入手。第三，建设要切合国情与省情的需要。在今日国家危急存亡及人民救死不暇之秋，建设工作不得不有一个重心之所在，因而设计工作要根据政府的施政标准，切合实际的需要。

晏阳初深知，在中华民族存亡绝续之秋从事全省发展设计工作步履艰难，经费捉襟见肘，工作进行谈何容易！晏阳初说，意大利的全国设计，预定经费5亿金元，苏俄建设的成功，得力于精确的计划，但这一计划是成千上万的各种学术专家绞尽脑汁费尽心血干出来的。中国科学落后，既没有那么多专门的人才，也因民穷财困没有那么多经费来支持全省建设设计工作。他指出，四川省政府设计委员会每月只有6000余元，对于全省各种建设的设计工作，要望他能有许多的成绩，实在是不容易的。"可是欲求政治现代化，科学化开辟新道路，又舍此莫由。所以无论如何困苦艰难，这种政治的新方向、新道路、新生命，要努力去培养的。”

四川全省的调查和新都实验的进行

晏阳初从科学、文化、教育的角度强调计划对省政改革的重要性，并制订出具体构想，这在中国是一种创举，是政治向着科学化方向迈进的重要一步。设计好了改革蓝图，当如何实施呢？晏阳初借鉴定县实验首重调查的成功经验，主张第一步进行四川全省调查；第二步解剖麻雀——以四川省新都实验县和华西实验区为样板。有了理想的计划、称心如意的工作机构，并不一定就意味着省政改革能马到成功。这个计划合否省情、县情、民情，必须通过实验才能得到真实的经验。

根据晏阳初的设计程序，设计委员会组成了四川省政府调查团。其“工作大纲”中列举了要达成的三大目标：

1. 以精密的调查研究作为下年度省政府施政纲要提供意见之根据。

2. 以精密的调查研究作为设立实验区的准备。

3. 各项调查务必顾及设计委员会向省政府建议的施政纲要中的三个中心目标：解民困；救国难；建基础。

“工作大纲”规定调查团团长由设计委员会副委员长担任，但因为晏阳初同时还主持湖南平教总会工作等，不能常驻四川，遂请调查团第二组长傅葆琛兼任。

四川新都县秀丽的山水。

四川新都县宝光寺。

1936年12月，调查团设计了“县市教育行政概况调查表”、“学校教育概况调查表”、“社会教育概况调查表”、“社会教育机关概况调查表”、“妇女生活与教育程度调查表”等15种应用表格，着手进行调查工作。他们先组织一个混合大队，以统计训练班学员100余人为基干，各专家混合加入各队。大队下分7小队，每小队下再分10组。统计训练班女学员编为一队，担任区域调查工作。这一初步调查即概况调查，由统计训练班学员挨户调查，调查内容包括家庭状况、教育程度、经济情况、人事变动、风俗习惯等。这一调查为时一个月。紧接着进行包括地方财政、保安、民政、教育、农业、卫生等专门调查。专门调查到1937年1月完成。嗣后即于2月1日开始进行历时两个月的抽样调查。经统计并整理调查资料，并于6月编写报告书。

傅葆琛在新都县集中调查的两个月中，每天风餐露宿、早出晚归。他率领调查团队上川南、下川北，赴川东、走川西，奔赴26个县市进行抽样调查，合计占全省县、市总数的五分之一以上。各分队分别在各地调查，足迹遍及全省各县市。他们曾召集全省各中学校长、教师职员共计400人，齐集成都，进行两周的训练，详细讲解建设计划及其理论，由他们再向全省青年学生宣传介绍。

调查团将调查的资料进行了归纳梳理，发现四川各县教育行政存在诸多问题，从机构不健全、人事欠调整、经费不充实、学校教育成绩不佳、社会教育推行不力、义务教育收效甚鲜等方面，提出了55个问题；各县在学校教育方面存在的问题，集中在“行政效率低微”、“教职员之待遇尚未改善”、“教职员之位置无保障”、“教职员缺少进修机会”、“学舍不合需要”、“设备太感空虚”、“课程不切实用”、“教学方法不良”、“训育实施未经注重”、“卫生管理不得法”、“体育运动敷衍了事”、“课程活动未收效果”、“各种学校之特殊问题”和“社会教育方面的问题”等14个方面，得出了“四川的教育确实还没有上轨道，而且距离理想的境地与标准尚远……四川的教育，真有百孔千疮，一身都是毛病”的结论。改进的办法是力除“头痛医头，脚痛医脚，顾此失彼”之弊，建议“当局速定一贯之政策，所谓‘良药一剂，全体豁然’。四川的教育有了好基础，然后其他方面的建设，庶几乎有实现之可能”。

1936年冬，晏阳初向四川省政府推荐陈开泗为设计委员会委员，即预定为新都实验县县长。陈开泗毕业于中央政治学校，曾担任浙江金华、湖北黄冈两实验县县长，不仅与中央政治学校毕业同学有较好的学缘，也富有改革县政的经验。1937年4月11日，陈开泗出任新都实验县县长，莅任后即进行新都县各项改革。

第一，调整新都各级行政组织。裁撤县政府之下各局，改为科的建制，即“裁局设科”，使全县事权集中于县政府；裁撤县下各区署，并将联保办公处改设为乡（镇）公所，实行县、乡（镇）两级管理。又整编保甲，以减少小单位、充实大单位为改革原则。这一改革直接为1940年国民政府颁订的《县各级组织纲要》提供了实践范本。陈开泗认定县政府改革应当设立一性质类似于代表民意的机构，广开言路，遂将县政府内原有的23个委员会合并，改组为县咨询委员会。委员吸纳地方保甲长和全县14个联保办公处，召集各保户长代表推举的代表，审议县政兴革计划、县预算决算、县单位法规以及公产处理、税捐征收，均须提请审议通过。这实际上是无县议会之名而有县议会之实的机构。

第二，整顿公安，清丈土地。为保障居民安居乐业，新都县设立县警卫处，划分警卫区，以县中学毕业生作为机动武力，加以警卫训练。一有匪警，立即封卡各交通要道，缉捕土匪。为充实建设经费，陈开泗还整理田籍赋籍，铲除清丈土地工作中借以谋私的积弊。经过对全县土地清丈、调查和登记，革除了中饱私囊等积弊，第一年虽田赋税率依旧，收入数则由以往的七八万增加到13万多元。

第三，调整乡村学校区划，建立卫生保健制度。新都县原来虽有初高级小学80多所，但布局颇不合理，乡村农民子女上学颇为不便。陈开泗调整学校区划，保须设立一所初级小学，每乡（镇）设立一高级小学，县城设立一所中学。还规定初级小学不收学费和书本费，全县适龄儿童入学率提升到90%以上。1940年国民政府颁订的《县各级组织纲要》中亦采用了新都的以乡保为学区单位的创制。乡村卫生保健制度改革与华西大学医学院合作，创设卫生院，分设卫生所，各保设卫生员，置保健箱，贫苦农民住院治疗费由县救济院支付。其他如学校卫生、家庭卫生、预防注射、水井改良等都按定县先例推行。县政府每年卫生经费支出计3万元，仅次于公安与教育经费。新都实验县诸项建设事业中，人民普遍感到满意的，当数卫生保健设施的改进和完善。

此外，还在改良农业品种、普遍设立农民讲习班等方面，做了大量的工作。

创立乡村建设学院

晏阳初始终认为培养人才为平民教育、乡村建设与改造之急务，即使在万分困难的情况下，也不曾须臾忘记。乡村建设需要一流的人才，一流人才需要一流的高等学校培

1940年，晏阳初与中国乡村建设学院教师合影。

养。但是，中国的大学教育靠不住，必须予以改造。在推行省政建设时，晏阳初注意到了大学教育问题。他认为，中国的大学教育都是从东西洋抄袭而来，不管中国社会的经济文化背景，就“依样画葫芦地什么院，什么系，开了一大套”，结果东西洋的东西诚然知道不少，中国的却茫然一无所知。学生毕业到社会，“与未进大学的，无所分别，只多了一张文凭”！他不无忧虑地说：“这样做下去，不但空糟蹋了一班热血有志的青年，而且社会上永远得不到真才，事业不能改进，国家不会进步。”这样的大学如不改造，办它干什么?!尤其是到了“最严重最急迫”之时，还让一班热血有志青年摇头晃脑地习洋八股，岂不是要把中国往火坑里推?

所以，大学教育改造已是“最严重最急迫”的问题。怎么着手改造?他认为“首先非把教育打进实生活里去不可”。要打进“实生活”，教授首当其冲，“首先要受实际生活的洗礼”，把“中国材料作教材”。一个哲学家可在大学讲堂上滔滔不绝地讲外国人的研究心得十堂百堂，脸不红一下；一个科学家讲西洋人的研究心得天花乱坠，毫不汗颜。这种局面不能再继续下去了!晏阳初提醒大学教授们：“改革大学教育，就是使大学教育就本国环境找材料，不再去沾人家的便宜，而要自己来创造，这才是中国的大学教育。改造大学教育必须从自命为大学教授的改革开始，请他们跑出教室，走进社会。”学生也不能仅在教室里呆坐傻听，至少要把三分之一的时间在实际上去研究所学习的科目。他强调，校方应给学生一个实习的机会。他宣布平教总会已同国内几所著名大学合作，共同担负改造大学的责任。具体改造措施是：“在大学方面，注意于基本训练，由我们供给实习场所，把大学中所要研究的问题，叫学生下乡去找材料，去认识问题，实验问题，解决问题。技术不妨用西洋的，材料则必须在国内找；这种学问才是切合实际的学问。”

为使大学教育为省政建设服务，晏阳初提出了一项大胆设想：学生可以到省政府或各厅或各县政府去实习，这样的实习才是真正的有实际性的“实习”，才能养成有实际经验的人才。现在大学校里学政治的，为什么不能到政府机关去实习?学财政的，为什么不能到财政厅去实习？学银行的，为什么不能到银行中去实习?这种不健全的片面的不切实际的传统教育，和那些只会做官不会研究训练，不能开花结实的传统官僚政治，都应一律革除。要把行政、训练、学术三位一体地打成一片。

晏阳初对大学教育改造的论述，十分精辟独到。他所强调的大学教育必须联系实际，为建设和改革服务，的确是值得深思和反省的。

晏阳初的大学教育思想形成很早，1936年10月，定县私立中国乡村育才院刚开学，便因华北局势不得不中途停止。现抗战救国在即，乡村建设人才匮乏，必须创办一所符合自己理想的乡村建设人才培养机构，以解燃眉之急。晏阳初决定创办一所全国性的培养乡村建设人才的高等学府——乡村建设学院，遂邀集支持平民教育运动的各方面著名人士组成校董会，国民政府要员张群为董事长，晏阳初为董事会秘书兼任院长，成员有卢作孚、张治中、张伯苓、周作民、黄炎培、梁漱溟、梁仲华等。

乡村建设学院校址选在重庆北碚歇马场大磨滩龙凤溪畔，占地500亩，距重庆60多公里。交通方便，治安情况良好，地处农村，毗近市镇。与战时的文化中心青木关——战时教育部所在地，也只相距十多华里。一切筹划停当，但当申请立案时，国民政府教育部认为“乡村建设”的院系设置，不符合《大学法》规定，于法无据。后几经周折，

中国乡村建设学院旧址。

作特例批准，校名定为“私立乡村建设育才院”。先办三个专修科，即乡村教育、农业、农业经济三个专业，1940年夏开始招生，办好育才院是当时平教总会的中心工作，也得到四川省政府、国民党政府社会部的支持。美国洛克菲勒基金会也予以定期资助。1942年秋，又增设农田水利、社会两个专修科。1945年8月，经有关当局批准，育才院扩充为独立学院，改名为“中国乡村建设学院”，设乡村教育学、社会学、农学、农田水利4个学系，修业年限为4年，并获准该院本科毕业生授予学士学位。到1945年夏，共培养毕业生115人，除少部分到其他部门工作与当中学教师外，大部分均到璧山实验县从事平教工作。中国乡村建设学院是晏阳初及其主持的平教会为培养乡村建设人才推行省政改革在中国大陆创办的最后一所学校。

重庆歇马场镇鸟瞰。

中国乡村建设学院的成立，使中国首次有了专门为农村培养从事实际建设人才的高等学府，被认为是中国教育史上“学术的新纪元”。该院教学方针颇为新颖别致：第一，提倡学术与思想自由。当时各级学校都须遵循部颁课程标准教学，而乡村建设因无前例可循，故允许根据实际需要自订课程。学生中成立“四自会”，给学生参与自治与民主的机会，培养自习、自给、自强、自治的“四自”能力。图书馆可借到进步书刊，并允许教师上课讲解马克思主义。在中国共产党的影响下，师生们参加了抗议美军暴行与争温饱争生存的斗争。第二，倡行理论与实际结合。四个学系的设置，贯穿了平教总会乡建理论与宗旨：乡村教育系培养治“愚”的文艺教育人才，农学系和农田水利系培养治“穷”的生计教育人才，社会学系培养治“私”的组织教育人才与地方行政人才，并计划在适当时期增设公共卫生学系，以培养治“弱”的卫生教育人才。

乡村建设学院乡建人才培养原则与目标

1939年7月，平教会重庆同仁讨论通过了《中国乡村建设学院缘起及旨趣》，提出了乡村建设学院人才培养的四大原则：第一，以整个的国家建设计划、社会应有之任务为本学院培养人才之目标。第二，以研究的结果、验证的过程为教育的内容与方法。第三，发扬诚朴、仁勇之学风，以转移社会动向，虽向现实社会中钻入去，但决不与现实妥协。第四，针对中国乡村社会病象，养成胜任“（1）医愚，（2）医穷，（3）医弱，（4）医私”的技术专才，但又为政治家风度的通才。

根据这四条原则，晏阳初在乡建院设有如下机构：院长室、会计室、编纂委员会、总务处、教导处、图书馆、卫生室、辅委会和教育系、社会系、农学系、农田水利学系、实验室、农场等。从各学系的设置看，它贯彻着平教会和晏阳初的乡建理论与宗旨：乡村教育系培养治“愚”的文艺教育人才，农学系和农田水利学系培养治“穷”的生计教育人才，社会学系培养治“私”的组织教育人才和地方行政人员。由于经费和师资的限制，原计划设置公共卫生学系，培养治“弱”的卫生教育人才还没有来得及实现。

乡村建设学院为克服时弊而设。时弊是什么?晏阳初在《农村建设育才院的宗旨与今后的使命》一文中开宗明义，他说：“大家知道中国闹人才荒的今天，有些机关的事找不到人，有些人却找不到事，并且有时还要争起来抢夺人才，彼抢此夺，抢得一塌糊涂。所以中国弄不好，并不是说没有钱，有的是外债、公债及发行的纸币；也不是没有计划，国民政府里的计划多得很。那么中国的问题是什么呢?中国就是没有得其所用的人才。”因此，晏阳初创办乡村建设学院，正是要解决“人才荒”的问题，就是要“造就适应时代的合于社会要求的建设乡村的有用的人才”。

晏阳初把人才分作四类：第一是庸才。他们“要嫖要赌的，说不定甚至还有抽大烟的”。他们缺少民众和国家观念，仅知糊里糊涂地享受目前的快乐。第二是奴才。他们受了教育，“没有气节，要当汉奸”。他在对育才院学生讲话时指出：“你们没有地位，没有权势，要去卖国也不够格。但到将来够格的时候……也要明白奴才是出卖国家的，这不是人做的事。”第三是中平之才。他们“比上不足，比下有余”。他们“只要有教育给他，可为国家所倚重的人”。第四种是

私立乡村建设学院农场。

天才。这类人在中国是凤毛麟角，他们要像爱迪生那样一天工作15个小时；“天才只有百分之一的才气，加上百分之九十九的血汗”。要不然便“不配称天才”。乡建学院要训练什么样的人才？晏阳初直言不讳地说是养成“中平之才”。

造就“中平之才”，晏阳初认为有六大条件，这就是乡建学院训练学生的“六大目标”：

其一，劳动者的体力。推行省政建设，改造乡村，身体要是一副钢筋铁骨。晏阳初说：“一个人非讲求体力不可，体力不好，则容易悲观、消极。单求体力还不行，我们还要能够劳动，千万不要以为劳动有损于你们的人格，有损于你们的体面。”普遍的体育运动一定要做，但不应抓紧着搞夺锦标，而是要平常化普遍的运动，要求学生“一、利用自然环境，爬山游泳；二、养成最低限度的卫生习惯；三、养成健康的思想；四、自力生产，以锻炼体魄”。

其二，专门家的知能。有强健的体力，还要有专家的知能、一技之长。不然就是“无知无识粗野的大力士”。在现代世界里生存，“非有专家的知识不可”。但仅此还不够，“还要能运用知识，因‘知’与‘能’是不可分的一件东西”。所以，他要求学生都有一技之长，“即学即作，即作即习”；“理论与行动打成一片”。

其三，教育者的态度。“人皆可以为尧舜。”对大多数农民来说，“不是不可教而是无教”。他强调无论学什么专业，应坚信“人人都是可造之才”，应做到“学而不厌，诲人不倦”；“作之君，作之师”，既作农民的领导者又作师友。

其四，科学家的头脑。中国人有一个不好的习惯，即遇事马马虎虎，“只注重皮毛，不求深刻的了解”。要我们的民族能在当今世界里生存下去，便要求我们有“追求真理的精神”，“用科学的态度来解决一切问题”。

其五，创造者的气魄。晏阳初指出：“中国人最爱享现成的福，自己却缺乏创造精神。墨守成规，不求进步。”他教导青年学生说，青年们“不要再做享福的梦了，不要等到南京、上海收复后去享福了，决没有那样美丽的事实到来。今后的中国，只有罪可受，没有福可享。我们要新的中国诞生，只有更加坚忍痛苦，正如一个母亲生产新的小孩一样，必须要受到阵痛的苦难，中国才有前途的光明”。阵痛中挣扎的中国，正是“创造国家民族的新生命”之时。他要求学生“不苟安，求进取”；“不享受，不畏难”；“敢作敢为，任劳任怨”。

其六，宗教家的精神。办平民学校，推进乡村改造，“必须要有相当的忍耐力，钉子碰得愈多，愈不要灰心，在中途不变节”，这就要有宗教家的精神。他认为：“看一个人的事业成功，不要看他的表面，我们要看到背后的原动力。”宗教家的精神就是一个事业成功的原动力。他提出四点与学生共勉：“一、有信仰，坚定不渝；二、临大难，处之泰然；三、重博爱，爱人如己；四、能牺牲，舍己为人。”

晏阳初为私立乡村建设学院撰写院歌。

晏阳初提出的六大目标，既有与同时期教育家共通之点，亦有不同之处。陶行知创办晓庄学校，其培养目标有四，即农夫的身手、科学的头脑、艺术的兴趣和改造社会的精神。杨效春则提出乡村教育五大目标："一、培养健强的身手；二、培养科学的头脑；三、培养生产的能力；四、培养团结的精神；五、培养艺术的兴趣。"

其时乡村教育目标论不下十余种。晏阳初的六大目标是别致而有创造精神的，也可以说这是他自己求学、为人处世、建功立业的生动写照，也是他对古今中外人才成长规律的科学总结。

乡村建设学院的学风与教风

乡建学院的学生"四自会"，也是按照定县"四大教育"理论来组织的。其下设自习、自给、自强、自治四组，故名"四自会"。晏阳初强调，自习组培养同学的学习能力；自给组培养生产力；自强组培养健康力；自治组培养组织力。"四自会"是平教会推行民主的实验园地。"四自会"主席由学生民主选举，由班代表会主持选举工作。先由全体投票产生候选人，分别开展竞选活动，再由全体投票普选，普选产生的主席组成"内阁"，任期半年。

乡建学院学系和学生"四自会"均针对中国农村社会"四大病症"和诊治的四大教育而设。所以，乡建学院的设置，是晏阳初定县形成的平民教育思想的继承和发展。

乡建学院的学风与教风将自由放在第一位，整个学术文化氛围比较自由，这是晏阳初的一贯主张。图书馆藏书比较丰富，学生可借阅各种进步书刊，如《资本论》、《联共（布）党史》等；每个学生宿舍都订了《新华日报》；教师可以在课堂上讲授马列主义《政治经济学》和辩证唯物主义哲学。

乡建学院强调理论与实践结合。办有农场、电影幻灯施教队、工友夜校、子弟小学等。此外，还有教学与研究结合的"社会实验室"——华西实验区和研究区供实习之用。正如《中国乡村建设学院学术纲要》中所规定的：

1．进行现实研究，应用科学方法，以实际需要为研究对象，检讨社会事实，提供改进计划。

2．致力社会证验，用表证实验所研究的结果，促进社会实际改造的完成。

3．造成研训合一，以研究的结果、验证的过程为教学的内容与方法。

4．实现任务训练，以国家建设计划、社会实际任务为培养人才的目标。

5．推进连锁教学，着眼于社会上各种任务与活动之连锁关系，求得其共同的学术基础。

6．发展集体服务，注重计划的与组织的训练，俟实际服务国家社会时，能收分工合作之效。

《中国乡村建设学院缘起及旨趣》亦在“方法”中要求用“社会的实验”表证所研究的结果。1950年7月由瞿菊农主持撰写的《平教会工作简述》中也指出：“乡建学院除一般课程学习外，注重研究与实习。”实习的方式和内容，主要有参观实习、调查研究、乡建工作实习、专业实习、综合实习等。

晏阳初对教风、学风不无重视，认为二者互相影响，好的教风可形成好的学风，好学风可促成好教风。他要求乡建学院同仁“工作重质”。他打比方说，“金刚石不在小，而在质精”。认为平教会存在几十年，不像其他政派粉墨登场，上上下下如走马灯一般更替，就是因为它有质，“平教会是站在时代前端来研究与创造，能维持到今天，就靠着有质”。他批评政府当局说：“政府做事是重量不重质，希望能速效，但改造太难。”

在“重质”基础上，晏阳初提出三点希望，要求在乡建学院工作的同仁做到“三要”：一要做。不仅要到图书馆去，更要钻到农民生活里面去，研究、认识、解决农民本身的问题。二要教。他希望大家平素要有研究的精神与修养，再把平教会“多年辛苦经营所得的办法、方案传授给学生”，使之兢兢业业地去做省政建设的推进工作。他说：“要‘教时不忘勤学’、‘做时不忘研究’。要使自己的经验能系统化、科学化、学术化，再传给一般有志的青年。一般学校的教员最大的毛病是教而不学，做而

晏阳初与中国乡村建设学院部分教师。

不研究。”三要导。做教师的不仅要教，还要导；要培养、锻炼、陶冶学生，使“做”、“教”、“导”并进，以收宏效。

晏阳初以孙中山“不要希望做大官，要希望做大事”相勉励，希望教师“负起自己的责任来”，用自己的高尚人格影响学生，不要在学生面前哼吼训斥、指手画脚，应在做、教、导合一口号下迈进。

县政省政建设，是晏阳初平民教育、乡村建设的旨趣所在。尽管因时局等诸多因素所限，其县政省政改革实验并未“马到成功”、“宏图大展”，但他的改革思路、改革方向、改革的切入点、改革的主要举措，却不仅仅是一个尝试问题，其间凝结着一个深邃的教育家的苦苦思考，有重要的理论价值和实践意义。

膺选“现代具革命性贡献的世界伟人”

1943年1月11日，中、美、英、苏四国代表聚集在华盛顿商谈第二次世界大战后建设及赈济诸问题。国民政府外交部部长宋子文在重庆邀请晏阳初等专家十多人，组成“战后问题中国研究小组”，前往美国参加会议。当年3月初自重庆启程，当月中旬抵达华盛顿。

5月13日，晏阳初收到中国驻美大使馆转来的“哥白尼逝世四百年全美纪念委员会”表扬委员会主席安吉尔（Tames R. Anegll）博士5月11日的来信，告知5月24日是哥白尼逝世四百年纪念日，哥白尼的诞生，使人类对宇宙有革命性的展望，近代科学也从此产生。因此，美国、加拿大、南美及墨西哥等西半球各国几百所高等学术机构决定以适当的方式纪念这一伟大科学家。纽约、新泽西及宾州宣布是日为哥白尼日。将有180名杰出的教育家、科学家在纽约举行集会。

表扬委员会安吉尔博士在信中指出：“哥白尼在他的时代是一位革命者并且获致革命性的成绩。在我们自己的时代里也有若干个人在思想和方法上产生革命性的成就。为在这个纪念日发扬这样的革命精神，全美纪念委员会决定对一些现代革命者赠授荣誉表扬，并且设立一特别委员会主持其事。经过集体审核，表扬委员会一致选择台端亲自出席纪念大会接受表扬。”同一天，安吉尔博士还寄了一封个人函件向晏阳初说明：“表扬委员会为让受表扬的人士能亲自出席接受荣誉，是就现在美洲大陆内的人士选择的。

希望你届时能够光临。”“你为你的同胞们所做的革命性工作，在你自己国土上是一开创性的冲击，而其成就确实影响未来岁月我们文化的全貌。”

这意外偶得的荣誉，晏阳初自然喜不自胜。这是晏阳初获得的最高荣誉，有了这一荣誉，不仅对国家当前摆脱困境和战后建设福莫大焉，而且对于中国乡村改造工作普遍推行将产生重要意义。有了这一荣誉，肯定会加重在美国说话的分量，更便于为中国乡村改造募捐。因而晏阳初5月18日回复安吉尔博士，表示将按时前往纽约受奖。

5月24日，纽约市卡立滋堂贵宾云集，全美最高层的知识界人士聚集一堂，纪念天文学家哥白尼的革命性贡献，同时庆祝十位现代革命者在现代世界的伟大成就。晏阳初的表扬状上写道：“杰出的发明者：将中国几千文字简化且容易读，使书本上的知识开放给以前万千不识字人的心智。又是他的伟大人民的领导者：应用科学方法，肥沃他们的田土，增加他们辛劳的果实。”与晏阳初同列“现代世界最具革命性贡献”十大伟人的，还有物理学家、诺贝尔奖金获得者爱因斯坦，哲学家、教育家杜威，美国汽车工业创始人福特，飞机发明家莱特，物理学家、诺贝尔奖金获得者劳伦斯，天文学家夏浦瑞等。

1943年晏阳初荣选为世界最具革命性贡献的十大伟人（左为爱因斯坦）。

提出“第五自由”

1941年1月6日，罗斯福在致国会的年度咨文中，提出四大自由，即言论自由、信仰宗教的自由、免于匮乏的自由、免于恐惧的自由。这就是影响全球政治和民主的“四大自由”。它对其时国共关系发生过影响。如《中国国民政府、中国国民党与中国共产党之协议》中的第三条，便吸收了其精华：“联合政府应遵照孙中山先生所倡原则，创设一民治、民享、民有之政府。联合政府所奉行之政策，其目标应为：提倡进步与民主；主持公道及维护信仰自由、出版自由、言论自由、集会结社自由，并给予人民以向政府诉愿之权利，关于人身保护状之权利，以及住宅不受侵犯之权利。联合政府并应采取政策，使前所规定之‘免于恐惧之自由’及‘免于匮乏之自由’得以有效实施。”

国际平教会理事、罗斯福总统夫人展示联合国人权宣言。

这对中国政府和政党产生了深远的影响。毋庸赘言，对晏阳初的民主信念更是莫大的鼓舞。但是，晏阳初觉得仅此“四大自由”还不够，此“四大自由”是针对工业发达的美国这个“福利社会”提出来的，忘记了世界上占三分之一以上人口的最重要的“自由”。在他近80年的平民教育生涯中，形成了深刻而具有远见的“第五自由”。

1943年，晏阳初到美国接受“现代具革命性贡献的世界伟人”表扬后，声望大增，晏阳初之名轰传全美。他在与美国各界领袖人士广泛接触中发现他们对于第二次世界大战后的世界情形极为关切，于是他想，为什么不趁机将自己的观点提出来？此时不提，更待何时！韦政通在《儒家与现代中国》中分析说：“根据他长期的工作经验，坚信定县的四大教育，普及到世界落后地区，才是落后国家实行民主以及全人类走向和平的重要基础。当时美国总统罗斯福的‘四大自由’（言论、信仰、免于匮乏、免于恐惧）的号召，颇引起世人的注意。晏阳初认为这四大自由还不够，全世界三分之二以上的人感觉更重要的‘自由’，是四种自由之外的第五自由：‘免于愚昧无知的自由。’”

念头一萌动，随即由他口述与美国作家Mr. J. P. Mcevy合作，撰就《免于愚昧无知的自由——平民教育实用手册》。他的这个主张，无疑是为平民教育运动的国际意义做了一次精辟有力的阐释。

J.P.Mcevy又将该书的纲要缩写成《中国教师的特使：晏阳初》一文，刊载于1943年11月的《读者文摘》上。文末引用晏阳初的警句云：“全球三分之二的人都陷于苦力阶级。没有一国能超越其民众而强盛起来的，只有这许多大众——世界上最丰富的尚未开发的资源，经过教育而发展，且受教育而参加他们自己的建设工作，否则将没有和平可言。平民教育将造就每一个人成完全的人，那时他就是任何其他人的兄弟。我谦恭地相信：世界需要这一为世界民主、世界和平的教育。这样，我们不只能拥有四大自由，还有第五自由：比较其他四项都显得伟大。没有它，我们如何能有四大自由?这就是免于愚昧无知的自由。”

1943年晏阳初提出第五自由，并为实现第五自由毕生不辍其志。1950年10月24日，他在麻省威斯里学院远东研究所的讲话中指出，世界还有三分之二的人处在愚昧无知的

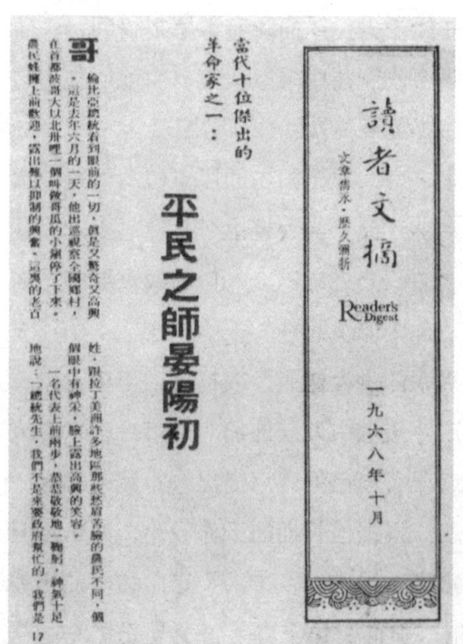

讀者文摘

文章雋永・歷久彌新

Reader's Digest

一九六八年十月

當代十位傑出的革命家之一：

平民之師晏陽初

哥倫比亞總統看到眼前的一切，覺得又驚奇又高興，這是去年六月的一天，他出巡視察全國鄉村，在首都波哥大以北卅哩一個叫做哥瓜的小鎮停了下來。農民蜂擁上前歡迎，露出難以抑制的興奮。這裏的老百姓，跟拉丁美洲許多地區那些愁眉苦臉的農民不同，個個眼中有神采，臉上露出高興的笑容。

一名代表上前兩步，恭恭敬敬地一鞠躬，神氣十足地說：「總統先生，我們不是來要政府幫忙的，我們是

17

A Reader's Digest REPRINT

Self-Help:

Jimmy Yen's Proven Aid for Developing Nations

In every underdeveloped country there are civic-minded leaders who want to help their people. "Offer them a handle, and they will seize it and march like an army with banners"

By Carter Davidson

President of Union College, Schenectady, N.Y.

Let field marshals of our foreign-aid program ponder Dr. Y. C. James Yen and his amazingly successful, and thoroughly tested, program for getting at the root of the problem of newly-developing countries. Members of our Peace Corps would also do well to study it intensively, spread it wherever they go.

No other formula has been so conclusively tried and proved. Because it enlists people's own aspirations and mobilizes their own private initiative for their own reform, it is a dynamic force that utilizes resources scarcely tapped

《读者文摘》中英文版载文介绍晏阳初的平教工作。

《读者文摘》发行人华莱士。

状况中，中国和东南亚国家——马来西亚、印度尼西亚、印度支那的印度次大陆等国家中，文盲数字很高，达80%以上。他说：“令人震惊的事实是世界上有三分之二的人是文盲，饭吃不饱，房不够住，并且生活在远远低于人类应有的最低水平线之下。”这是非常危险的事实！它潜伏着反民主、反和平、反自由的情绪，是世界的不安定因素。譬如，联合国的宪章开宗明义：“我们联合国人民。”然而，这些被认为是联合国的基本力量的人民，却有三分之二的人不认识联合国宪章的字句，试问，人民怎样联合起来呢？此外，还有和平问题。晏阳初指出：“如果像现在这样，基础的三分之二是软弱无力的，那么全世界的男男女女尽管高喊和平、和平，却不会有和平。因为没有通向和平的捷径。当世界人民只有三分之一的人受过教育，另三分之二的人是文盲；只有三分之一的人得有温饱，而另三分之二的人挨饿；只有三分之一的人健康，另三分之二的人受疾病的折磨；只有三分之一的人自由，另三分之二的人是奴隶，世界怎么能有和平呢？”

晏阳初呼吁人们重视联合国的世界人权宣言中“人人生而自由，在尊严和权利上一律平等”的条文，真正做到世界上任何地方任何人，不论其种族、肤色和信仰，都能享受到起码的教育，能识字，真正享受“免于愚昧无知的自由”。

1943年夏晏阳初在美国演讲。

晏阳初声明，自己并不是主张“降低三分之一的人的生活水平，以便和其他人拉平”，而是赞成通过“提高三分之二的人的水平来拉平”。这不是天方夜谭。只有三分之二的人真正享受到了“第五自由”，即解放了人民的“潜力”，开发了人民“无限的脑矿”，“拉平的生活”的到来便为期不远。他还飞往经济欠发达的古巴宣传其平民教育主张，拟订推行平民教育社会建设机构的名称、职员、工作项目和经费等，将中国平民教育的经验介绍到古巴，希冀古巴人民尽快实现“免于愚昧无知的自由”。在古巴期间，古巴新闻媒体报道了晏阳初的平民教育思想及其所取得的成就，在拉丁美洲国家受到广泛关注，实现了他“将中国平民教育经验传布于海外”的夙愿。

第五自由的提出，是晏阳初民主思想的升华。它对人类的启发是多方面的。他的争取第五自由的工作是拓荒性的，不仅具有创造性，而且洋溢着感人的热力与智慧。

留美为乡村建设筹款

晏阳初自1929年访美归国后，一心扑在平民教育事业上，心无二盼，目无二顾。14年后再次回到美国，当年虽然成立了“中国平民教育运动美国合作委员会”，却发现很多关心平民教育的人士对中国平民教育事业发展的情形知之甚少，感到很有必要写一些东西加以宣传，以得到更多人的同情和支持。美国平民教育人士也建议新设一机构——“平民教育运动中美委员会”，以提高合作的效能。经过多次切磋，决定了新平民教育机构的若干原则。1944年4月29日进入注册程序。该组织计有理事9人，其中中国籍3人，即前驻美大使施肇基、纽约中国锑矿实业家李国钦和晏阳初；美国籍理事6人，即东西方协会主席赛珍珠女士、通用电器公司总裁史瓦浦和一位作家、一名哲学教授、两个企业家。

赛珍珠女士。

对平教运动最给力的美国社会名流史瓦浦。

委员会会章规定宗旨有四：1．请求并收领一切合法的志愿捐款，以促进及推展在中国及美国与其属地的中国人的平民教育与社会建设。2．领导研究及训练，旨在提高中国人教育、健康、经济的水准。3．藉所募得的捐款改善中国人一般的福利。4．协助中美境内平民教育宗旨相同的非营利机构工作，共同推进平民教育事业。

1944年5月31日，委员会正式成立，同时举行第一次理事会议，宣告厘定工作计划：第一，由各位理事慎重邀请有名望人士参加一系列午餐会或晚餐会，餐会中间穿插介绍平民教育运动的工作进展及其成就，计划从纽约市首发，随即向东部、中西部、西部各重要都市，以便劝募捐款。第二，理事或觅合适人选撰写论文，交《生活》、《读者文摘》等重要刊物登载，以广泛宣传。第三，预定募捐数为500万美元。

晏阳初日夜为此会操劳，在筹办时接到宋子文1945年1月4日来札，云："平民教育与地方自治，是开创民主政府的第一优先。盼立即回国负责主持政府支持的计划。并候明教。"1月8日，晏阳初回复说：中华民国成立已经30多年，全国却至少仍有70%以上的民众是文盲，这实在是奇耻大辱。平民教育促进总会早已具备各种消除文盲的技术。国内6000万青年文盲，教育刻不容缓。国民有识字读书能力后再施以继续教育，开发他们的"脑矿"，使他们参与民主国家的建设。地方自治绝非政府的赠予与施舍，而靠培植地方自治的力量。他在信中阐述委员会的基本计划说："（1）通过发挥'平民学校'、'平民文学'、图书馆、展览、期刊、报刊、戏剧、电影、广播的作用解决平民教育问题。（2）通过发展农业科技、手工业、工业和合作社解决平民生计问题。（3）通过实施最基本的健康保健和医疗解决平民健康问题。（4）通过振兴基层组织并培养民众参与政治解决平民自治问题。"这也是晏阳初所重视的"社会与经济改造的'四个要素'"。这一计划是否能够顺利实施，取决于三个基本条件："（1）在社会与经济的各个重要领域中我们必须拥有受过良好训练、具有献身精神的工作者。（2）在规划和培训方面，我们必须拥有经验丰富的、素质高的领导者。（3）我们的政

美国联邦政府大法官道格拉斯。

HELEN GAHAGAN DOUGLAS
14TH DISTRICT CALIFORNIA

COMMITTEE
FOREIGN AFFAIRS

Congress of the United States
House of Representatives
Washington, D. C.

April 29, 1948

Dear Jimmy:

I was delighted that the China Aid Act of 1948 included a provision which authorizes the expenditure of funds in China for Rural Reconstruction. As a member of the Committee of the House that wrote this provision into law, I want you to know that it was an expression of faith on the part of the Congress in the Mass Education and Rural Reconstruction Program which you have headed and promoted in China for the last twenty-five years.

I am delighted that this provision will now give you a real opportunity to serve the needs of the people of China.

Since you are about to return to China, I wish you would kindly tell Madam Chiang that the American people have a deep interest in your program for Mass Education and Rural Reconstruction and that its success will do much to strengthen the cooperative efforts of the two nations. It is my hope that a non-political and independent Commission will be set up to administer the project, so that the great program which you have sponsored will go ahead speedily and successfully.

Kindest personal regards.

Most sincerely yours,

Helen

Helen Gahagan Douglas

Dr. James Yen
c/o James Hong
3981 West 7th Street
Los Angeles 5, California

美国众议员道格拉斯女士致晏阳初函。

府必须支持这个计划。”而1940年成立的乡村改造学院，由于资金不足，发展受到很大限制。晏阳初一直希望能够扩充和完善学院的基础，以便配备充足的人员和设备，进行一流的研究和培训。他说：“现在我收到了您的电报，比以往更强烈地感到，我们应该加强和扩充整个培训计划，这样我们就可以最大限度地为国家培养从事平民教育和社会改造的领导者。……我非常希望能够在今年五月或最迟在七月返回中国。”

晏阳初及委员会的努力工作，致使委员会人数不断增加，美国联邦最高法院大法官道格拉斯、纽约市银行家、《时代》和《生活》杂志发行人等，都成为委员会理事。1945年3月13日，理事会召开会议，主席史瓦浦指出，宋子文来电，企盼各理事运用各种方法进行劝募，以便于晏阳初早日启程归国，主持中国社会与经济建设的重要基本工作。晏阳初在会上报告了工作计划及预算，阐述了捐款目的在协助中国消除文盲，准备适应新的教育所需要的平民文学；运用电影、戏剧、无线电广播以传布有关文化、经济、卫生、公民的知识与消息；在国内代表性地区，设立有关战后社会与经济建设的平民教育实验及表证中心；扩充乡村建设育才院，训练各项建设所需要的男女工作人员。这些计划，仅1945—1946年度，开办费需115万，经常费需70万，一共185万美元。其中106.5万美元在美国劝募，其余的款项在中国筹募。理事会经讨论后一致认为晏阳初的预算是合理的，并决定迅即着手筹募美国部分的款项。但募捐并不容易。经十个多月的努力，共计只募得58万余元，只完成总任务的一半强。晏阳初仍在向着目标努力，他将宋子文的来电及募捐计划送交中美委员会主席史瓦浦，史瓦浦决定立即去拜见罗斯福总统，请求总统与中国政府商讨，从美援项下拨出500万美元作为办理平民教育的费用。他认为区区500万美元，一经两国政府敲定，便有了固定的经费，不用四出托钵化缘。但是，理事们认为晏阳初一贯坚持的原则是独立地位，不依傍于政派与政党，只好作罢。

晏阳初对于“对华救济总会”邀请“中美委员会”参加，旨在方便对捐款的统筹分配管理，曾持不赞成态度，因为平民教育并不是救济和施舍的慈善工作，而是开发人民的潜力，但还是少数服从多数。“对华救济总会”旋即更名为“对华服务总会”。不过，晏阳初的“不要救济，让他发扬”平民教育理念，逐渐得到越来越多的美国人的赞同。

旧金山市荣誉公民

1945年3月，“平民教育运动中美委员会”理事东西方协会主席、诺贝尔文学奖得主赛珍珠女士出版了《告语人民——与晏阳初谈关于平民教育运动》一书刊行。赛珍珠采用与晏阳初对话方式记述了晏阳初25年来献身于中国平民教育运动的历程。晏阳初在平民教育运动中的感人事实，加之赛珍珠生动鲜活的笔调，该书发售不过半月即告罄。赛珍珠在序言前用短短的几句话概括了平民教育的成就：“世界上三分之二的人是文盲，他们吃不饱，穿不暖，任凭疾病折磨。平民教育是一项计划，它经历了30余年的实践，改善了一代人中几百万人的状况。”她在序言中指出：“世界上有四分之三的人受着腐败政府的压迫，愚昧无知，食不果腹，时刻受到疾病的威胁。因此，首先应为他们着想：怎样使他们受教育？怎样使他们健康？怎样让他们吃得饱？有知识？能自治？在这些有关计划未付诸实现前，空谈和平是毫无意义的。”“这本书就是一个建设性计划的记录。这个计划已作为试验实施了25年。为解决当今世界面临的问题，该计划曾经历过严格的检验。这是一个中国人在中国创造并实施的计划。……全盘计划不仅准备在中国实施，而且要推广到世界各地。这种计划对于美国南部、中南美洲的某些地方如古巴、波多黎各，甚至非洲、印度、东南亚以及凡是受着饥饿、愚昧与暴政压迫的人民，都是极端有价值的。”

晏阳初在美国缅因州立大学获荣誉博士学位。

《告语人民》出版时，正值联合国组织会议在美国旧金山举行前一月余，各国政要云集华盛顿和纽约间奔走，作非正式磋商。此书的出版恭逢其时，为各国破解令人头痛的世界和平问题提供了极有价值的新理念。

晏阳初在美期间，美国缅因州立大学为赞许晏阳初在中国推行平民教育乡村建设的贡献，授予他荣誉博士学位。

1945年11月初，旧金山市战后第一次选举参事会集会。一位市参事提议请公认晏阳初博士为该市荣誉公民。11月19日，市参事会议全体投票，一致通过市参事会第5071决议案。当日经市参事会主席及市长签署尊敬状：“晏是经东西方各权威人士公认的真正哲学家与人道主义者，历史将以最高地位记载晏对中国的贡献。旧金山市民对于晏的伟大成就，今为明示诚挚的尊敬，没有其他方式可以表达，敢以荣誉公民奉赠。”《金山时报》等华文报纸一再发表社论：“此案于中华民族之尊严与声誉关系匪浅。”可谓改变了华人在美国人心中的形象，给留美华人以极大的鼓励。

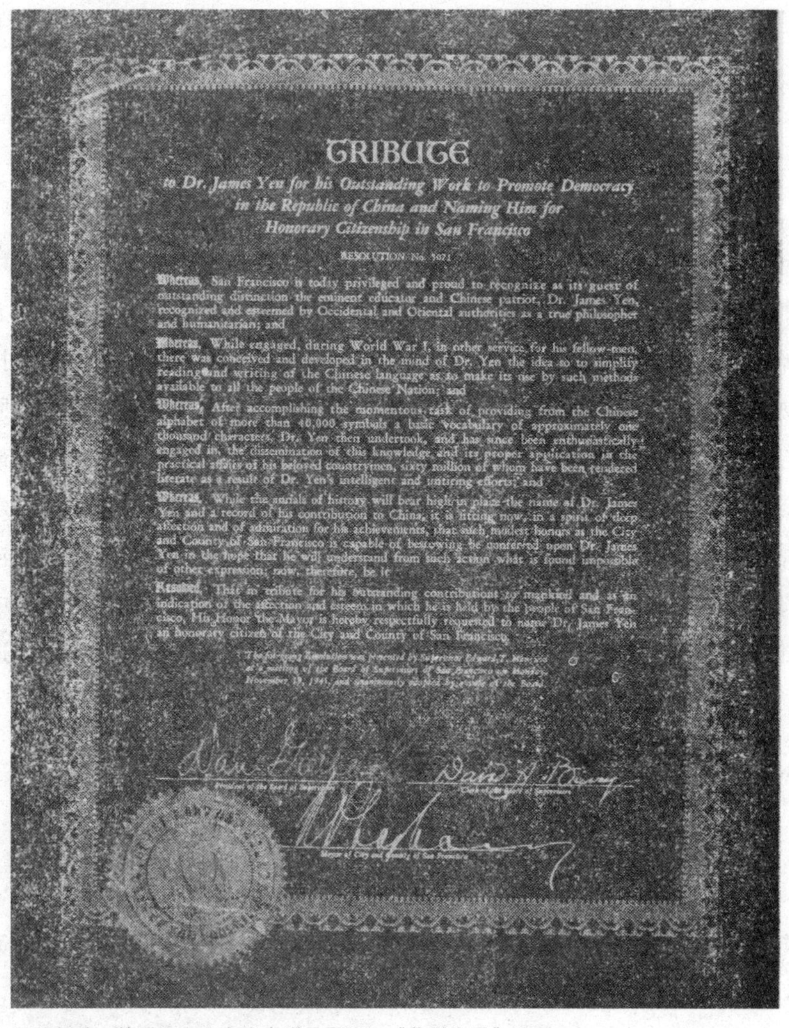

TRIBUTE

to Dr. James Yen for his Outstanding Work to Promote Democracy in the Republic of China and Naming Him for Honorary Citizenship in San Francisco

RESOLUTION No. 5071

Whereas, San Francisco is today privileged and proud to recognize as its guest of outstanding distinction the eminent educator and Chinese patriot, Dr. James Yen, recognized and esteemed by Occidental and Oriental authorities as a true philosopher and humanitarian; and

Whereas, While engaged, during World War I, in other service for his fellow-men, there was conceived and developed in the mind of Dr. Yen the idea so to simplify reading and writing of the Chinese language as to make its use by such methods available to all the people of the Chinese Nation; and

Whereas, After accomplishing the momentous task of providing from the Chinese alphabet of more than 40,000 symbols a basic vocabulary of approximately one thousand characters, Dr. Yen then undertook, and has since been enthusiastically engaged in, the dissemination of this knowledge and its proper application in the practical affairs of his beloved countrymen, sixty million of whom have been rendered literate as a result of Dr. Yen's intelligent and untiring efforts; and

Whereas, While the annals of history will bear high in place the name of Dr. James Yen and a record of his contribution to China, it is fitting now, in a spirit of deep affection and of admiration for his achievements, that such modest honors as the City and County of San Francisco is capable of bestowing be conferred upon Dr. James Yen in the hope that he will understand from such action what is found impossible of other expression; now, therefore, be it

Resolved, That in tribute for his outstanding contributions to mankind and as an indication of the affection and esteem in which he is held by the people of San Francisco, His Honor the Mayor is hereby respectfully requested to name Dr. James Yen an honorary citizen of the City and County of San Francisco.

The foregoing Resolution was presented by Supervisor [illegible] at a meeting of the Board of Supervisors of San Francisco on Monday, November 19, 1945, and unanimously adopted by [illegible] of the Board.

President of the Board of Supervisors

Clerk of the Board of Supervisors

Mayor of City and County of San Francisco

1945年秋，美国旧金山市议会赠予晏阳初“荣誉市民”称号。

战后的建设

1945年8月15日，日本宣布无条件投降。八年艰苦卓绝的抗日战争，极大程度地显示了人民的力量。人民欢送他们的英雄儿女上前线与日军浴血奋战，自己在后方大力发展生产，给前方将士提供精神和物质的食粮，是抗日战争的最重要主角。现在抗日战争胜利了，人民迎来了建设自己国家的大好时机。晏阳初及其平民教育促进总会同仁在抗日战争时全力投入到抗战建国的工作之中，坚信中国人民的抗日战争必定取得最后的胜利。现在，战后乡村建设的大好时机已经到来，大力发展平民教育、推进乡村建设的理想就要付诸实施了，怎么能叫晏阳初不心潮澎湃呢！此时的晏阳初虽然身在大洋彼岸，但心系中华，归心似箭。不过他要利用自己在美国获得的一切荣誉和机会，为中国平民教育运动推进募集到更多的款项，以为平民教育运动奠定更加厚实的基础，创造更为有利的条件，以为世界和平做出更大的贡献，为广大平民谋得更多的福祉。

拜访政治家布鲁区和总统杜鲁门

1946年2月，“平民教育运动中美委员会”诸重要人士邀约晏阳初晤谈，策划推动平民教育运动。大法官道格拉斯还在公余或休假期内为平民教育运动奔走呼号，到处游说可资商讨或捐款者。委员会还安排晏阳初拜访美国元老政治家布鲁区和杜鲁门总统。

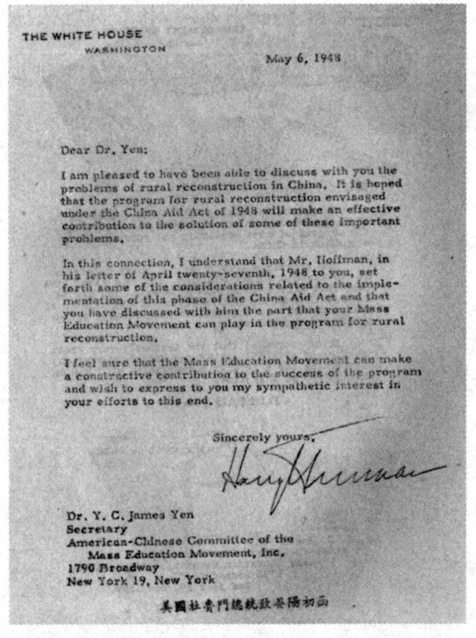

THE WHITE HOUSE
WASHINGTON

May 6, 1948

Dear Dr. Yen:

I am pleased to have been able to discuss with you the problems of rural reconstruction in China. It is hoped that the program for rural reconstruction envisaged under the China Aid Act of 1948 will make an effective contribution to the solution of some of these important problems.

In this connection, I understand that Mr. Hoffman, in his letter of April twenty-seventh, 1948 to you, set forth some of the considerations related to the implementation of this phase of the China Aid Act and that you have discussed with him the part that your Mass Education Movement can play in the program for rural reconstruction.

I feel sure that the Mass Education Movement can make a constructive contribution to the success of the program and wish to express to you my sympathetic interest in your efforts to this end.

Sincerely yours,

Harry Truman

Dr. Y. C. James Yen
Secretary
American-Chinese Committee of the
Mass Education Movement, Inc.
1790 Broadway
New York 19, New York

美國杜鲁門總統致晏陽初函

美国总统杜鲁门致晏阳初函。

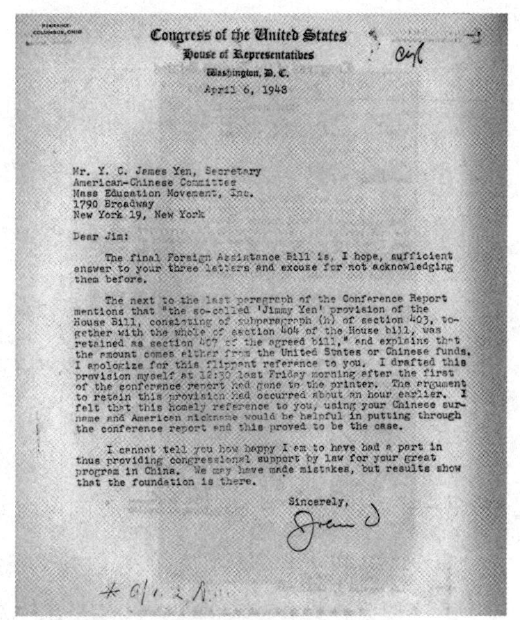

RESIDENCE:
COLUMBUS, OHIO

Congress of the United States
House of Representatives
Washington, D. C.
April 6, 1948

Mr. Y. C. James Yen, Secretary
American-Chinese Committee
Mass Education Movement, Inc.
1790 Broadway
New York 19, New York

Dear Jim:

The final Foreign Assistance Bill is, I hope, sufficient answer to your three letters and excuse for not acknowledging them before.

The next to the last paragraph of the Conference Report mentions that "the so-called 'Jimmy Yen' provision of the House Bill, consisting of subparagraph (h) of section 403, together with the whole of section 404 of the House bill, was retained as section 407 of the agreed bill," and explains that the amount comes either from the United States or Chinese funds. I apologize for this flippant reference to you. I drafted this provision myself at 12:30 last Friday morning after the first of the conference report had gone to the printer. The argument to retain this provision had occurred about an hour earlier. I felt that this homely reference to you, using your Chinese surname and American nickname would be helpful in putting through the conference report and this proved to be the case.

I cannot tell you how happy I am to have had a part in thus providing congressional support by law for your great program in China. We may have made mistakes, but results show that the foundation is there.

Sincerely,

John

美国众议员John致晏阳初函。

1946年2月26日，晏阳初如约到达布鲁区的纽约寓所，陈述了平民教育运动计划大要后，布鲁区认为这个计划“确是根本的且广博的”。他说，自己对中国发生兴趣，是由于罗斯福总统对他说，我们必须尽一切可能援助中国人，因为他们是我们的朋友，我们必须保持这朋友关系。自此以后，自己也就成为中国之友，并曾捐助10万美元给美国对华救济总会。

3月2日，大法官道格拉斯与白宫洽商晏阳初拜访杜鲁门总统事宜。3月11日下午，晏阳初与道格拉斯到达白宫拜见杜鲁门总统。晏阳初向杜鲁门总统陈述平民教育的意义说：“全球占四分之三人类陷于穷、愚、弱、私相同的苦难中，这些人不能读联合国宪章！”杜鲁门说：“即令他们能读，也不能理解。”他继续说：“这正是我们所以要努力多做许多有关教育工作的原因。中国古圣教导我们：‘民为邦本，本固邦宁。’就全世界说人是根本；如果根本脆弱，我们必须使其强固，以保世界和平。”自己“即将回国协同政府扫除文盲，希望十年内完成”。杜鲁门插话说：“我确信你会做到。”道格拉斯说，晏阳初将拥有斐尔德捐赠的印书局，刊行书籍杂志供应平民阅读。还能刊印你的演词供全中国人阅读。杜鲁门大笑起来。道格拉斯问杜鲁门总统说：“有什么可献赠予晏阳初的新大学呢？”总统笑着连连说“好”。

晏阳初和道格拉斯向总统告别时，杜鲁门要求晏阳初送一份有关平民教育工作纲要给白宫，说：“我愿保存在我个人档案里。”道格拉斯向总统说：“如果派遣我作你的代表前往中国视察这一工作，我愿陈送报告给你。”30分钟的与美国总统的晤谈，在欢笑声中结束了。

“三大要项”

日本投降后，晏阳初迅即与美国友人商谈战后中国建设扩大服务问题，拟订了平民教育促进总会以后工作的三大要项，即平民大学、平民印书馆和平民电影厂。

第一，平民大学。晏阳初动念创办平民大学很早，“定县实验”时期他便深深地感觉到人才匮乏，只有一流的人才才能干出一流的事业，决心将乡村建设学院扩大为平民大学。平民大学的宗旨包括两点：第一，储备平民教育及社会经济建设各种特殊服务人才，以满足中国以及其他国家的需要；第二，协助发展学生之间的国际合作与世界联合的精神，并根据以往的经验，他还设想平民大学开设平民教育学院、平民生计学院、平民卫生学院和平民政府学院四个学院。

平民大学的教授由“平教总会”能力强的高级人才担任，还随时聘请外国志同道合的优秀学者、医师、工程师、艺术家等来校任教。他们的讲学应符合平民大学的基本哲学：信任平民的卓越品质与一切可能性。平民大学的教学理论与实际并重，既有教室里的理论课讲授，还特别注重实践实习，并有现场服务工作，使学生不只是掌握一些原理，还了解社会实际，与广大社会保持着密切的联系，注重知识的相互关联，以及合作与团体精神养成。

国际了解将在平民大学得到强调。晏阳初从第一次、第二次世界大战中看到了使世人认清全球人民相互依赖和人类共同履行责任的重要意义。如果任何一个国家用国家主义来训练青年，无异于自杀。平民大学的教学要无条件地贯穿“世界联合”的精神。

印度、古巴等国家得知晏阳初要创办平民大学，产生了极大兴趣，企盼着平民大学成为一所国际性的大学。晏阳初说，平民大学当前的任务，是在提高占全球人口四分之一的中国人知识和生计水准，最后目标则在协助世界上其他三分之二尚未开化人群改造生活。他还说，平民大学与其他大学不同点在于，决不完全沿袭外国教育制度，而注重解决三万万文盲，尤其是其中六千万失学青年和众多学龄儿童无法求学的问题；不仅解决三亿文盲识字读书的问题，还要教授如何谋生计、如何熟悉公民的职责诸问题。

为此，晏阳初为了将乡村建设学院扩充为平民大学，曾积极努力，鼓励留美优秀人才回国，还购置了化学、物理、生物仪器设备。

第二，平民印书馆。有史以来，外寇入侵中国屡见不鲜，但从来未见到像抗日战争这样全民动员全民参与救亡图存的工作，这昭示着伟大的中华民族空前觉醒，新中国新文化的曙光已经放射出耀眼的光芒。

早在第一次世界大战期间，晏阳初就有办《华工周报》的经验，“定县实验”期间也刊行《农民》和《平民文库》近千种，充分显示了平民读物的伟大力量。他认为，中国要立于不败民族之林，必须从强民入手，强国必须先强民，先在夯实强国的基础。长期以来，强民的工作被严重漠视了，平民读物与占总人口90%的农民、工人、妇女而言，简直微不足道。八年抗战使本就十分薄弱的平民教育工作更加耽误了。要迎头赶上，晏阳初认定设立平民印书局是极为重要的举措。他认为平民印书局当有五项任务：

赞助设立平民印书局的斐尔德。

1．唤醒平民的智慧。

2．发扬中国极重要的“社会民主”遗产，使适应西方“政治民主”的优点，以为中国现代民主的基础。

3．供给有关科学化农业、公共卫生、工业、合作等简明实用的资料，协助平民提高生活水准。

4．启发平民认识个人和人群的共同责任，以及各国之间相互倚赖的意识，增广孔子“天下一家”的新要旨，准备做世界公民。

5．以上各种基本读物，均应当根据平民经济能力所及。

晏阳初还拟订了恢复《农民》报、印行教科书及手册和创办《平民日报》三项工作计划。

平民印书馆机器购置经费和人员训练事宜本来已经有了眉目，可惜由于内战爆发，

1949年，黄宗霑回国成立电影制片厂。

政局不稳，通货膨胀，物资缺乏尤为严重，无奈之下计划化为乌有。

第三，平民电影厂。在推行平民教育过程中，晏阳初充分看到了幻灯及电影片作为传播工具的巨大作用，计划设立一家平民电影制片厂，根据“平教总会”的计划和理念制作影片，推动全国社会与经济建设知识的传播。

1945年底，晏阳初到洛杉矶演讲访问，与事先有约的好莱坞著名华籍摄影师黄宗霑晤聚。黄宗霑从洛克斐勒、“电影制片人协会”等处筹募到可观的捐款，并一度回国参观考察，但因国内政局激变，平民电影厂筹备工作不得不停止。

创建华西实验区

1946年4月17日，晏阳初从美国旧金山回到离别三年的乡村建设学院。是时，战时外调的平教总会同仁大都返回，他遂与代理院长瞿菊农共同努力扩展学院。此时，教育部已经批准学院授予学士学位，已增招学生300人，并有三年级学生正在璧山县乡村研习。为迎接战后大规模的建设，国民政府将四川省作为全国建设的实验区，规定实验区首要的工作是发展铁路、航运、电话及水力发电，并限期三年扫除文盲、分期分区建立比较完善的医院，普遍推行卫生保健工作等。后者对于平教总会而言，无疑不仅是他们多年追求的目标，而且也是轻车熟路。晏阳初与宋子文晤面时便谈及实验区的工作，还叙谈了从重庆地区着手进行的打算。省主席张群遂正式指定包括重庆地区及乡村建设学院所在地的巴县、璧山县在内的第三行政区十县作为实验区，一切工作邀请平教总会协助指导推行。

华西实验区实验工作的主要目标是社会与经济建设并举，注重平民教育及以合作为基础的土地改革。在晏阳初看来，土地改革对乡村建设关系至关重大，推进必须与对农民实用的训练计划密切配合，既要引进科学技术，训练农民运用科学技术从事生产，还要组织生产与供销合作，使农民学会合作参与市场交易。平教总会选定地理位置比较适中的璧山县作整个华西实验区所属十县的辐射中心。璧山县人口大约30万，分别居住在35个乡镇，分为5个辅导区，设辅导员及干事各1人，乡村建设学院学生分别参与实验工作。还将全县划分为254个学区，每学区设一名民众教育主任。

璧山县作为辐射中心，按“四大教育”范式开展工作，突出的工作有二：

其一，改进导生制。与以往的导生制不同的是，璧山县所实施的导生制不限年龄，老年人亦可担任导生。河边乡居民共有13595人，其中6000人是文盲，文盲年龄多为15～45岁。乡村建设学院三年级学生前来协助选聘及训练导生，并建立识字接力站——传习处，选拔12～72岁不等的210名人员志愿担任导生。仅两个月的时间，璧山县便有2563人（其中男子1004人）都能识字读书，还学会了珠算、唱歌。有的一家6口全是导生，老父72岁，女儿、两个儿子及儿媳都是，还有10名60岁的导生。

其二是组织织布合作社。1946年2月，平教总会完成了璧山县五乡经济调查工作。他们发现抗战时供应军需的织布业大多停顿，农民所有的织机都闲置了，农民失去了这一宗收入，生活困顿，亟须救济。平教总会决定先在两个乡进行实验，组织织布合作社，其原则有四：1．采副业经营方式，社员在家织布，供给原料、推销成品，由单位联合经营。2．凡自有铁机且能自织者为基本社员，每一社员的机台至多以两台为限。3．社员产品由合作社规定统一标准与生产种类，保证产品质量以应市场需要。4．合作事业推行与平民教育相互配合，发展合作社的地区，必须是推行平民教育已有成绩的地区。1947年3月10日，城南乡组成的两个合作社已有787件标准化原白布应市，出售后获纯利甚丰，社员大会决议：自纯利中提取20%作教育费用，10%供卫生所用，其余作资本金。

城南两合作社的经验不胫而走，各乡纷纷要求组织合作社。平教总会顺理成章地提出两个条件，一是设立一所学校，保证失学儿童入学。二是组织“识字接力站”，鼓励成年文盲识字读书。到1947年10月下旬，璧山县机织生产合作社县联合社正式成立，登记社员911人，贷款社员439人，实有机台1089台，贷款机台576台。两个月内生产标准原布32225匹，社员家庭生活稍有改善。1947年6月，璧山县参议会决定推行社会与经济建设计划，两年内扫除文盲，增建学校和保健所，改革赋税制度，实行自由选举与合作农耕。

“中国农村复兴联合委员会”

1946年11月13日，美国国务院宣称，反对执行在中国大局改善前贷款给中国5亿美元的项目，美援出现僵局。这时，晏阳初接到宋子文和美国驻华大使司徒雷登的电报，约他到南京商谈赴美国打破美援僵局的工作。晏阳初自始至终坚信“四大教育”既是中国成为现代化民主国家的基础工作，也是从根本上解决中国问题的捷径。抗战结束后，和平建设并没有如期而至，内战爆发，毕生的理想面临破灭。现在有宋子文、司徒雷登等中美人士的邀请和支持，“四大教育”可望继续推行，美援可望得到恢复，这是难得的机会，决定不辞劳瘁前往一试。

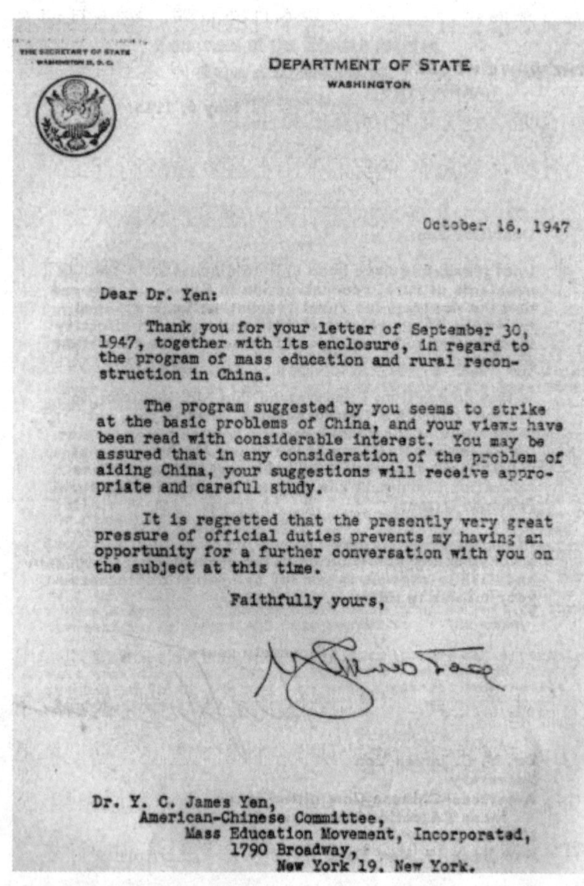

THE SECRETARY OF STATE
WASHINGTON 25, D.C.

DEPARTMENT OF STATE
WASHINGTON

October 16, 1947

Dear Dr. Yen:

Thank you for your letter of September 30, 1947, together with its enclosure, in regard to the program of mass education and rural reconstruction in China.

The program suggested by you seems to strike at the basic problems of China, and your views have been read with considerable interest. You may be assured that in any consideration of the problem of aiding China, your suggestions will receive appropriate and careful study.

It is regretted that the presently very great pressure of official duties prevents my having an opportunity for a further conversation with you on the subject at this time.

Faithfully yours,

Dr. Y. C. James Yen,
American-Chinese Committee,
Mass Education Movement, Incorporated,
1790 Broadway,
New York 19. New York.

美国国务卿马歇尔复晏阳初函。

1947年5月初，晏阳初抵达美国。随之而来的是在司徒雷登、道格拉斯、赛珍珠等人的策划下在美国政界和工商业界之间广泛的游说。7月10日，晏阳初向马歇尔阐述其农村复兴计划，马歇尔虽然表示赞赏，但他认为这是一项长期的计划，他热衷的是解决当前中国局势问题。到次年2月，美国务院向国会众议院外交委员会提出的援华方案中，对晏阳初的农村复兴计划仍只字未提。1948年初，在美国友人的建议和策划下，在美国《基督教科学箴言报》、《先驱论坛报》、《华盛顿邮报》、《太阳日报》四大报纸上发表社论和专文，赞扬和热烈支持晏阳初的建设计划。

在多方面的力量作用下，终

于有了比较理想的结果。1948年3月9日，晏阳初由大法官道格拉斯陪同到白宫会见杜鲁门总统，取得了很好的效果。十天后，美国会众议院外交委员会通过杜鲁门总统提出援助欧洲及中国的建议。其中援华总数仍维持杜鲁门原议5.7亿美元，只是将它分别列支：1.5亿美元作军事援助、4.2亿美元作经济物资援助，并授权国务卿商同中国政府组织一个5名中美人士的委员会，负责中国农村建设与复兴工作。自4.2亿元中拨付不少于5%、不多于10%款项作此项用途。4月，美国援华法案特列“晏阳初条款”，设置中国农村复兴联合委员会，进行农村建设。晏阳初多年的夙愿和计划终于向前迈出了一大步。

中国农村复兴联合委员会简称“农复会”，于1948年10月1日在南京成立。中方蒋梦麟、沈宗瀚和晏阳初3人为委员，美方穆懿尔（R. T. Moyer）、贝克（J.E.Baker）2人为委员。总会设在广州，另在广东、湖南、四川、贵州、江西等省设办事处。该委员会以四川第三行政区的社会教育运动中心、浙江杭州区农业推广与家庭指导中心、福建龙岩土地改革中心为补助示范中心。直到南京政府即将败亡之时，他仍然笃信这条信念：

支持赞助设立农复会的美国众议员道格拉斯女士。

“只有在艰苦之中，冒着漫天烽火，站在人民当中，含着眼泪，咬定牙关，做一点算一点，做一滴算一滴。除了加倍努力之外，更渴望各方面共体时艰，捐弃成见，转阴霾为光明，化暴戾为祥和，都站在为人民谋福利的立场上，以工作成绩相竞赛，那时民力才能发扬，民主才能实现。”随后对复兴农村方案的目标和方针作了五项规定：“（一）改善农民生活状况；（二）增加粮食重要作物的生产；（三）发展人民潜力，建设地方，并进而建设国家，以奠定富强民主中国之基础；（四）协助建立推行农村复兴方案之国、省、县级政府机构，并加强其原有机构之工作；

支持赞助设立农复会的美国《先锋论坛报》发行人李德夫。

（五）给予民主知识青年及有志乡建者以服务机会。”

委员会强调：“凡直接并即时能增进农民福利之计划，应首先考虑；有关改进农民经济状况计划，并应给以重视。”“计划之在农村已经行之有效，推行简易而费用不大者应大规模给以推广。”随后，委员会紧锣密鼓地做方案推行的准备工作。他们飞往四川、湖南等地采集资料，以供研究决策之用。因为内战中国民党军队节节败退，“农复会”不得不修改计划，1949年6月决定：“初期推行计划虽不能于短期内预见其效果，且改变现状，但将仍予继续；综合示范中心发展太慢，零星补助亦不能有助于农村基本问题之解决。……如能就若干少数解决农民迫切需要之计划大规模推行，仍可有助于中国局面之改进。”

1949年8月，“农复会”由广州迁至台湾。

“农复会”在大陆工作时间虽然为期仅16个月，但做出的成绩是有目共睹的，仅1949年4月，就通过给予补助95926美元，作为实施土地改革、水利工程建设和农业贷款三项主要计划的费用。实行结果不仅为农民解决了在土地改革后的水利灌溉和洪水灾害，且通过举办实物信用贷款，在一定程度上解决了农民土地主权上受到保障后经济上遇到的许多困难。

1949年8月，晏阳初随“农复会”来到台湾。这次离开大陆并不知道何时是归期，不知道是相隔36年后方返回大陆，看看当年平教会、“农复会”在上面摸爬滚打奋斗过的这片热土。

海外继大业

晏阳初于1949年11月23日重庆解放前一周飞抵香港。“农复会”曾分派工程师视察台湾的水利灌溉设施，建议台湾从开源和节流两方面着手改进水利灌溉基础。建议“台湾省主席”改组农会机构，以发挥农会更大的作用。“台湾省主席”采纳“农复会”建议，先后颁布《台湾省农会与合作社合并办法》和《实施大纲》。农会的改组方案明确规定大地主不可成为负责会员，理监事会和会员代表中三分之二以上须是佃农及自耕农。“农复会”在台湾还开办了多个农民短训班，如乡镇区家会职员专业训练班、农事小组组长训练班，并召开各级农会理事长讨论会。还为解决台湾民生问题做了大量工作，如协助修复乡镇自来水厂、建立乡镇卫生组织等，对台湾战后农村复兴做出了很大贡献。

但是，也许是由于与蒋介石政见不合，也许是他志欲将自己30多年平民教育的经验提供给更多的国家和地区，使更多的平民能够享受到平民教育的恩泽，晏阳初两周后就飞抵美国，并以“中美平民教育促进会”之名，继续研究与推行平民教育事业。1950年后，他一直侨居美国，受聘担任国际平民教育委员会主席，不久担任联合国教科文组织特别顾问，考察亚、非、拉国家，并在美国建立“国际农村建设委员会”。

菲律宾乡村改造传薪火

1950年6月，“朝鲜战争”爆发。美国人士对此极度不解，希望晏阳初站在亚洲人的角度解读这场战争。经他反复申说，逐渐形成了协助落后地区人民发展这一共同观念。当年年底，晏阳初与赛珍珠夫妇提出了具体观念，并说明协助落后地区人民发展要组建一小型委员会负责其事。晏阳初着手拟具一个书面建议，指出当前世界占三分之二的人群陷于饥饿、疾病、愚昧以及被压迫的困苦中，这是对我们的一大挑战，必须立即加以援助，促使这些落后人群前进。美国不能只关注军事而忽视经济战，现全世界有10亿人属于落后地区，委员会“时常接到来自各国的请予协助的函件——其中有泰国、越南、埃及、叙利亚、印度、古巴等国——但以‘美中委员会’尚未决定任何有关政策，不能对这些要求作深入考虑”。通过协助落后地区人民发展，使他们能够自助自立，成为共同为世界和平与发展而奋斗的平等伙伴。他提出了四项措施：第一，与政府的及私人的机构联络，如国际经济社会协会、联合国的考核协助委员会、世界卫生组织等。第二，募集10万美元，以支付一小型的国际考核专家团人员的薪金、行政费等。第三，与此计划具有真挚的兴趣并提供充分支持的政府合作，共同为人民工作。第四，当作为示范用的“先导者工作场”已成功设置时，便可建立一个教师学院或相类似的其他机构，达到训练落后地区人民领导人的目标。

平民教育运动美中委员会执行委员们研读了晏阳初的报告书，经深入讨论，作出决议：原则批准晏阳初提出的将中国平民教育经验，推广于世界其他落后地区的方案，待晏阳初再加研究形成实施方案后付诸行动。1951年1月，执行委员会举行非正式会议，一致肯定并要求立即进行组织国际平民教育运动促进委员会，吸纳各方人士共谋大事。4月17日，晏阳初与菲律宾驻美大使

国际平民教育运动美中委员会理事会议。

罗慕洛会谈。罗慕洛详细阅读了晏阳初寄送的资料，了解了要点，极赞赏“农场重于战场”的观点，并表示“衷心欢迎你到菲律宾去”。1952年2月11日，晏阳初自纽约启程到达菲律宾首都马尼拉，到3月15日离开，共30余天。此间晏阳初或者在各省乡村奔走，或者参观各地社区学校，并到各大中学校讲演，平均每天讲演两次，每次至少1小时。讲演内容均为自己在中国从事平民教育和乡村建设的经验和成绩。他的讲演给菲律宾青年极大的鼓舞和启示。以后数十年参加菲律宾乡村建设工作的人士，都是当年聆听过他讲演的青年学生。

2月26日，晏阳初出席美菲教育协会进餐会，全菲教育界领袖及政府官员与国际组织人士65人参加了进餐会。他正式发表了菲律宾观感，指出菲律宾的平民教育“需要一整体的综合计划，各项工作同时并进，密切合作，不是零星分散或一人推行”，该“协会”副会长致谢词时表示：“菲律宾确实需要结合一体，当前全国人民中仍有百分之四十不识字，百分之六十只识若干字。菲人实缺乏牺牲与专心勤奋精神。今后企望发现自我牺牲的途径。尤望晏先生继续予菲人协助。”菲国包括教育部长在内的100多位领袖挽留他留菲，支持他对菲推行农村改革的意见，还集体议决了新的机构名称——“菲律宾乡村改造运动促进会”。

晏阳初高兴地接受了菲政府的邀请。其工作方法是亲自下乡调查，然后制定符合实际的方案。第一步工作是防止水患，新建道路网及灌溉水利系统，组织村议会及农民协会等民间团体；然后是推行“四大教育”。晏阳初借鉴定县经验，尽可能多地吸引具有多种专长的知识分子到乡村，训练乡村工作人员，高举“发扬潜力，不是救济”的标语进入农村，与村民生活在一起，其目标是要把菲律宾建成亚洲的示范国家。

1952年7月17日，菲律宾乡村改造运动促进会正式组成。面对乡村会的募捐不踊跃的局面，晏阳初告知各位理事，不要为募捐忧虑，应当注重乡村改造的实际工作。有了良好的成绩，捐款必定源源不绝到来。乡村改造募捐不是向人乞讨，而是劝人投资乡村改造这项有意义的工作。菲乡村会的前途全寄托在黎塞省和吕宋岛中部两个先导表证区，这两个表证区的成败系诸各理事的努力。晏阳初再三强调，根据自己数十年的经验，有贝之财易得，无贝之才难求。菲乡村会当自创始时即着重训练培养人才，以后始能发展。如能罗致第一流人才，国际平教会必定会乐于支付薪金。

1954年4月26日，菲律宾麦格塞塞总统给晏阳初致函，请他协助菲乡村会在原反对派首领的家乡推行San Luis计划。主要目的有二：其一，表证给反对派——这里

1954年5月，菲总统参加乡村工作队员训练班结业典礼。

的村民享受着丰足的生活；其二，为其他1.8万个乡村建设提供示范，为全菲昌盛与民主奠定坚实基础。他立即动手制订协助菲乡村会推行计划，村议会旋即推动“四大教育”，政府各机关奉总统之命提供各项人力和物资。村民们在“四大教育”的启示下，有钱出钱，无钱出力，建筑工作场、育苗圃、推广农场、示范公共浴室、妇女洗衣棚、公园、游玩场等。仅一年的时间便将该地区的18个村变成社会实验室及乡村工作人员的训练中心。两年后，基本实现了麦格塞塞总统建设目标：昔日荒地变成了聚宝盆，稻谷、果园、香蕉、烟叶、菜圃随处可见，牛栏、猪舍、鸡舍、鱼池也遍及各村。各村都有保健中心、读书中心、幼稚园，村民生活有了极大改观。《马尼拉时报》1960年5月19日特发表社论，赞扬菲乡村会工作，使居民收入普遍增加，每年每户均增965比索，约为全国各地家均收入的3倍。罗斯福夫人和道格拉斯大法官也以国际平教会理事身份远自美国前来分享菲律宾乡村会取得的成绩。

晏阳初自菲乡村会成立后每年往来于纽约与马尼拉之间至少三次，努力协助菲乡村会推行乡村改造工作，将菲乡村工作进展情况向国际平民委员会提出报告。国际平教会理事每年亦有1～2人前来实地考察。在晏阳初看来，这是国际平教乡村运动运用“定县实验”方案在中国境外首次推行，成效如何，事关重大。1956年10月3日，晏阳初满怀信心地向“平教会”报告：三年前还不敢断言定县实验在中国境外有否价值，如今菲乡村工作成绩证明，不只是有效，而且大大充实与增进了定县平民教育的经验。今后完全可以将这民间的、人民对人民的工作推广扩展到其他正待开发国的民间去。

1961年，菲总统加西亚特在菲律宾独立14周年纪念会上以总统功绩奖章颁给菲乡村会，文曰：“嘉许其8年来，经由有意义的乡村建设社区发展的先驱工作，对国家经济与社会发展已有卓越贡献：在农民群众中开始一无声的、却是辉煌的革命。”同年8月31日，美国洛克斐勒兄弟基金会捐款设立的纪念已故总统麦格塞塞并以其名命名的麦格

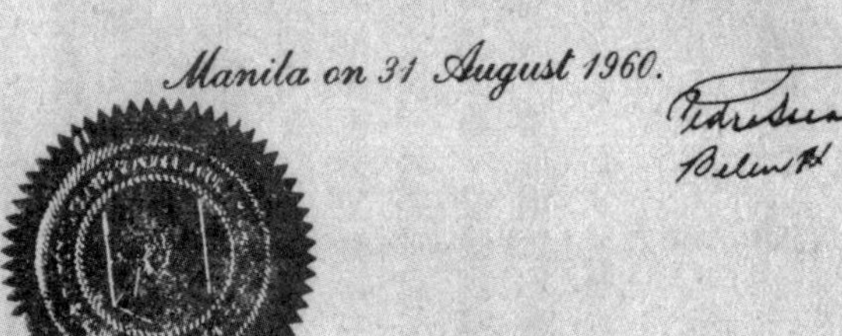

Y. C. James Yen

1960 Ramon Magsaysay Award

for

International Understanding

in recognition of sharing the wealth of his experience and creative leadership in rural reconstruction and bringing to the East and West an awareness of the urgency for meeting the aspirations of the Asian farmer for a fuller life.

Manila on 31 August 1960.

菲律宾总统麦格塞塞基金授予晏阳初奖金奖状。

塞塞基金会赠给晏阳初奖金1万美元，表彰他为国际了解做出的杰出贡献。颂词云："希望继续关心为完整的人及塑造他们的社会制度而努力，比单纯的改良他们物质环境要好。"晏阳初做了如下答谢："乡村固重要，乡民更重要。如果乡民没有改造智慧、知识和精神，乡村改造是不能有真实和永久效果的。乡村改造只是一种方法，人的改造才是最高终极目的。……亚洲人所以沦为饥饿，并非智慧低。孔子、释迦牟尼、耶稣基督都是亚洲人，此足可证明亚洲人天赋聪慧。但亚洲人一向注意'人'的性质，西方人却着意'物'的性质。结果洋人发展科学，征服陆地、海洋、天空，且克服贫穷与疾病，向疾病和饥饿作战，科学自然重要，但只有科学是不够充实的。如果我们注意科学和技术，而忘掉意识形态，有一天，我们将觉悟人们只是在继续活着，很少喜欢这样生活。他们将为吃得饱而满意，却不再是自由人。如果我们只想到肚子空的问题，忽视脑子空空如也，这将是极悲惨的。因此，当促进科学与技术以增加生产改善健康时，必须深思熟虑且壮阔有力地推展我们的民主意识。”在答谢词结束时，晏阳初指出：“这一奖金的赠予，是对设立美国的国际平民教育理事会一极大鼓励：我们将更坚强地推进科学教育，使平民成为自由的‘十字军’，为发展中国家人民而服务。我谢谢这1万美元的奖金，我决定将它增加于‘国际学人训练’基金项下，以鼓励青年男女来学习乡村改造的理论、技术、方法，亲自来把握‘科学布道人’、‘自由十字军’的精神。”

国际乡村改造学院建立

早在20世纪20年代，晏阳初就坚信终有一日实现中国先哲“天下一家”、“世界大同”理想，并为实现这一目标而不懈努力。1943年夏，他在美国各地演说平民教育重要意义，对罗斯福总统倡导的“四大自由”加以评论，在此基础上提出第五大自由——使全球三分之二以上人群“免于愚昧无知的自由”。20世纪50年代，他协助菲律宾乡村改造工作，使他更加坚定了中国和菲律宾文化背景虽然有很大不同，但“定县实验”经验

国际乡村改造学院一角。

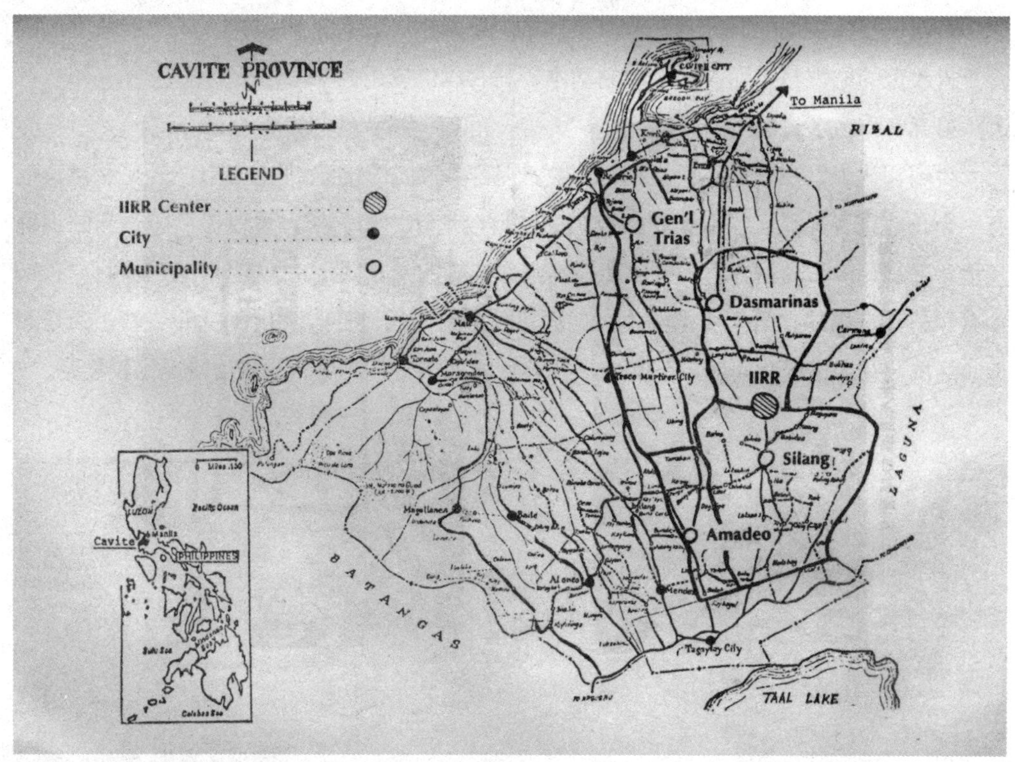

国际乡村改造学院地图。

不仅对菲，还对全世界诸多国家有着极大的价值，应当向包括菲律宾在内的其他国家推广。1958年12月2日，国际平教会集会，晏阳初正式提出国际乡村改造学院创立大纲，得到各位的拥护。大纲提出国际乡村改造学院的职责有五：

第一，对正待开发国家的合格男女青年，实施有关平民教育、乡村改造的基本原理与实用的训练，充实其技艺的及精神的力量，以便在其本国乡村改造运动促进会主持下，发展他们国内尚未开发的民众，成为“自然的主宰”、“人们的弟兄”。

第二，组成一个有创造力且愿献身的教师（科学家与学人）的核心组织。这一组织的成员具备世界眼光，并且不仅有技艺才能，更有充沛精神表露才华，足以启发学生们的十字军精神、手足情谊的理想。

第三，邀请、协助并与正待开发国家国民，组织其本地的民间的乡村改造促进会，推广乡村改造计划。

第四，担任实地的研究与实验（全国的、区域的、国际的阶层），以发展并继续改善乡村改造的原理与实际；同时编制基本资料，以供应用。

第五，作为乡村改造的泉源。

晏阳初认为，在菲律宾设立国际乡村改造学院的必要性和理由如下：一是菲律宾已有一个正在进行并且已经取得相当成绩的乡村改造计划和工作，可以提供一适当的训练场地；二是菲律宾乡村会有一支才能很高且经训练的专家队伍；三是菲律宾乡村会有200多名经慎重选择的大学毕业生群体，他们不仅学有专长，亦表现出献身的热诚；四是菲律宾经济与社会情况和问题，与其他正待开发国家相同；五是菲国政治情况比较稳定。

菲律宾总统马科斯夫妇、菲律宾乡村会会长和晏阳初在国际乡村改造学院落成典礼仪式上。

根据“大纲”，国际乡村改造学院的工作分训练、研究、推广三个部分。训练对象包括从事多项服务的农村工作人员、乡村改造各项专家、乡村改造管理者、乡村工作义勇队四大类别。他们必须对乡村改造工作原理与技术有所了解，具有使自己置身于农民中的技巧和艺术、十字军精神、新世界的信念以及为此而努力奋斗的理想四大条件。研究是为推广而研究。没有研究，改造工作就会停止；没有推广，研究就会成为死板的、不活泼的机械行为。国际乡村改造学院主要是试图通过组织研究会议的方式，开展平教会乡村改造工作的检讨和实地实验。晏阳初极为看重推广工作，全国性或国际性的推广计划，将由国际乡村改造专家行动队实行。全国性推广工作将继续与菲律宾乡村会合作；国际性推广的作用是促进各国乡村改造运动不断深入。

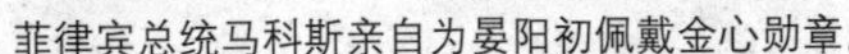

菲律宾总统马科斯亲自为晏阳初佩戴金心勋章。

国际乡村改造学院院长。

1960年10月，国际平教会创建国际乡村改造学院方案依法向德拉瓦州政府申请立案，当月27日，领得许可执照。后于1965年9月经纽约州政府批准发给执照。

接着的工作是募集资金。以前对平教事业给予了极大支持的史瓦浦、斐尔德等先后逝世，关系中断。值得庆幸的是《读者文摘》发行人华莱士伉俪始终对平教人士抱有极大热情。《读者文摘》曾7次登载有关晏阳初言行专文，而汽车大王福特的言行才仅4次。国际乡村改造学院建校后，首先认捐20万美元。晏阳初的同级老友塔夫特也不懈为之奔走，劝说合众基金会捐款以协助保健卫生计划，获得15万美元的赞助。后华莱士举行3次午餐会，邀请各公司、银行、基金会等代表与著名领袖人士与会，席间由华莱士介绍晏阳初国际乡村改造学院计划，取得良好的效果。自1963年9月到次年6月，共募得现金捐款193900美元，认捐753000美元，赞助者超过1000人。华莱士的反复游说，美国氰氨化学公司第一次认捐15万美元，分3年支付；后又捐款25万美元。有了这些经费，国际平教会便在菲律宾Cavite省境购置的125英亩面积上，开始兴建国际乡村改造学院房舍，修建了行政大厅、会议厅、图书馆、教室、学员及教师宿舍、工场等。

国际乡村改造学院1963年动工兴建，1967年5月2日举行第一期校舍竣工典礼。晏阳初自任董事长。这是接纳亚、非、拉若干国家乡村建设优秀领袖人才培训的学校，是欠发达国家乡村建设人才培养基地，是世界乡村建设研究和实验中心，也是继续在中国大陆创办的几所蜚声中外的学校后的又一所为世人瞩目的学院。1976年，设于该院内的平民学校正式开学。1979年决定国际乡村改造学院分设事务、生计、乡村卫生与家庭计划生育、教育文化、地方自治、研究评估、田野活动七个部分。

晏阳初在国际乡村改造学院讲课。

1965年1月6日，国际乡村改造学院在非境内Nutva Eeija省属Nieves的田野实地训练站举行国际训练工作第一期开业式。危地马拉和哥伦比亚两国关注乡村工作的领导人士和相关专家各16人，与菲律宾乡村会人员40人一同受训。晏阳初亲自主持这一有历史意义的盛典。从典礼之日到之后的四个多月的时间里，晏阳初先后讲演17次，向学员介绍他40多年推行平民教育的经验，包括平教会乡村工作的历史、基本哲学和指导原则等。虽然他所讲多为定县经验，但随时与其他国家的实际相结合，譬如中国文字是方块字，菲律宾与危地马拉是字母拼音，中国平民课本选用1300通用字的办法，能否适合于中国以外的地方呢？危地马拉的回答所采用的以1500个基本字作平民课本的做法与中国大同小异。晏阳初阐述了在菲律宾十余年的工作，并不是生搬硬套定县经验，有很多根据地方实际因地制宜之举。

1966年1月，国际乡村改造学院第一期房舍在菲律宾Cavite省属Sailang主要校址落成。这是十分审慎的筹划与设计，工程费控制在45万以内的被晏阳初认为简朴而实用的校舍。次年5月2日，国际乡村改造学院举行第一期校舍落成奉献典礼。总统马科斯伉俪及全菲各界领袖，及中、美、英、印度、锡兰、泰国等国家代表，联合国以及美国公私援外机构代表约1500人参加了这一盛典。马科斯总统夫人在许雅丽女士等协助下揭开国际乡村改造学院纪念铜牌上的绸幕。牌上写着："这里是为国际推广、领导人才训练、有效的研究的世界乡村改造中心。奉献作为增进世界上正在发展中国家农村同胞，以及天父圣名下如兄如弟人们的经济社会和精神的幸福。由于学院各理事及其夫人和朋友们的慷慨与捐献，主要是Mr. And Mrs.Dewitt Wallace,Mrs.Aidley Matt—Dr.Wibur G.Malcclm，才使其成为可能。"

国际乡村改造学院院歌。

晏阳初在此盛典上作了《国际乡村改造学院的使命》的简明扼要的演讲。嗣后，马科斯总统将菲律宾最高平民奖章——金心勋章授赠晏阳初。勋章状云："今公认晏阳初博士在菲律宾表现的辉煌的献身工作。……特别是他提供菲律宾乡村改造促进会的启发、指导与具体的种种方法，已给予这项工作必要的要素、发展与力量……尊敬他的伟大精神：同情那些生活不好的人们，全部并且毫不自私地献身于改善人们的生活状况。”使整个奉献大典达到高潮。

马科斯总统作了热情洋溢的讲话。他对国际乡村改造学院设立在菲律宾极表欢迎，说“这是公认我们农村工作有良好的基础”。他指出：“国际乡村改造学院的迫切任务，是训练乡村改造的领导人和工作队伍，以沟通知识和行动。”并表示完全支持国际乡村改造学院和菲律宾乡村会。马科斯总统1966年就职后，同意担任菲律宾乡村会荣誉会长，对乡村改造和发展极其关注和支持。

国际乡村改造学院校舍建立后，训练、研究、表证三大工作有了强有力的机构和办公、培训校舍支撑，对包括菲律宾在内的全世界诸多国家的乡村改造发挥着强大的辐射

国际乡村改造学院实验区表证农场。

晏阳初伉俪参观菲律宾农民水果收获。

作用。

第一，研究实验并重并举。国际乡村改造学院校舍落成后不久，即刊行《乡村改造及发展——工作手册》。这是国际乡村改造学院与菲乡村会专家们，以及实地工作领导人、乡村工作队100余人历时两年的经验结晶。并有田野活动手册、植物生产手册、动物生产手册、合作社手册、乡村技艺与职业技艺手册、教育手册、乡村自治手册、保健卫生手册、模范农家手册、模范乡村手册10种乡村工作读物陆续出版。1964年，国际乡村改造学院协助危地马拉和哥伦比亚成立乡村改造促进会；1969年在泰国成立乡村改造促进会。其后又增加非洲加纳乡村改造促进会。1970年拟定乡村经济发展、乡村家庭计划生育两项长期研究计划。国际乡村改造学院开始在附近5个乡村做小型研究，到1970年后开始扩大研究，以决定如何使一些经验幼稚的机构，能对乡村发展作更有实效的贡献，特别是在农产供给分配、销售、信用等方面，并决定研究经济发展与保健卫生、成人教育、地方自治的关系。

第二，推行家庭计划生育。1969年前后，晏阳初通过访问、考察、研究、商议等活动，到亚洲的菲律宾、泰国，拉丁美洲的危地马拉、哥伦比亚及非洲的加纳等国家推行平民教育，组建乡村改造促进会。1970年除继续对这些国家提供技术指导及训练各国领导人才以外，他将大部分精力用于深入研究摄取乡村发展的因素，决定实施两项主要长

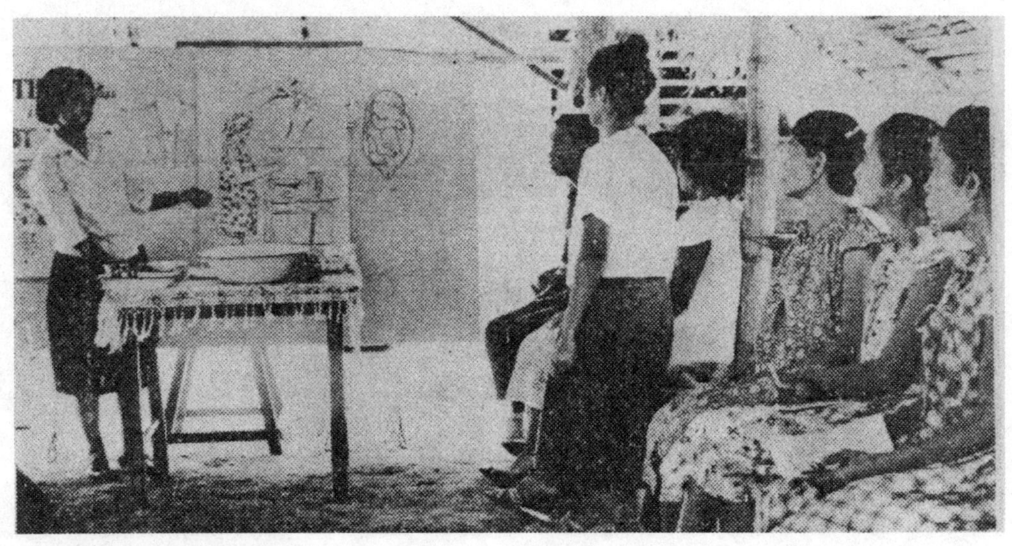

菲律宾妇女参加妇婴卫生讲习班。

菲律宾乡村民众在识字。

程计划：1．乡村建设发展；2．乡村家庭计划生育。这两项计划在定县便已制定，并部分得以推行。如节制生育问题，“平教会”陈志潜便提出“男子阻断输精管的简单手术”，“抵挡怀孕的精虫注射”问题。在这些比较贫困的国家，晏阳初“旧事重提”，强调人们重视计划生育问题，甩掉人口拖累的包袱，创议“家庭计划生育”，教育、诱导、招募乡村妇女优生优育，训练以适当的方式实施“家庭计划生育”。

第三，培养“农民学人”和“乡村学人”。1972年，国际乡村改造学院实施“农民学人”计划，旨在研究如何发展一有效的传播农业技术给农民的制度，研究“科学简单化”、“农民科学化”的方法，使数以万计的农民享受现代科学成果，增加生产，改善生活。这一计划由四部分组成：(1) 简化科学知识技术，使未受训练的农民能够了解并应用。(2) 慎重选择“农民学人”与“推广农民”，作为乡村协助推广的原动力。(3) 发

摆脱了“愚穷弱私”的乡民们乐开了怀。

动并协助Cavite省内的公私立农业机构设立联合会议，对受过训练的职业助手给予必要的技术支援。（4）组织乡村协会，处理信用、购买、销售诸问题，并训练农民为他们自己经营业务。

国际乡村改造学院在与乡村学人讨论病虫害问题。

“农民学人”由一乡村的4～6人组成，每人在稻谷、蔬菜、水果、饲料、生猪饲养等诸项技能中，接受一项训练，再将所学传递给“表证农民”，由他们训练“推广农民”。

“乡村学人”是平民学校的训练计划。1976年，国际乡村改造学院的平民学校正式开学。学校根据各村需要开设生计课程13门、保健课程4门、教育与文化4门、地方自治2门。采用“在表演中教”、“从做中学”的方法教学。受完训练的村民组织同学会，使他们具有共同的归属感、一致的宗旨与力量。他们承担有将其所学知识技能与其他村民分享的职责。1979年国际乡村改造学院对1976—1977年受训者资料完全的854名“乡村学人”工作成绩进行评估，成绩不佳者132人，占25.5%，成绩平常者148人，占28.6%，成绩良好者143人，占27.7%，全无表现的94人，占18.2%。这成绩不能说是很理想的，但是在乡村建设、“农民学人”项目起始时期，能有如此成绩，也算是不错的。

乡村建设学院教师在指导学生。

第四，销售市场制度的实验。国际乡村改造学院生计部同仁牢记晏阳初提示的定县实验经验：乡村简短改造不可将人民习惯看作是一成不变的，应当充分认识到了解人民的习惯在于文化、社会、教育、农业、政治等方面也有优良悠久的传统，就必须慎重地加以尊重和承认。同仁们将这一基本原则慎重地应用于稻谷耕作以及其他方面。譬如，国际稻米研究所和菲律宾大学联手研究出优秀高产量新稻种，但是国际乡村改造学院Cavite社会实验场农民对这个新品种种子、信用贷款、辅助肥料、技术援助等都深感缺乏了解，对是否能够种好新品种稻谷没有足够的把握。国际乡村改造学院将新品种耕作的16个步骤简化到4个，使农民对种植稻谷新品种产生了信心。

第五，国际乡村改造领袖训练。国际乡村改造学院从1965年开始便以晏阳初数十年乡村改造的基本原则和基本经验、乡村改造的实用知识和技能、乡村保健卫生、家庭计划生育、文字和文化活动、地方自治等训练国际乡村改造领袖，收到了良好的效果，训练范围随之不断扩大。受训人员并不以其协助的各国乡村会人士为限，其他国家有志于乡村改造的人士也可申请入学。1978年4月开始的第十届国际训练班，其中一半来自亚洲的日本、印度、阿富汗、印度尼西亚等国，还有的来自非洲的加纳、奈基尼亚、肯尼亚等国。1979年11月，美国基督教儿童基金会派遣高级人员参加国际乡村改造学院国际领袖人才训练后，决定聘请国际乡村改造学院为他们即将在拉丁美洲举行的区域会议开展训练工作。1981年1月，美国一个教会的国际伸展会请求国际乡村改造学院为他们举

1978年夏国际乡村改造学院第十届乡村工作领袖训练班师生合影。

国际乡村改造学院领导与各国乡村工作领袖在讨论。

行一次特别训练，旨在接受晏阳初的“不是救济，让他发扬”理念。同年2月，泰国政府请求国际乡村改造学院为该国社区发展官员举行第二次特别训练班。从8月7日到9月26日，除已有乡村改造促进会的菲、泰、加纳、哥伦比亚、危地马拉等国外，第三世界其他国家大都选派各有关机构到国际乡村改造学院参加训练。

第六，制订乡村改造工作人员九项守则。晏阳初和同仁们将推行平民教育几十年积累起来的经验，通过总结概括，提炼出九条基本的原则要求。这是晏阳初在国际乡村改造学院每一期训练班都要重点解读的“传统项目”。这九项守则是：1. 深入民间。2. 与平民打成一片。3. 向平民学习。4. 与平民共同商讨乡村工作。5. 依平民知晓的开始。6. 在平民已有的上面建设。7. 不迁就社会，应改造社会。8. 不可零碎地做，而是整体连环地进行。9. 不是救济，而是发扬。

九大信條

一 民為邦本 本固邦寧

二 深入民间 認識问题 研究问题 協助平民解決问题

三 與平民打成一片

四 向平民学習

五 與平民共同商討鄉建工作

六 不持成見 當因时因地因人制宜

七 不遷就社会 應改造社會

八 鄉建是方法 發揚平民潛伏力使他們能自力更生是目的

九 言必行 行必果！

陽初寫时年八十七於[illegible]

晏阳初手书〞九大信条〞。

第七，总结乡村改造要素和国际学院精神。1980年7月，晏阳初伉俪自纽约启程飞往马尼拉。晏阳初在途中突然感到身体不适，随即在夏威夷换机回纽约。经医生诊断为摄护腺病，8月18日实施手术。但许雅丽突发心脏病，急救无效，息劳去世。晏阳初节哀顺变，仍念念不忘10月7日国际乡村改造学院第13届讲习会结业式。为了使晏阳初得到更好的休养，国际乡村改造学院院长请他以书面形式致词。晏阳初撰写的讲词遂在结业式上宣读。他的讲词的大意是：国际乡村改造学院的精神，是本院的三大要素。第一要素是“怎样认识科学与技术”。晏阳初认为“实验、测验、研讨如何简化至关重要的科学，如农业、保健等”，“目的在使知识技术转化为农民的实际操作”。第二要素是如何认识社会。在晏阳初看来，认识社会极为重要：“许多自美国派往外国的科学家，自发展中国家回美时都是沮丧失意的。这不是由于他们没有把握怎样认识技术，而是缺乏对当地社会的认识。既已忽视当地文化和人民传统的习俗，如何发展与他们的和谐友好?怎么可赢得他们的信任和合作?地主剥削他们，高利贷榨取他们，贪官污吏搜刮他们，知识分子轻视他们。这些农民失去对任何人的信任，是不足惊诧的；更恶劣的是他们也丧失了对自己的信心。如何协助这些颓丧抑郁的农民发展自尊、自信?”这需要新科学。第三要素是国际乡村改造学院的精神。这种精神有三个特征，一是自由与独立精神；二是所向无敌，不惧任何困难；三是献身精神。晏阳初的书面致词以他热切希望、高度要求和严谨概括结尾：“我热烈地希望且祈祷，你们回到自己可爱的国家以后，不要只采取‘怎样认识技术’、‘怎样认识社会’，更重要的是谨记国际乡村改造学院的精神：威武不能屈、富贵不能淫、贫贱不能移、战乱不足忧。”

中美洲乡村改造的实验场——危地马拉

危地马拉乡村会选定东部Jalapa州作先导实验区。这个地方道路崎岖，交通不便，民众生活贫困，文盲率很高。为了对该地区进行有效改造，1965年春，危地马拉乡村改造促进会就选派了16名领导人才前往国际乡村改造学院接受了4个月的培训。这16名领袖人才带回了国际乡村改造学院授予的屠龙之技，他们组织乡村会，将乡村居民组成合作协会，运用团体推动技术，鼓动团体结合并激励团体行动。

危地马拉乡村会协助实验区采取大胆的新步骤，处理农民没有土地耕种的问题，即

1965年10月，晏阳初伉俪参观危地马拉乡村。

1967年9月晏阳初伉俪在危地马拉田间考察。

施行合作土地所有权制度。该农会获得一笔贷款，购买100英亩土地，精细地制订农庄播种、收获、销售等活动计划，所有活动都以合作为基础。乡村会出面集中训练当地的农友，对农会所有会员进行技术、经济、社会各方面工作的训练。

1970年，危地马拉农会有毗邻小村生产咖啡的农民128名会员。他们从上年就开始采取新技术、新方法种植咖啡，第二年就有了50万公斤的可喜收获。这些咖啡上市时价格上涨了50%。尝到了新技术、新方法新的组织方式种植咖啡的农民，有了新经验，有了自信心，先导农户的示范表证作用，使8村700户农民无一例外地参加了合作组织，从事咖啡生产的积极性大增。

“咖啡生产”合作社蓬勃发展的良好势头，催生了该合作社参加危地马拉行业性合作社——危地马拉咖啡生产农业合作社。有了全国性联合会的领导与支持，咖啡生产的品质大为提高，危地马拉咖啡声名远播，直接远销欧洲诸国。咖啡生产合作社获得丰厚的利润后，很快还清了贷款，还购置了卡车运送咖啡到各地市场，运回其他农产品，使乡村出现繁荣的景象。到1973年底，该合作社一改过去村民一贫如洗的面貌，已经积攒了6万美元的资产，区域内的成员都接受了乡村会训练，精神面貌焕然一新，幸福指数大幅度提高。人们提高了文化程度，合作社内的一切事务完全由他们自己经营。

实验区取得成功后，危地马拉其他地区也采取积极行动，形成了全国性的乡村改造运动。

危地马拉乡村改造运动的推进，使农民经济有了大幅度改观，危地马拉乡村会相机与政府卫生部及其他国际卫生机构合作，开展免费预防传染病的工作。同时积极进行保健教育，帮助村民改善营养、环境卫生，修筑厕所等。又研发出一项识字教学的新制度，被称为“Jalapa方法”，包括危地马拉政府和军队都认为这一新制度具有诸多优越性，采用并推广“Jalapa方法”。

国际乡村改造学院乡村改造运动对危地马拉乡村改造产生了巨大的影响。1975年，危地马拉乡村会在La Montana Jalapa山区扩充农业改良会，过去仅17所改良会，增加到25所，能够为1万名农民提供服务。25所改良会协助900名会员取得更大数额的信用贷款。仅仅在这一年中，改良会就为900名会员举行了500次专题会议或研讨会，对植物、家畜、家禽、销售、记账等开展研讨和培训，增进农民的文化专业知识技能。农业改良会很自然地成为“四环联结”的乡村改造工作的中心。

鉴于国际乡村改造学院对危地马拉乡村改造的影响，1976年11月23日，总统依内阁

危地马拉专家试验新种子。

MOVIMIENTO GUATEMALTECO
DE RECONSTRUCCION RURAL
PROYECCION SOCIAL DE LA INICIATIVA PRIVADA
MGRR
UN PROGRAMA INTEGRAL PARA
EL AUTO-DESARROLLO
SOCIO-ECONOMICO DE
GUATEMALA
MEMORIA ANUAL
DE LABORES 1979

危地马拉乡村会的出版物。

会议决定，以危地马拉国鸟勋章赠授晏阳初，其颂词云："这并不只是公开赞誉晏阳初博士在危地马拉永不休止地努力发扬农民自己的潜在力，以改善他们自己的生活；而且也是表彰他为世界人民和永久和平所做的工作；解救在饥饿、无知、疾病、被压迫的种种灾害中的男女。当许多人还在被这些祸害缠扰时，政治自由只是一句空虚的话语。国鸟勋章是我国最高的勋奖——国鸟是一种不能在囚禁中生存的鸟，象征自由，是所有人类最珍爱的精神宝贝。"

哥伦比亚乡村会的巨大成功

1965年哥伦比亚乡村改造促进会派出16名领袖到国际乡村改造学院培训。当年选定在海拔2700多米的14个乡村作先导实验区，推进“四环联结”的计划，取得成功。哥伦比亚政府农业发展研究所遂积极主动地与乡村会合作，联手主持其农业发展研究所所属的推广站。农业发展研究所的职责是筹募经费，乡村会负责指导与农业发展相关的事宜。农业发展研究所与乡村会联手实验成功后，农业发展研究所遂将这一模式推广至其他74站。乡村会遂有机会在几种不同的气候与地形的地区测试其乡村改造方式方法的适应性。

1970年，哥伦比亚农村土地银行要求乡村会为他们训练三批经理及主任级人员，使双方高中级人员在观念与方法上都能够相互沟通。在进行这一工作的同时，乡村会在先

1966年晏阳初在哥伦比亚乡村视察。

导实验区扩展农村经济发展、农村保健、教育、公民活动等工作，建构起一个良好的医疗与保健服务系统，13个村的村民享受到了这一系统的好处。乡村会又在先导实验区组成药品合作社，使药品和主要的医疗器材得以合理的价格供应实验区，农民得以享受价格合理的医疗服务，得到实验区农民的拥护。

哥伦比亚乡村会牢记晏阳初讲的两则小故事。一是晏阳初与农民谈厕所以及其他卫生设施，发现农友们没钱修厕所，因为他们大部分时间都在忍饥挨饿。晏阳初等人就上门宣传，建议修厕所。一位农民说："不，几百年来我们没有厕所也过来了，我们现在也不需要厕所。"还有一位农民说："我们现在只关心能吃什么，而不关心怎么样往外拉。"晏阳初感慨良多地说，一个有道德的平民教育工作者能不为改善他们的悲惨生活而颠沛流离地奔波吗?道德能允许他对农民的生活惨相熟视无睹吗?另一则是平民教育运动中令人感奋的一件小事。晏阳初说："一天，一个农民到我们那儿来说：'老师，我可以读文章，而我的邻居不会读，但是，我的肚子跟他的脑子一样空。'因此，如果你们想进行识字教育，那么，你们还要进行一些经济、日常生活方面的教育，以便使农民们能吃得稍微饱一点。那些文盲们常常拒绝进识字班学习，因为他们很穷，交不起学费。而且，假使他们学会了读和写，他们又能去干什么呢?给纽约、马尼拉的一些人写信能有用吗?他们的生活只局限在那个小山村里，即使他们已经学会了写字。因为他们的生活如此简单，如此原始，只学会写字对他们来说用处太小了。这就是很难让文盲们上识

哥伦比亚乡村会请农民使用电力。

哥伦比亚乡村会指导农民做手工艺品。

字班的另一个重要原因，因为他们发现，上识字班毫无用处。”两则故事使乡村会同仁们认识到，有良知的平民工作者必须设身处地为平民着想，要设法填饱他们的肚子，要在让他们学会读写的同时，也让他们学会怎样致富，怎样开办合作社和信用社等。所以，乡村会积极组建各种类型的合作社，协助农民采用高产量的品种、肥料和杀虫剂，授予农民现代耕作方法，鼓励农民种植花、果，饲养兔、鸡、猪等家禽家畜，增进家庭副业生产，增加家庭收入。除此而外，为增加农民收入，乡村会又积极促进乡村手工业发展，建立起第一手工艺品合作社，生产和销售背心、手提包等。不到两年时间，就有180家农户加入手工艺品合作社。合作社的规模扩大了，新产品也增多了，销售范围也扩展了，有些产品直接销往国外。

在经济状况有了一定程度改善的前提下，乡村会协助本地区民众创办了一所完全由社区管理、合作公有的高等学校。创立这所新型学校的旨趣是为了使表证农民共同在一起工作，能够保证他们的子女同样有享受良好教育的机会。这所高等学校的课程也与其他高校有所不同，完全根据地方需要进行修订，旨在能够满足现代农村青年的需要，满足农村发展的需要。哥伦比亚教育部在制度上也认可了这一种新型的高等学校，随即将有一系列此类高等学校在哥伦比亚农村面世。

国际乡村改造学院的乡村改造运动给哥伦比亚农村带来巨大变化的同时，还使哥伦比亚农民坚定了信心。哥伦比亚乡村会新任会长是一位富家子弟，其祖辈曾任哥伦比亚总统和参议员、众议员，他自己也已经主持一个工程公司。1970年底，乡村会遭遇困难时，推选他担任会长。他毅然决然就职，全身心投入乡村会的工作。他公开赞扬说：“我相信乡村改造是解决农民社会经济问题的不二法门。”

泰国乡村会的创新

就在国际乡村改造学院动工兴建期间的1965年秋，国际乡村改造学院就有意于推动泰国乡村改造运动，晏阳初曾到泰国点燃乡村改造的火种。经过一段时间的酝酿，次年泰国乡村改造促进会便发起组织。

1979年晏阳初伉俪与泰国乡村会会长合影。

对于乡村改造，泰国无论是政府还是民间团体、个人，都有很大的兴趣。他们在20世纪60年代中叶就邀请晏阳初访问泰国政府和民间团体。1968年5月3日，泰国志欲推动乡村改造运动，派遣专家到菲律宾接受国际乡村改造学院三个月的训练。接受培训的成员既有曾任公职多年的高级人员，也有具备相当农村经验的青年大学毕业生。1969年1月，泰国乡村会的26名高级专家的田野工作正式开始。他们在曼谷以北250多公里的Chainat省的一个地区的3个乡村开始工作。因为民众改造家乡面貌的愿望十分迫切，乡村会实验场扩充到30个乡村，其影响当然远远超出了这一范围。

1979年晏阳初在泰国乡村考察。

乡村会26名高级专家分别深入各乡村，训练和指导乡民学习农业生产知识和喂养动物，种植多种植物；组织合作社，推进农业机械化；改进环境卫生，实行家庭计划生育，千方百计吸引农民参与社区工作。由于农民们改造乡村的愿望迫切，很顺利地将他们聚集到乡村会的麾下，为社区积极努力地工作。

泰国乡村会的专家们很快发现农民似乎有一块巨石压在心头，似乎要把他们逼成神经病，这就是实验区的农民几乎每晚无法安睡，因为农家常常发生盗窃案，特别是耕田种地必不可少的水牛常常神秘地被窃。乡村会的专家了解到这一情况后，认为这是解决农民参与乡村改造、解决农民生计问题的大好机会，解决了这一问题，乡村会的乡村改造工作就会乘风破浪，势如破竹。他们将实验区的乡村丁壮编成班组，每村有80～180人志愿参加。将这些青年编成若干个6～8人的小组，轮流在全村彻夜放哨巡逻。不到一年时间，实验区各村传来喜讯，实行这一办法的各村，窃案减到可以忽略不计。没有实行这一治安办法的村子，也都如法效仿，从根本上解除了农民的后顾之忧。

泰国农民在农忙季节，大多将入学的孩子拉回来照看弟弟妹妹，不能继续入学。泰国乡村会同仁认为这不利于儿童的成长，遂在乡村设立托儿所。1970年就设立了4所，由村中基础较好的妇女接受一段时间的训练后担任托儿所教师。1977年，乡村会为农户设立了16所育婴所，使农家不至于在农忙季节留学龄儿童在家照看弟弟妹妹，保证学业不受影响，基督教儿童基金会还给育婴所提供捐款及食品。泰国乡村会看到很多学童仅仅接受四年教育便辍学，不能继续深造，甚不利于提高学童求学积极性，也不利于他们学业精进，遂在乡村设立继续延长班级，聘请数十名志愿教师参加服务，保证有志者能够继续上进。

为了使实验区能够名副其实地发挥先导作用，为农民树立示范表证效法的榜样，泰国乡村会制订了与其他国家和地区有很大不同的特殊计划，这就是募款建筑一个全国训练中心与活动总部Chainat实验区，包括办事处、会议大厅、寄宿舍、餐厅、工作场、田野工作人员房间等。在10公顷的土地上，除建筑物外，有改良作物、家禽、猪、牛等表证场。乡村会的各种专家及乡村工作队开展田野实习活动，社区领袖、农民及青年都有集中活动、自助互助、交流讨论的场所。还于1969年起实施一个每三个乡村联合修建一个多目标多用途的乡村训练中心的项目。每个训练中心的建筑费约泰币5万铢，约合2500美元。这样的一幢建筑既可作训练场所之用，也可作会议室之用；既可作医疗中心和图书室、读书室之用，还可作乡村工作队人员办事处和住宿之用。这是其他国家和地区乡村会所不具备的。

泰国乡村会根据从国际乡村改造学院学得的定县经验，强调农民合作精神培养，积极组织合作社，积极推动“四环联结”计划。到1975年，实验区已经成立了由12个购销合作社组成的联合会，拥有400多名会员。合作社由农民经营，不受任何中间商的盘剥，增加了农民的收入。联合会还准备参照相关法令，将乡村会实验区13所乡村合作社合并为合作协会，这样可扩大合作社的活动范围，使之遵循农会的法令规定，从而可以享有合法资格向政府的农业及商业银行贷款。

泰国乡村会还与三所大学联手合作实施改造湄公盆地计划。三所大学有明细分工，一所负责农业，一所负责保健卫生，另一所负责社会科学与教育。每所大学均由一名教授率领一队大学生前往湄公盆地乡村开展研究实验工作。三所大学的学生在校长、泰国乡村会理事长的领导下，按照国际乡村改造学院及泰国乡村会制订的原则，进行“四环联结”的乡村改造工作。

1979年1月，泰国乡村会仿照国际乡村改造学院开办平民学校的办法，启动了“乡村学人”计划。列入计划的“乡村学人”均由村长在农民中挑选志愿乡村改造且识字程度稍高的优秀青年。他们的职责是，接受“乡村学人”培训后回到本乡，将其所学得的新技术、新方法，转授给其他农民。乡村会通过平民学校培育了数百名“乡村学人”，他们都活跃在乡村改造运动中。

乡村改造工作进非洲

国际乡村改造学院辐射到非洲稍晚。1972年，国际乡村改造学院协助加纳组织成立乡村改造促进会，并选定曼彭流域为先导实验场。之所以选择曼彭流域，是因为此地距离若干主要市镇车程大约在1个小时左右，工商活动往来便利。实验区共22个乡村，居民3370人，每平方公里52人，在全国人口分布平均数额上是很高的。三千多人分属三个民族，分别在实验区的中部、南部和北部。22个乡村均以务农为主，多种植食品类作物，主要作物有树薯、玉蜀黍、椰子树、油棕榈、马铃薯、柑橘等；耕作方式仍以传统的轮植法或覆盖休植法为主。当地气候较宜于植物生长，雨量适宜，土壤比较宜于食品类作物的耕种，是加纳乡村会先导实验区的首选之地。但乡村6岁以上的村民受正式教育较少，文盲率达80%～90%。这一数字还要感谢德国传教士多年的努力。正因为如此，加纳政府告知乡村会，曼彭流域可生产更多食品作物，实验一切活动自给自足，可免贫困之虞。

加纳经济委员会主席参观乡村会竹制鸡舍。

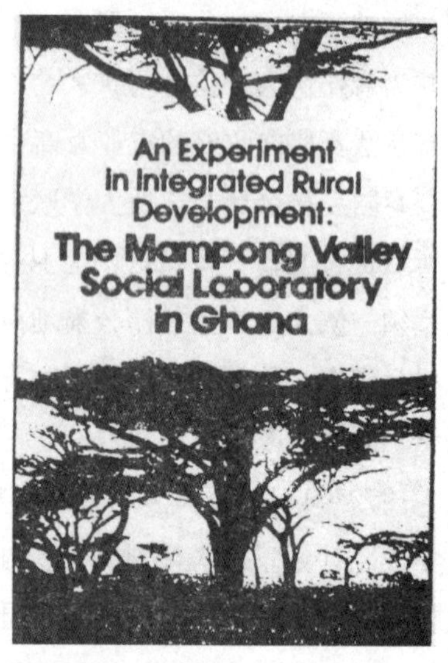

加纳乡村会的出版物。

先导实验区确定后，加纳乡村会于1973年11月派送6名专家到国际乡村改造学院接受为期两个月的培训。第二年4月1日，6名专家来到曼彭流域实验区。以前加纳政府曾在曼彭流域设置过社会福利和社区发展部，但缺乏上乘表现，当地群众印象很不好。乡村会进驻实验区时，先当肃清乡民对过去的成见，他们在各村散发小册子，宣传晏阳初平民教育理论，乡村会名之为乡村改造，决不做任何操作，不是追新猎奇，标新立异，而是有数十年乡村改造的实践经验，有自己的信念、愿景和目标。他的唯一目的就是使广大民众获得更大的利益，生活得到改善。改造的原则是科学简单化，根据科学开发农村人力资源。

经过宣传，实验区农民态度有很大改变，愿意接受乡村会的教导，这为乡村会工作的推进提供了诸多便利。推广员当场表演应用方法，农民都凑过来观摩，也经常找乡村会的专家问这问那。乡村会告知农民用新的方法耕作，为打消农民的顾虑，他们叫农民以其耕地的三分之一采用新方法，其余仍用传统的方法进行对比实验。新方法如行列栽植、特殊距离栽植、种植改良、肥料使用、喷洒农药等。收获时对作物产量一一加以称量。农民们看到了新法的优越性，能够明显提高产量。尽管如此，乡村会仍然遵循自动自助原则，不强行推行新的耕作方法。

增加村民的收入，改善村民生活状况，是晏阳初衡量乡村改造是否成功的关键。乡村会为使农民有肉类食物，改善饮食结构，提高身体素质，教导村民利用本地出产的竹竿做成栅栏或竹笼，保障了家禽家畜不致被偷。喂养办法也有所改进，每天只在栅栏中投放三分之一的饲料，其余的则只能在栅栏外自行觅食。乡村会训练村民养鸡养兔，既可以宰而食之，也可以出售增加家庭收入。本地人到此时方知鸡兔可以当作美食。

为了使新方法得到顺利推广，乡村会采用传递先生的办法，使农民掌握到的技能一传十、十传百，使实验区农民都掌握新方法。乡村会Yensi中心的第一实验农庄划分为6个区，以方便农民们就近前往观摩取经学习。在农民掌握新法后，按规定当去训练其他5位农民。如此类推，使应用新法的农民与日俱增，最终普及于整个实验区。有了成功的经验，实验区的农民逐渐形成了共同分享经验的好习惯，他们大致隔一段时间就聚会一次，自由闲聊，谈经历，谈问题，谈生计，谈困难，大家商量解决问题的办法，共同探讨走出困境的路径。同时也了解到了新思想，学习到了新事物。政府发现这一聚会方式很有利用的价值，是很好的教育机会，就派出加纳大学农学院教师以及国家农业部推广处、美国国际援助局的官员和专家参加这种聚会。

加纳乡村会采取不拘形式的教育，千方百计让成年文盲识字读书，保障学龄儿童入学，组织学前儿童入托儿所，组织别开生面的文化、体育活动。乡村工作人员也要求至少半年参加一次讲习班，传播新知识，使其能够继续发挥引领作用。

遵循定县实验的经验，加纳乡村会继续坚持国际乡村改造学院“预防为主，治疗为辅”原则，在保健卫生方面鼓励人民群众不耗费额外金钱而接受新方法并加以运用。乡村会与政府卫生部门联手，有效改进了公共护士制度。在一位美国工程师的协助下，多方寻求解决居民饮用水问题的办法，提高了饮用水的质量。同时，乡村会引导村民改善环境，建立简易厕所，村民生活状况大为改善。

晏阳初平民教育思想已经在加纳生根开花，并结出了丰硕的果实。晏阳初总结其一生服务平民教育的感悟说：“假如你的想法超越在世人的前面，你要做什么事，你会被误解，受人攻讦诬陷。然而人贵独立创造，不要做他人观念的奴隶——这不是很容易走的一条道路，需要付出很大代价才可以乐观其成。”坚忍沉毅，把科学的泉源引到农村，使农民科学化，这就是晏阳初从事平民教育运动70年感怀到的实施平民教育之真谛。

心系大中华

1985年9月，应全国人大常委会副委员长、全国人大教科文卫委员会主任委员周谷城的邀请，晏阳初来到阔别36年的祖国。1987年6月，晏阳初又第二次回国。1949年11月，晏阳初到台湾，旋即到美国，将定县实验的理论和实践推广到其他国家和地区，为全人类获致“第五大自由”做出了难以估量的贡献。36年间，晏阳初虽然身居异国他乡，但继续的仍然是平民教育事业，他的思想主张，他的理想与愿景，他的作风与精神，仍然与中国息息相关。在启程回国前，晏阳初兴奋地告知美国友人说：“我已到了这般年纪了，有责任、有义务回去好好看看，考虑余年为祖国做点什么事情。”一位95岁高龄的老人，在拳拳报国心的驱策下，不辞万里旅途辛苦劳顿，越洋过海，回到国际平民教育运动的发祥地、平民教育理论创立和实践推行的中国作阔别36年的考察。

定县故地重游

1985年9月3日23时，晏阳初在北京机场见到前来迎接他的亲友时，老泪纵横，十分激动地说：“我天天想你们，想祖国。海外的同胞都谈这几年祖国的政策变好了，人民变富了，国家变强了，这更激起我想回祖国的心愿。当我接到周谷城副委员长代表祖国人民发来的热情、亲切的邀请时，我再也按捺不住要回国的急切心情。今天终于回来

周谷城副委员长与晏阳初亲切交谈。

了，踏上了我阔别30多年的祖国土地，见到了离别30多年的亲人，我哪能不高兴呢！”他谈到了这次回国的一个心愿：“我已到了耄耋之年，工作的日子不多了，我为之奋斗的平民教育事业还远没有完成，我要继续奋斗。因此，希望到我曾长期工作过的农村进行考察。看看经济政策给农村带来的变化，看望我当年朝夕相处的乡亲。”第二天，周谷城副委员长在人民大会堂为晏阳初设宴接风。来不及洗尘的晏阳初便急切地提出要前往定县参观考察。

8～10日，晏阳初参观考察了定县。9日，他参观了由许德珩题写的“晏阳初旧居”。

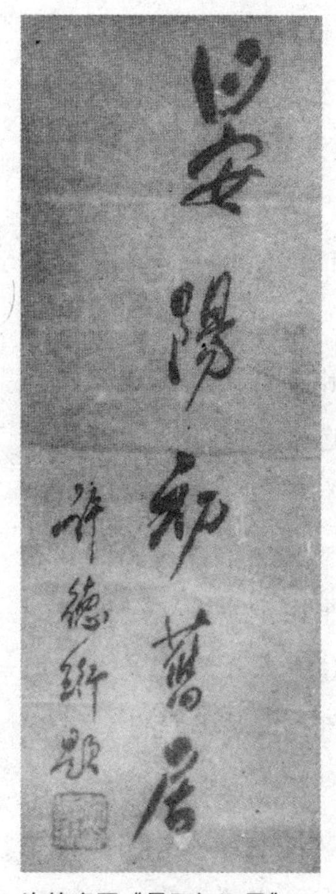

许德珩题“晏阳初旧居”。

1985年晏阳初在旧居。

晏阳初在旧居题字。

在这里，他满怀深情地仔细观看了两小时之久，当看到陈列室里悬挂着他《九大信条》的手书时，激动不已，连连鞠躬致谢，对陪同的人员说："我万万没有想到定县乡亲们这样高看我，我万分感谢，终生不忘，我要对定县、对中国、对世界再作贡献。"他还题词曰："平教乡建是方法，发扬民力是目的。"他对乡亲们说："我今天非常高兴地再次回家乡来了，定县是我的第二故乡，你们都是我的好乡亲。"

晏阳初来到当年与农民们摸爬滚打在一起的李亲顾、翟城等村庄。李亲顾的面貌有了天翻地覆的变化，已经是一个很富裕的村子。他参观了农户、礼堂、电影院、农贸市场等，连连赞叹变化大，气象新，科学普及工作做得很好。一位头戴白毛巾的70多岁的老汉徐沙，走出来热情地迎接他。徐老汉当年跟晏阳初学习，几十年后见面的第一句话是感谢晏老当年教他读书识字，还陪同晏阳初参观平民学校旧址。他们一行来到翟城村，这里有平教会冯锐博士和甘博先生作实地调查时选地创办的实验农场，还有晏阳初和傅葆琛当年在国民小学教农民们读的《平民千字课》。现在的四位七八十岁的老人，当年都是国民小学的学生。

定县领导向晏阳初介绍定县的发展情况。

在座谈会上，定县领导高度肯定了平教会当年的实验成绩。第一，平教会于1929年引进的波支猪和当地生猪配种，生下瘦肉率很高的猪，增加了农民们的农副业收入。第二，定县原先只产梨，自1933年引进苹果后，发展到现在，苹果已经是定县各类水果中产量排在第一的果类。第三，平教会引进的小白杨，生长快，生命力强，能抗寒，材质优。经鉴定这是美白杨与欧洲白杨嫁接的新品种，现定名为“定县小白杨”，是河北省推广的树种。第四，平教会为定县奠定了扎实的卫生工作基础。定县形成了疏密相间的卫生网络，卫生院均设置了防疫科，天花早已绝迹。第五，平教会为定县扫盲做了应予肯定的重要工作。由于平教会的扫盲识字教育扎扎实实地推行，使新中国成立后定县的扫盲工作居全省、全国前列。据1982年统计，定县已成为无盲县，成为全国首批少有的无盲县之一。而且在扫盲基础上大力普及科学，每五户中便有一个科技户。

1985年9月，晏阳初在李亲顾村会见当年的老房东84岁的贾春恋老人。

晏阳初还特地参观了定县的学校、医院、幼儿园等文化教育设施，看到定县文化教育今非昔比，感到无比欣慰。

到欧美同学会讲演

在相隔不长的时间里两次回国，表明晏阳初对中国这片故土有很多的眷恋，有难以割舍的情结。两次回国都无一例外地受到欧美同学会的热烈欢迎。

第一次回国时，欧美同学会专门为他举办茶话会。欧美同学会的数十年未曾谋面的故友听到晏阳初回国的消息，抑制不住内心的激动，勾起了很多很多的回忆，眼前泛起了很多关于晏阳初的故事。后来加入欧美同学会的新知，如茅以升、严济慈、胡子昂、费孝通、梁漱溟、陈翰笙、薛暮桥、赵君迈等也前来欢迎。茅以升在欢迎词中热情称赞晏阳初从事的平民教育事业，称他为世界闻名的教育家。晏阳初谈到回国的观感时，十分激动地说，这次回来在省里、县里看到发生了巨大变化，心潮起伏。中国农民富起来了，这是对全人类的重大贡献。中国农民的精神面貌发生了很大变化，这更使晏阳初兴奋不已，称这是一个了不起的成功，这个成功就是今后大有希望的预兆。

晏阳初在欧美同学会上谈到了中国人才问题。他看到参加茶话会的很多人都是科学家、教育家和政治家，情不自禁地加大了嗓门，说："今天坐在我面前的，大部分是中国各界的领军人物，中国的前途靠科学，发展科学是大家义不容辞的责任。但科学不能只限于少数高级人才，希望中国的科学家努力把引进的先进科学简单化，努力普及到民众中去，使更多的老百姓能够享受到科学的好处，使他们成为'新民'。要尊重科学，尊重知识，尊重人才。过去那种打击知识分子的做法，是十分狭隘的，不是兴国而是促国之亡，那样做的后果是十分可怕的。现在的形势有利于科学的发展，科学家们有了用武之地了，肩膀上的担子也更重了。"

梁漱溟是20世纪二三十年代晏阳初的同行，同是乡村建设的老朋友，曾在一起研究探索中国发展的道路，切磋中国乡村发展的学术问题。梁漱溟回忆起上世纪二三十年代和抗日战争期间晏阳初在定县和四川歇马场实验地的两位助手，描述当年晏阳初和他们一步一步地从一个村到另一个村地进行调查研究的情形，称赞晏阳初脚踏实地的实干精神"实在了不起"。严济慈、陈翰笙、薛暮桥也回忆了晏阳初当年的定县实验在全中国和全世界产生的重要影响，高度肯定了晏阳初当年探索的积极意义。他们都坦言，虽然中国农村经济发生了很大变化，但大部分农民都只是初步解决了温饱问题，农村的教育水平还十分低下，离小康目标还很远。他们说，农民贫穷时需要的是教育，富裕了更需要教育，希望晏阳初老人不吝赐教。

第二次回国虽然与第一次相隔时间不长，但仍然令晏阳初兴奋异常。这一次，欧美同学会举行集会，并邀请晏阳初发表讲演。他说，虽然两次归国相隔时间很短，在中国住的时间并不太长，粗略地看到中国改革开放带来的变化，感到十分高兴。讲演中，他道出了肺腑之言："我们梦想不到中国在这么短的时间里取得了这么巨大的成就。凡是政府应该为农民做的事都在做。"他的铿锵有力、掷地有声的四川口音长久地在会议大厅回荡："我们对当代诸公所实行的政策，非常敬佩！最重要的一点，就是Open to treffic，大开门户，大开放！这是了不起的一桩事，是一个大奇迹啊！是20世纪最大的奇迹！"晏阳初演讲中阐述了他第二次回国的目的，指出：第二次归国一是为了进一步学习提高，"中国之大，人民之多，历史之长，对这样一个大国，在短时间内有深刻而不是肤浅的认识是做不到的"；另一目的是再作深入的考察，旨在自省自察，"愿意把我们70多年在乡村深入民间认识问题、研究问题、协助人们解决问题所取得的一点知识献给祖国"。他对毕生探索到的乡村建设的"一点知识"概括为："我们从事乡村工作的一个哲学是'民为邦本，本固才能邦宁，本不固则邦不宁'。我们几十年来从事研究，创造一套学术体系，这就是固本的工作。我们绝不能忘本，忘本是最危险的！"

欧美同学会在集会时特向晏阳初颁发了聘请他为名誉会长的聘书，与晏阳初同行的菲律宾国际乡村建设学院副院长颜彬生女士被聘请为名誉理事。

会见京蓉校友

晏阳初两次归国，原中国乡村建设学院在北京的校友，都在中国革命历史博物馆贵宾室举行了热烈的欢迎会。当年的热血青年，正在兴旺时期，朝气蓬勃，如今大都已到耄耋之年。他们中的著名蔬菜专家蒋名川、老舍夫人胡絜青、叶德光夫妇等，都前来参加数十年一遇的聚会。特别要提到的是，中国乡村建设学院的一位特殊校友——1949年晏阳初离开学院时任命的代院长魏永清。1950年12月，重庆市军事管制委员会宣布晏阳初创办的"中华平民教育促进会"为反动组织，连同所属"中国乡村建设学院"一起被军事接管没收。代理院长魏永清等被错定为"反革命分子"，被逮捕判刑。魏院长和部

1987年回国时与当年乡村建设学院校友合影。

分校友后来在历次政治运动中屡屡遭到批判，而且殃及家人和子女，乃至亲戚朋友。乡村建设学院的不少教师和学生也因此受到不同程度的牵连。魏永清闻讯也远道从山西临汾山西师范大学赶来与晏阳初会晤。两人见面，老泪纵横。晏阳初应邀在欢迎会上发表了激情澎湃的长篇讲话。

第一次回国期间，晏阳初一行于9月15日飞抵故乡四川成都。当日，四川省人大常委会、省政府、省政协等领导干部分别会见并宴请阔别甚久的四川同乡晏阳初。晏阳初特地到抗日战争期间的新都实验县参观访问。

乡村建设学院校友任宝祥。

9月18日上午，原中国乡村建设学院四川校友会在成都锦江宾馆举行欢迎会。当年乡村建设学院的教授任宝祥、刘君蕙、郭跃观、梁桢，早年在定县从事社会调查的社会学专家张世文，还有从重庆、北碚、南充赶来的校友代表，济济一堂，共叙昔日友情。晏阳初在欢迎会上作了长达一个半钟头的讲话，他说：“今天听到你们代表的报告，像听到亲友、同学、真正的同志的声音。……看到你们红光满面，你们的那种笑容，叫我十二万分的感动。我觉得这六十几年和我的伴侣59年没有虚度，就是因为有了你们——当年一起为平民教育事业奋斗的朋友，我怎么能不万分激动呢！”晏阳初言简意赅地把自己从定县实验到乡村建设学院、新都实验的平民教育精神概括为“三发”精神：第一是发现了“苦力”的“力”。“我不但发现了‘苦力’的苦，还发现了‘苦力’的力。他们最需要的不是救济，而是发扬——发扬他们的潜伏力。……我当时发现了‘苦力’的‘力’，我从此有个志愿，回到中国不发财、不升官，我找到了这个大矿。”第二是发明，即发明开“人矿”、“脑矿”的方法。晏阳初说：“我两女儿，群英、华英就是在定县乡下长大的。我们穿粗布大褂，住农民的漏雨房子。我们从北京连家属一同去，与农民一同吃苦，吃穿住一样，才逐渐成了农民的朋友、亲人。我们先要农民化，然后才能化农民。”这样在开“人矿”、“脑矿”的方法上才有所发明。三是发扬，即要发扬“苦力”的“力”。晏阳初说道：“我们同人民一起吃苦，一起干，做他们的学生、朋友、伴侣、邻居，才发现了四大问题，即愚、穷、弱、私。积60年来的研究、实践，才有‘四大教育’。……总的说，就是要发扬人民的知识力、生产力、健康力、团结力。……我们这个机关、这个运动，就管发现民力、发扬民力。人民有了力量，才谈得到真正的民主。人民做了主人了，才是真正的马克思主义。”

晏阳初与乡村建设学院校友座谈。

在成都校友的欢迎会上，晏阳初情真意笃地讲到与他并肩奋斗数十年的终身伴侣许雅丽女士。他说，同胞不一定是同志，同志远比同胞亲切深远。在他为全球平民教育运动、乡村建设运动奋斗的60多年中，有不少了不起的同志同道，许雅丽就是他60年一起奋斗的工作伴侣。正如吴相湘在《晏阳初传》中所言："晏阳初和许雅丽女士结婚，是他的事业成功不可或缺的决定性因素。她在家庭操持家务，抚育儿女，使晏专心工作，毫无内顾之忧，且充分享受家庭的温暖甜蜜，并尽力为晏的工作分劳分忧，甚至提出具创造性的建议。"诚如所言，晏阳初和许雅丽是"奋斗伴侣"。晏阳初为平民教育促进总会的工作日夜操劳，家中子女无暇顾及。许雅丽一人事无巨细几乎包揽了全部家务，包括哺育儿女。在乡村建设学院时期，因为日军经常空袭，物资匮乏，学院难以为继。特别是1943年春，晏阳初到美国游说各方，许雅丽除繁重的家务外，还要花费大量的时间和精力应付学院事务。每每遇到空袭警报，她都是首先安排同仁们和同学们躲避，自己最后才到比较安全的地方。来自战区和家庭困难的学生，她总是想方设法接济，不使其中断学业。

晏阳初与许雅丽伉俪。

晏阳初一生勤劳奉公，公私分明。儿子生了病，他从歇马场步行到朝天门码头，决不因私事用乡村建设学院的公车接送，也不愿意花钱请滑竿。他能够为乡村建设学院筹募到大笔款项，但自己却穷得像教堂的老鼠。这固然是晏阳初具备牺牲奉献的高尚品质决定的，但也与许雅丽的大力支持有关。他们在生活上一贯坚持平民的布衣本色，没有为自己或子女留下分文私人财产。非但如此，他们还严格要求五个子女自立、自强，不给予任何特殊照顾。

晏阳初和许雅丽生育了五个子女，五个子女中两个女儿1950年与晏阳初一同到美国，此后便在美国生活、工作。三个儿子晏振东、晏新民、晏福民的命运，堪称坎坷。长子晏振东1947年随父亲到美国缅茵州立大学电机系留学。1951年已经在美国一电气公司任实习工程师。但他认为祖国更需要他，当年5月便回到中国，在石油部北京设计院任给水排水工程师。“文化大革命”中受尽磨难，被下放到石油部湖北潜江干校，以后又调到江西九江炼油厂筹建处负责工地供水工作。1978年调回北京，任石油情报所采编室工程师。1985年退休。二儿子晏新民亦于1947年随晏阳初到美国科罗拉多州立师范大学音乐系学习。1951年回国任北京师范大学音乐系助教，1953年升任讲师。后调北京艺术师范工作，1957年错划为“右派”，旋即下放劳动。1961年后调中国音乐学院资料室任资料员。1978年晋升副研究馆员。1976年、1990年两次患脑血栓，1990年12月逝世。三儿子晏福民1945—1948年在北京大学读书，1948年加入中国共产党，作为学生代表参加全国第一届政治协商会议。会议期间，受到毛泽东主席的接见。当陪同人员介绍他就是晏阳初先生的儿子时，毛泽东连连赞扬说：“后生可畏！”从1950年起，晏福民任国家体育总会秘书，后任国家体委国际司处长。他通几种外语，贺龙元帅十分赏识他。但“文化大革命”中，他被诬为“美帝特务”、“里通外国”，1968年12月被迫害致死，时年40岁。1985年，晏阳初才知晓晏福民的死因，老泪纵横，悲恸至极。

晏阳初两次回国，与北京以及各省市教育界有广泛的接触，过去人们对晏阳初的平民教育运动知之甚少，甚至一无所知，但晏阳初的两次归国，使人们对晏阳初及其平民教育事业的了解越来越深入。

为中国代表举办研讨会

晏阳初两次归国，相关人士对他表示希望更多地了解他在国外推行的乡村建设工作。国际乡村改造学院的重要任务之一就是向国际推广，他们很想将晏阳初及其团队数十年在乡村建设方面的成就带回祖国，在故乡介绍和推广。1987年底，国际乡村改造学院遂向北京和几个省、市的有关人士发出邀请，定于1988年1月在菲律宾国际乡村改造学院举办中国与国际学院乡村建设研究会。

98岁的晏阳初，不顾年迈体弱，专程从纽约赶到马尼拉，亲自布置安排会议准备工作。因为被邀请参加研讨会的代表在国内碰到一些问题，研讨会不得不一再展期。最后定于1988年4月12～26日在国际乡村改造学院召开。应邀赴会的中国代表有全国人大教科文卫委员会、国家教育委员会中央教育科学研究所、河北、四川、山西等代表共15人。晏阳初在这次研讨会上作了热情洋溢的讲话：有10亿人民的国家派出代表团与一个民间组织共同探讨问题，这表明了中国领导人的气度与魄力，也反映了中国政府执行改革开放政策的决心。”国际乡村改造学院院长弗拉维依尔在会上也说：“晏阳初博士的平民教育、乡村建设从中国来，所以这次与中国代表举办的研讨会更具有非常的意义。……菲律宾80%的人有中国血统。总统和他本人都是中国血统。他的祖先就是福建人。所以，这次会议等于欢迎来自中国的兄弟姐妹的会议。”

国际乡村改造学院的正副院长及各部主任和在院的各国专家，都全程参加了会议。晏阳初在会上先后作了平民教育的开创、平民教育运动、平民教育实验、“四大连环”方案和乡村改造信条五个专题报告。在这些报告中，他集中阐述了平民教育的由来、发展及其哲学、宗旨及历史使命等。会议还组织代表们实地参观考察、访问菲律宾卡维特省的三个乡村，听取了三个乡村平民组织在生计、教育、卫生、自治四个方面的工作和经验介绍。

会议期间，晏阳初特地会见了河北定县、四川和中央教科所的代表。

会议结束时，中国代表曾提出希望在中国举办一次关于晏阳初平民教育、乡村建设思想的学术讨论会，当即便得到国际乡村改造学院院方的支持，并定于1989年9月或10月间在平民教育实验地定县举行，会名为“晏阳初平民教育与乡村建设思想国际学术讨论会”，但因故会议不得不延期。而就在等待中，晏阳初于1990年1月17日因肺炎在纽约圣鲁克—罗斯福医院病逝，时年100岁。晏阳初再也不能参加他期待的石家庄“晏阳初平民教育与乡村建设思想国际学术讨论会”了，成为一件“常使同仁泪满襟”的憾事。

当月21日下午4时，晏阳初追悼会仪式在纽约上西城教育联合会举行，150多位晏阳初博士生前好友及亲人，前来哀悼和追念这位“世界平民教育之父”。美国总统布什、中国全国人大常委会委员长万里和有关部门发来了唁电。

哲人仙逝，其平民教育与乡村建设事业永存！

晏阳初年谱

1890年（清光绪十六年）

10月26日（农历九月十七日）生于四川省巴中县。名兴复，字阳初。（一说生于1893年。今据“晏氏族谱”：“兴复，生于光绪十六年庚寅九月十七酉时”；另据《九十自述》，晏阳初本人也提到“生于1890年”。）

1898年（8岁）

入父亲美堂先生所设塾馆受启蒙教育。

1903年（13岁）

离家赴保宁府“中国内地会”创立的西学堂求学。

1904年（14岁）

在西学堂领受基督教洗礼。

1906年（16岁）

完成西学堂初级学业。

1907年（17岁）

到成都入美国“美以美会”设立的华美高等学校就读。

1911年（21岁）

保路运动、辛亥革命兴起，成都各校停课。遂返巴中，任中学英文教师。

1912年（22岁）

回到成都，继续协助传教士史梯瓦特（史文轩）办辅仁学社。冬，在史梯瓦特的建议与陪同下，经上海赴香港深造。

1913年（23岁）

1月，在圣梯芬孙书院注册入学。

9月，以第一名成绩考取圣保罗书院（香港大学前身）。因拒入英国籍，丧失1600元奖学金。

1916年（26岁）

夏，乘海轮赴美。9月抵新港，入耶鲁大学，攻读政治学。

是年加入耶鲁大学唱诗班，并秘密组织中国留学生成志会。

1918年（28岁）

夏，从耶鲁大学毕业。旋搭乘美国军舰奔赴法国白朗，开始了为战地华工的服务工作。并开办汉文班，教华工识字。其一生之平民教育事业自此发端。

1919年（29岁）

1月，创办《华工》周报，旨在“开通华工知识，辅助华工道德，联络华工感情”。

秋，返美入普林斯顿大学研究院，继续攻读政治学，兼习历史学。一年后完成学业，获硕士学位。

1920年（30岁）

7月29日，自美国西海岸搭乘“俄罗斯皇后号”海轮启程回国。

8月14日，抵达上海。遂与中华基督教青年会总干事余日章商讨推行平民教育运动。开始主持该会智育部新设之平民教育科工作。后赴济南、天津、北京、南京、汉口等地考察。

1921年（31岁）

9月，与许雅丽结婚。

1922年（32岁）

2月，主编的《平民千字课》由青年会书局印行。同月，在长沙组成湖南平民教育促进会，开始进行平民教育实验。

1923年（33岁）

2月，抵烟台推行平民教育实验。

8月，中华平民教育促进会在北京成立，任总干事。

1924年（34岁）

夏，应张学良邀请，赴奉天讲授平民教育要义与《千字课》。

11月，赴直隶保定、宛平推行平民教育。

1925年（35岁）

7月，赴檀香山出席太平洋国民会议，演讲《中国一建设力量——平民教育》。

1926年（36岁）

10月，平教总会在定县设立办事处。划东亭镇等56村为乡村社区，开始定县实验。

1927年（37岁）

张学良、杨宇霆出资800万元，请晏组织政党，通过平民教育共建华北。晏以“保持平教运动独立性”为由，婉言拒绝。

1929年（39岁）

7月，中华平民教育促进总会由北平迁入定县考棚，晏阳初与平教会同仁携家属同时迁居定县。

1931年（41岁）

2月，赴南京会见国民政府中央研究院院长蔡元培。协助筹办江苏省民众教育学院，并分别在南京、无锡、苏州等地演讲平民教育理论。

5月，抵美国，领受耶鲁大学文学硕士荣誉学位。应邀在美国全国教育会上演讲中国平民教育运动。

是年，应蒋介石之邀赴浙江奉化溪口参观乡村建设，后至南京与蒋氏夫妇长谈。

1932年（42岁）

12月，参加第二次内政会议。

1933年（43岁）

春，河北省县政建设研究院成立，任院长。

7月，赴山东邹平参加第一次乡村工作讨论会。

1934年（44岁）

10月，第二次乡村工作讨论会在定县召开。

1935年（45岁）

10月，赴江苏无锡参加第三次乡村工作讨论会。

1936年（46岁）

2月，南下与湖南省主席何键、湖南省教育厅长朱经农商组“湖南省实验县政委员会”。

4月，华北农村改造协进会成立，任执行委员会主席。

6月，中华平民教育促进总会迁至长沙。

7月，湖南省衡山实验县成立。

10月，四川省政府设计委员会成立，任副委员长。

1937年（47岁）

8月，出席国民政府国防参议会。

1940年（50岁）

10月，私立乡村建设育才院开学，任院长。

1943年（53岁）

5月24日，哥白尼逝世400周年纪念会在纽约举行，获“现代世界最具革命性贡献十大伟人”之一的称号。

1944年（54岁）

1月，赴古巴宣讲中国平民教育，并商谈在古巴推行平民教育事宜。

1945年（55岁）

8月，诺贝尔文学奖获得者赛珍珠著《告语人民》一书在美国出版，该书介绍了晏氏献身中国平民教育的情况。

同月，南京国民政府批准乡村建设育才院为独立学院，改名为“中国乡村建设学院”。

1946年（56岁）

2月26日，拜访美国政界元老Bernard M. Baruch，讨论美国援助中国平民教育问题。

3月11日，拜见美国总统杜鲁门，介绍中国平民教育的意义。

1947年（57岁）

7月10日，会见美国国务卿马歇尔。

9月30日，向美国国务院提交备忘录，要求美国援助中国教育与生计等社会建设。

8月25日，赴巴黎出席联合国文教组织会议，宣讲《平民教育与国际了解》。

1948年（58岁）

1～3月，在美为争取通过援华法案活动。

7月，中美签订经济援助协定。

10月，中国农村复兴联合委员会成立，任委员。

1949年（59岁）

11月，赴台北参加“农复会”会议。后转赴美国。

1950年（60岁）

1月，在美参加平民教育运动美中委员会集会。

12月1日，重庆市军事管制委员会宣布解散中华平民教育促进会。重庆《新华日报》、北京《人民日报》、《光明日报》发表批判声讨晏阳初和“平教会”的文章。

1951年（61岁）

10～12月，赴墨西哥、巴黎、开罗、伦敦访问。

1952年（62岁）

赴菲律宾、印度尼西亚、泰国、印度、巴基斯坦、黎巴嫩、叙利亚、埃及、瑞士、法国访问。

1960年（70岁）

8月，获菲律宾“麦格塞塞奖励金”。

1961年（71岁）

7月，赴委内瑞拉、危地马拉、哥斯达黎加、波多黎各访问。

1967年（77岁）

5月，国际乡村改造学院（IIRR）第一期校舍落成典礼在菲律宾卡维特省色朗镇举行。获菲最高平民奖章——金心勋章。

1980年（90岁）

8月，夫人许雅丽去世。

1985年（95岁）

9月，应中华人民共和国人大常委会副委员长周谷城之邀回国访问，会晤了邓颖超、万里等国家领导人与文化教育科学界名流友好。赴定县、成都访问。

1986年（96岁）

中共重庆市委常委会决定以在《重庆日报》上公开发表文章的方式，为“中华平民教育促进会”和“中国乡村建设学院”平反，恢复名誉。

1987年（97岁）

6～7月，再次回国访问。被欧美同学会推为名誉会长。

10月，美国总统里根颁授“终止饥饿终生成就奖”。

1988年（98岁）

4月，中国人大常委会教科文卫委员会组团一行15人赴菲律宾，参加国际乡村改造研讨会。晏阳初专程从纽约到会作专题学术报告。

1990年（100岁）

1月17日，在纽约逝世。

参考文献

[1] 巴中市人民政府，四川省晏阳初研究会主编．世界伟人晏阳初故里行．2004年印行

[2] 陈方．熊佛西：现代戏剧教育家．上海：上海教育出版社，1999

[3] 陈宏薇．耶鲁大学．长沙：湖南教育出版社，1990

[4] 陈兆庆．中国农村教育概论．商务印书馆,1937

[5] 定州市政协文史资料研究委员会编．定州市文史资料（第二辑），人物春秋（一）．1992年印行

[6] 古楳．乡村教育．商务印书馆，1935

[7] 顾长声．从马礼逊到司徒雷登．上海：上海人民出版社，1985

[8] 郭人全．乡村民众教育．黎明书局，1934

[9] 季羡林主编．胡适全集．合肥：安徽教育出版社，2003

[10] 华中师范大学教育科学研究所主编．陶行知全集．长沙：湖南教育出版社，1985—1992

[11] 李济东主编．晏阳初与定县平民教育．石家庄：河北教育出版社，1990

[12] 李志惠．晏阳初在定县的足迹．石家庄：河北人民出版社，2008

[13] 卢绍稷．中国现代教育．商务印书馆，1934

[14] 孟雷．从晏阳初到温铁军．北京：华夏出版社，2005

[15] 茅仲英主编．俞庆棠教育论著选．北京：人民教育出版社，1992

[16] 人民文学出版社编．鲁迅全集．北京：人民文学出版社，1981

[17] 宋恩荣主编．晏阳初全集（第1～3卷）．长沙：湖南教育出版社，1992

[18] 宋恩荣编．晏阳初文集．北京：教育科学出版社，1989

[19] 杨效春．乡村教育纲要．中华书局，1931

[20] 汪德亮．社会化教育演讲录．湖南武冈师范学校1992年印行

[21] 吴相湘．晏阳初传——为全球乡村改造奋斗六十年．台北：台湾时报文化出版事业有限公司，1981

[22] 韦政通．儒家与现代中国．台北：台湾东大图书有限公司，1984

[23]《西南师范大学校史》编修组编．西南师范大学校史．重庆：西南师范大学出版社，2000

[24] 詹一之，李国音．一项为和平与发展奠基工程——平民教育之父晏阳初评介．成都：四川教育出版社，1994

[25] 詹一之编．晏阳初文集．成都：四川教育出版社，1990

[26] 张品兴主编．梁启超全集．北京：北京出版社，1999

[27] 郑大华．民国乡村建设运动．北京：社会科学文献出版社，2000

后 记

早在1994年，原中央教育科学研究所教育史研究室主任宋恩荣教授与我合写了《晏阳初教育思想研究》，出版后反响还不错，有些地方要大量购买，可是钱币无多，重印据说又会“亏本”，只好作罢。从合著这一本书开始，我开始大量接触晏阳初的资料，包括大量图片资料。就晏阳初本人的理论著作而言，实在不是太多，但作为中华平民教育促进会平民教育、乡村建设的资料堪称汗牛充栋。湖南教育出版社出版宋恩荣教授主编的《晏阳初全集》，仅仅只有三卷，两卷论著，一卷书信。就他的论著而言，很多是他的演讲稿以及在平教总会、各种会议上的讲话，专门的“著书立说”可以说没有，他没有皇皇大著，没有可以“藏之名山”的传世之作，但是，我要说，他是从孔子以来最伟大的教育家之一，他既是伟大的教育理论家，更是最伟大的教育实践家。他的教育理论概括起来说，就是“四大教育”（文艺教育、生计教育、卫生教育、公民教育）、“三大方式”（学校式、社会式、家庭式），就这么“简单”！但是，这正体现了晏阳初教育思想的特色，他的目的是要解决占中国80%以上贫困人口的物质食粮和精神食粮问题。大半个世纪的历史已经证明，而且还在继续证明，他的这一理论是非常管用的，“现代具革命性贡献的世界伟人”等近十项世界众多国家顶尖级荣誉决不会轻授滥置的！晏阳初扎根田野，深入民间地头田边，钻到了贫困农人的心窝，因而流出的是劳动人民的感情，提出的是农友欢迎的行之有效的举措。以此攻穷，无穷不克；以此引领，无人不从。

晏阳初的人格，高山仰止，景行景止，至今仍然感奋着一代又一代感时忧世人士为实现人类的“第五大自由”（美国罗斯福总统提出“四大自由”“言论的自由”、“信仰的自由”、“免于匮乏的自由”、“免于恐惧的自由”；晏阳初认为这只是根据美国的情况提出来的，遂增加第五大自由——“免于愚昧无知的自由”）不懈地努力。可惜的是，有关晏阳初教育思想及其实践的研究与宣传，与晏阳初的生平事迹比较起来，显得十分不够，以至于很多人不知晏阳初何许人也，即便知晓一鳞半爪，所呈现的也多是过时的话语。很显然，山东教育出版社“中外著名教育家画传系列”项目中列入《晏阳初画传》，堪称慧眼独具，目光深邃，对于我国乃至全人类实现“五大自由”的目标，极富现实意义和深远的历史意义。

《晏阳初画传》得以出版，要感谢台湾学者吴相湘，他在晏阳初还健在的时候，采访了晏阳初，收集了大量文本资料和图片资料，对晏阳初的精神与灵魂有近距离的深度接触，所著《晏阳初传——为全球乡村改造奋斗六十年》，为《晏阳初画传》的面世提供了极大的方便，特别是晏阳初离开中国大陆、台湾后的平民教育、乡村改造事业，尤其如此。妻子程静英女士协助收集了大量晏阳初的图片资料，付出了辛勤的劳动。周洪宇教授和山东教育出版社蒋伟女士为《晏阳初画传》提出了极为中肯的修改意见。如果没有他们特有的法眼审视，这书将是何等的不堪想象！尽管如此，书中还不免会有诸多不足，敬请读者诸君不吝赐教！

熊贤君

2014年盛夏于文山湖畔